2. Month by month the year has va-nished, quick its hours have run.
Ming-ling strands of play and stu-dy, times of work and fun.
While our school has taught and trained us to o-bey life's call.
Made us strong in mind and bo-dy, in St. Ma-ry's Hall.

3. When our days of school are end-ed, may our lives then show.
No-ble fruit of all the teach-ing, which to Her we owe.
Lo-yal-ty and love and ser-vice, here we pledge Her all.
Ne-ver shall our hearts for-get thee, dear St. Ma-ry's Hall.

2. 日月似箭 岁序如流 光阴惊飞过 切磋砥砺 嚎浪为欢 斯乐何陶陶
扬我矩范 示我体魄 学成重规条 锻我心志 练我体魄 玛利亚女校

3. 学满任事 宣力社会 何足以云劳 结成硕果 用报师恩 未敢自渺小
忠诚仁爱 服务人群 旦旦守廉操 念兹在兹 永不忘斯

圣玛利亚女校（1881~1952）

上海市第三女子中学组编

徐永初 陈瑾瑜 主编

图书在版编目(CIP)数据

圣玛利亚女校：1881~1952 / 徐永初,陈瑾瑜主编．
上海：同济大学出版社,2014.6
ISBN 978-7-5608-5506-6

Ⅰ.①圣… Ⅱ.①徐… ②陈… Ⅲ.①圣玛利亚女校－校史－1881~1952
Ⅳ.①G639.285.1

中国版本图书馆CIP数据核字(2014)第101021号
本书出版由上海文化发展基金会图书专项基金资助

圣玛利亚女校（1881~1952）
出版策划　　萧霏霏(xff66@aliyun.com)
责任编辑　　陈立群(clq8384@126.com)
视觉策划　　育德文传
封面设计　　陈益平
电脑制作　　乔　荣
责任校对　　徐春莲

出　　版	同济大学出版社　www.tongjipress.com.cn
发　　行	上海市四平路1239号　邮编　200092　电话021-65985622
经　　销	全国各地新华书店
印　　刷	上海锦良印刷厂
成品规格	170mm×213mm　304面
字　　数	380 000
版　　次	2014年6月第1版　2014年6月第1次印刷
书　　号	ISBN 978-7-5608-5506-6
定　　价	58.00元

本书编辑委员会

主　任：俞慧耕

副主任：何亚男、陆　武、徐　智（加）、朱亚新（美）、张瑞云（京）、夏甘霖（沪）

主　编

徐永初、陈瑾瑜

委　员

张祥保、程芍华、沈郁灵、孙瑷璐、林秀英、陈素琴、程锦倩、张霞琴、陈美廉
石美莲、徐　智、汝　洁、朱亚新、郭　琳、张瑞云、沈漪芬、朱文倩、饶洁华
夏甘霖、刘　莺、王裕弘、徐永初、陈瑾瑜

序 言（一）

　　圣玛利亚女校是上海著名的女子教会学校，自1881年建校到1952年与中西女中合并成立上海市第三女子中学，历时71年。虽然已过去大半个世纪，当年受教于圣玛利亚女校的学生对母校的爱还是那么强烈！她们用饱含深情的语言回忆母校生活的点点滴滴，回忆老师的谆谆教导，为我们还原了当年圣玛利亚女校的教育方式、教学特色。那是一种充满了爱的教育，是为学生终身发展着想的教育，值得今天的教育工作者思考，对当下的教育改革也有借鉴意义。

　　圣玛利亚女校是中国近现代女子中等教育的缩影，是我们研究中国女子教育的一个范本。《圣玛利亚女校》系列图书为我们提供了大量第一手的资料。那些出自百岁老人的口述回忆，八九十岁耄耋老人亲笔撰写的文字，是不可多得的教育史的史料。

　　我对圣玛利亚女校和上海市第三女子中学的了解始于对其学生的了解。我读小学时在家附近有好几所女中——俾文女中、清心女中、晓明女中……女中的学生一般都有校服，这是我很羡慕的。那时我听大人说有一所圣玛利亚女校，但不是一般人家的女孩能去的。我读中学时，学校送我到市少年宫话剧队学演儿童剧，队里有几个很出挑的女孩是从市三女中来的，在她们面前我有点自卑，因为她们性情活泼，举止大方，而且悟性很高，那时我就知道市三女中不一般。我读大学时，结识了来自市三女中的伙伴，她很优秀，尤其音乐素养特高，发音方法和音色似乎很专业。喔，市三的女孩就是不一样！大学毕业后，我在一所不起眼的学校任教，但我很仰慕名校的风采，市三对我来说是那么遥远，尤其是德高望重的女校长薛正所领导的，更令我神往……直到我踏上市教育局的工作岗位，有机会向吕型伟等前辈学习并与一任又一任校长打交道，在我脑海中朦胧的市三才逐渐清晰起来。原来市三有着圣玛利亚女校和中西女中两所著名女子教会学校的优良教学传统。

吕老所以主张把市三恢复为女校，是因为教育是千姿百态的，教育应按人的身心发展规律施教。中国几千年的文明史有着巾帼不让须眉的传承，研究女性成才的规律更是时代赋予的使命与一代代教育工作者的责任。

市三一任又一任校长以责任、智慧、辛劳，幸福耕耘着都市的一片绿洲，培养独立、能干、关爱、优雅的女孩是她们共同的追求。课程的精心设置，多元的学习选择，优雅进取氛围的营造和文化熏陶，施展才华空间的拓展，让女孩寻找适合于自己成长的空气、水分和土壤。多少年了，许多女孩已经成为作家、医生、科学家、外交官、艺术家、校长、部长、模范标兵……漫长岁月中，圣玛利亚女校"公诚勤敏"的校训也潜移默化地在市三学生的身上烙下了印记。

随着岁月的流淌，本书字字句句记载的是珍贵的历史，是从圣玛利亚女校到市三女中的变迁；是教育史，是一代代教育工作者献身事业的丰碑，是一代代学女成才后报效祖国的丰碑；是回忆录，是女孩成长的甜蜜回忆，是她们放飞梦想的足迹，是对祖国繁荣昌盛的祝愿，是对后来学女殷切的期盼……

我真诚地祝愿圣玛利亚的老校友们身体健康，祝愿市三女中的未来更加辉煌灿烂。

夏秀蓉

2014.2

（原上海市教委副主任）

序 言（二）

　　我担任市三女中校长已有十余年，对市三的"现在"可说如数家珍。又因近来刚完成新一轮学校发展"五年规划"，对市三的"明天"更满怀憧憬。然而市三作为一所百年老校，又是现今国内女生教育的一张特色名片，它经过多少风雨几度春秋，若提及市三的"昨天"，总有诚惶诚恐之感，难以尽述。许久以来，总期盼能将市三女中"昨天"的历史编撰完整，所幸此次集众校友的努力，将女校曾经的点滴印刻入《圣玛利亚女校》系列图书，使得那些美好细节得以在时间的洗礼下留存。

　　市三前身是中西女中和圣玛利亚女校。因为今天的市三建在原中西女中校址上，故对它了解还多一些。走在市三校园，面对每一幢有故事的楼，我都不禁浮想联翩，仿佛看见一群群豆蔻少女走出教室，在大草坪上嬉笑玩耍享受阳光；仿佛听见一幢幢楼的窗口传出琅琅读书声和银铃般的笑声，静谧的校园顿时生机勃勃、活力无限……市三校园之所以在我们心中可以活起来，很大程度上得益于《百年女中》这本书，这是由中西、圣玛利亚、市三女中老校友写的回忆录。当曾经的人和老建筑合二为一时，自然就会有许多经典故事。

　　圣玛利亚女校原址白利南路（1943年改名长宁路）1187号，1952年与中西女中合并，整体迁入江苏路155号原中西女中校址。之后在原校址上办起上海纺织专科学校，后又成为东华大学长宁校区……因种种原因我们对它的了解自然不如中西女中那样多。

　　圣玛利亚校园精致如花园，思孙堂周围的景色也别有风味。1941届邢凤宝在《怀老圣校》一文中这样描绘思孙堂南面的景观："思孙堂前两株蔷薇花，在暮春时节开得十分灿烂，花团团四垂，在对面健身房走廊上望过来，很像两组庞大的花球，加以浓香馥郁，甜甜的由空气四面传送开来……"

思孙堂底层有一间阳光屋，被称为"Sun Parlor"。1937届张爱玲高二时有篇英文撰写的"Sun Parlor"登载在1936年的校刊《凤藻》上，生动描绘了阳光室留给她的印象："一个温暖、明亮的房间，永远充满了阳光。房间中央，有一长长的黑桌子，许多椅子围绕着它，那是为学生读书准备的。在阳光室的一个进口处，有一只木盒子放在书架上。这是属于《凤藻》编辑部的，每个女孩都有权力投稿。箱子是锁着的，我们总是梦想着怎样才能打开这个神秘的盒子，看到里面的秘密……"

多么美好的建筑，多么美好的回忆。我们不仅要把这几幢楼保留下来，更要把这几幢楼的故事保留下来。文物，文物，有了文字的记录，物才更与人相亲。如今这套合众人之力完成的《圣玛利亚女校》系列图书使体育室、音乐室、膳堂、思卜堂、思丁堂、教堂和钟楼……顿时都活了起来。

那个依然矗立在建筑围墙外的尖尖塔顶，必是教堂了。1952届李葵回忆：高中三年，她要负责学校教堂里的布置事项，每天清晨负责更换教堂圣坛上的鲜花，各宗教节期间得换上象征性的不同颜色的饰带等。

思卜堂是圣玛利亚女校的宿舍。"在平时，学生是不允许在课间回宿舍的，宿舍楼十分安静，井井有条。但是每到了下午4点下课后，两幢宿舍楼里必定要喧嚣卸顶一番。姑娘们要赶在活动时间的铃声响起前各自换好运动服以及做好一些其他的事情……当铃声一响，所有的姑娘们冲出房间到体育室集合，有的人边走边翻衣领、边系鞋带，甚至有的人面包还咬在嘴里。宿舍，霎时间又恢复了安静。"

……

这只是"校园"一章给我的美好享受。其他还有"社团"、"教育与教学"等大量的校友回忆文章，描述了圣玛利亚的校园之美、师生之情，令我爱不释手，回味不尽。

在校友们笔下，校园的每栋建筑、每个角落都是美的，即使不甚美的地方，都被细腻精致的文字营造描绘得很美。学生的情感也是美的，对每个细节不厌其烦的描写，里面是女生对学校一草一木的情感，对一人一事的感恩。圣玛利亚女校无疑是一所好的学校，曾培养了大量杰出女性人才；它更是一所美的学校，美于景、美于人、美于情。

如今有很多"好"的学校,现代的建筑、最新的设备、不错的升学率,但又好又美的学校并不多。"美"不仅是外观,不仅是校园精美的环境设计,更是内涵,更是情感。有了因材施教、兼容并包的好教育,有了关心学生、乐于授业的好老师,有了浓浓的人文精神,不美的学校也"美"了。"美"的学校,不是靠刻意打造、渲染而成,不是由有关部门考核出来,甚至和家长们的一时"口碑"也无关,而是能对学生一生发展有巨大影响,是学生毕业后依然存在强烈归属感,是几十年后,学生们还梦牵魂绕,愿意用手中之笔记录往昔岁月,使它更加丰满多姿的一方精神家园。《圣玛利亚女校》系列图书的诞生证明了圣玛利亚女校正是这般"美"的存在。

该系列图书分三册,分别为校史、追忆和毕业生故事。感谢校友们的辛勤付出。很多校友已是耄耋之年,有的又远在海外,要完成该系列图书,无论组稿还是写稿都不易。为写此系列图书,她们热情洋溢,花季在笔尖再次绽放,字里行间青春芬芳。还要感谢正值花季的市三女孩,她们用心静静倾听,苦心迂思回虑,力求让撰写的校友故事尽善尽美。那清新雅致、情深意切的语句更让当年的故事重放光彩,让人遐想悠然。

中西女中和圣玛利亚女校,是上海近代女校的双璧,也是市三人的骄傲。《圣玛利亚女校》系列图书和《百年女中》,是对这两所学校的最好纪念,也是对女中学校文化的传承。这些书,是学校教师的必读,获以办学借鉴;是女校女生的必读,获以成长启迪;也是大家的读物,获以女校魅力的体会。

现市三校园中,原中西女中的两幢老教学楼刚刚"修旧如旧",圣玛利亚女校的标志建筑也终于保留了下来。市三的目标就是传承两校文化,再现两校神韵。

我相信无论是昨天、今天还是明天,市三都一直会是一所又"好"又"美"的学校,独树一帜,无可替代。

徐永初

(2014年2月12日)

导　读

　　圣玛利亚女校自1881年建立到1952年7月由政府接管，和中西女中合并成立上海市第三女子中学，历时七十一年。圣玛利亚女校消失了，原址办起了上海纺织专科学校，之后又成为东华大学长宁校区，但校友们的生命已和这里连在了一起。时光过去了六十多年，她们对母校的爱，依旧那么真切、深情。

　　老上海都知道，圣玛利亚女校是沪上著名女子中学，教学成绩优异，学生优雅聪慧，教师仪态大方，教学严谨。这所学校没有填鸭式教学和分数至上的竞争，有的是友爱、互助和师生亲密无间的友谊。这是一所值得怀念的学校。

　　在那风云变幻的年代，圣玛利亚女校那乳黄色的围墙，为女孩们挡住了来自外界的种种侵袭和干扰，为她们的健康成长保驾护航。"公诚勤敏"是圣玛利亚的校训。每个圣玛利亚人都遵循着这一校训，她们道德高尚，品行端正，乐于公益，勤勉工作。她们有智慧，有能力，大多成为各行各业中坚。为此，她们怎能不怀念那乳黄色围墙里的难忘岁月。

　　市三女中保存了完整的圣玛利亚女校学生档案。从1917年起到1952年就读初一的学生名录赫然在目。使本书附录的学生名录基本完整。还有多年各班学生的成绩记录和任课教师签名。全书用了大量原始资料，照片多来自圣玛利亚年刊《凤藻》。保存最早的是1920年《凤藻》，那年有14位毕业生，其中之一便是中国工程院院士闻玉梅的母亲桂质良教授，我国首位女性精神病学专家。这个家族共有两代八人毕业于圣玛利亚女校，其中桂月华（1904届）、桂质玉（1911届）、桂德华（1916届），分别是闻玉梅姐妹的三个姨妈，还有两个表姐妹。由于丈夫闻亦传教授劳累过度患肺结核1939年便去世了，闻玉梅姐妹俩小小年纪跟着母亲艰难生活。她勤奋工作，身兼数职，努力抚养女儿成才，对她们影响非常大。闻玉梅院士至今回忆起母亲的人品、学识和能力，仍感慨万分，自己的成长，多半有母亲的影子。母亲的谆谆教导一直铭记心头，母亲传给她的那枚 Wellesley College 优等生金钥匙，一直激励她攀登医学科学高峰。

1942年桂质良教授出版了英文版《我们的孩子成长以及困惑》，是我国最早的儿童心理卫生专著，她提出了自己的教育理念："我同样强烈地感觉到，在重建我们国家的工作中，孩子们的精神健康有着决定性的影响作用。如果希望我们的国家在物质上、道德上和精神上变得强大起来，必须帮助每个小公民享有良好的身体、道德和精神健康。""我们可以劝阻望子成龙的父母和教师不加重学生的负担，那些竞争负担是孩子们不论作出多么努力，都使其自然天资无法承受。我们可以为他找到一个适合于其能力的位置，顺着这个特定路线，他也许会感到有效、愉快和满足。"这些话，今天听来仍振聋发聩，具有先知的光芒。桂质良教授的家庭教育是成功的，两个女儿都从事医学，闻玉平医生是天津铁路医院口腔科主任，闻玉梅院士更是在乙肝病毒的研究方面站在了国际的前沿。

同样教子有方的是台湾著名诗人高准的母亲，圣玛利亚女校1933届姚昆珠，她在校期间就在校刊《凤藻》上发表诗歌、散文等，其文笔之优美令人赞叹。高准幼年多病，姚昆珠常在病床前为他讲《古文观止》、《精忠说岳》，朗读唐诗，使高准在中国优美的古典文学的环境中长大。高准在台湾当代诗坛有着重要地位，正如台湾学者陈映真所说："他是台湾极少数优秀地秉承并发扬了中国抒情新诗传统的诗人之一。他的诗，语言清晰丰美，充满了浓郁的情感。"尤其是他的爱国情怀，对于祖国前途的关注，使他成为一位捍卫民族文化的重要旗手和战士。为研究大陆新诗，1981年，高准打破台湾学人访问大陆的禁忌，毅然到大陆访问，成为1949年后台湾公开访问大陆的第一位诗人。

《圣玛利亚女校》系列分三本，《圣玛利亚女校（1881～1952）》《追忆圣玛利亚女校》和《追寻圣玛利亚校友足迹》。

《圣玛利亚女校（1881～1952）》讲述了学校历史，是一本研究现代中国女子教育的档案资料。

历史并不枯燥，也可以很有趣。圣玛利亚女校的历史就很有趣。在写作《圣玛利亚女校（1881-1952）》的过程中，我就像是一个侦探一样在寻找历史的踪迹，从有关图书的字里行间找，从注释中找，从圣玛利亚学生的中英文作文中找，力求找到历史的真实，找到能证明我的历史观的证据。圣玛利亚女校历史就是这样一个字一个字地被从尘封的历史档案中发掘出来，成为一个一个历史小故事。

在研究过程中还发现了和之前书中的提法不一样的结论，其一即文纪女校复校时间，以往认为是1872年，这是根据1931年圣玛利亚女校建校五十周年纪念册中的中文部分"校史"一文，其中在1872年之下有"是年1月8日，文纪女校复开，校务由纳尔逊女士（Miss M. C. Nelson,）（台湾历史学家林美玫称为孙玛丽）主之，黄素娥女士助之"之句，然而同样在这本纪念册上的英文部分"*St. Mary's Hall*"一文中，很明白地在1872年下面另起一行，"1876 The Emma Jones' School was reopened by Miss Nelson helped by Miss Soongoo Wong(Mrs. F. L. H. Pott)."这就是说文纪女校1876年复校。究竟哪种说法真实？为了求证，我又查阅了林美玫的《妇女与差传：19世纪美国圣公会女传教士在华差传研究》一书，在社会科学文献出版社的简体版161页上，有如下文字："为了建立妇女宗教网络和性别对话空间，女辅传道部决定支助中国差会资深传教士孙罗伯之女孙玛丽（Ms. Mary C. Nelson, 1856～?）担任这所新学校的总监督。圣公会遂于1876年11月14日，以纪念钟爱玛和她所处的时代传教士对在华女子教育的贡献为名，在上海开办文纪女学。"在注解中有，关于学校开办日，孙玛丽从上海发出给纽约女辅传道部的信，发信日期是1876年12月13日。关于学校名称"Emma G. Jones Memorial School for Girls"，发信日期为1877年8月21日。林美玫为美国奥斯汀德克萨斯州大学历史学博士，回台湾东华大学任教后还利用六个暑假的时间重返德州奥斯汀市的圣公会全国档案馆，继续阅读"中国差传档案"，掌握了大量第一手资料。她的说法应是可靠的。

明确了文纪女校的复校时间，关于黄素娥的年龄问题也就较好确定。在以往的资料中对黄素娥的年龄一直没有确切的定论。黄素娥为中国首位华人牧师黄光彩的大女儿，黄光彩1854年结婚，婚后育有10个子女，除4个早夭外留下五女一男，其中第7个女儿黄琼仙是中国早期女名医之一，留下了简历，她出生于1868年，据此推算，黄素娥应出生于1856年至1858年期间。卜舫济出生于1864年，则黄素娥比卜舫济大6至8岁，她同卜舫济结婚的1888年应是30岁至32岁。而她在1876年任文纪女校助理时应是18岁至20岁之间，和孙玛丽差不多年纪。当然这是个大胆假设，却是有根据的。假如文纪女校1872年复校，那么当年孙玛丽只有16岁而黄素娥只有14至16岁，显然不合情理。

为什么要研究圣玛利亚女校的历史？历史是现实的一面镜子，以史为鉴，可以知兴替。圣玛利亚女校成功的教育，培养了那么多人才。她们今天对母校的怀念、感激，是因为母校教给她们做人的道理，为她们的成才打下了坚实基础，赋予了她们一生受用不尽的无价之宝。从这个意义上来说，这本书也是对照今天教育的一面镜子。

《追忆圣玛利亚女校》是系列图书中的第二本，记载了校友回忆学校生活、师生关系、校友活动以及对自己成长的影响。从百岁老人的口述回忆，八九十岁校友的亲笔撰写，我们可以深切感受到校友们对母校浓浓的爱，了解她们花季年华时有趣的学校生活。

1904年生当年已103岁的唐赛云（唐云）是那时撰稿者中最年长的。她是中国著名结构工程师杨宽麟的夫人，1919年肄业于圣玛利亚女校，她写下了《近百年前的回忆》这篇具有宝贵史料价值的文章。1914年生的1935届孔宝定以93岁高龄连写两篇回忆文章《深深怀念我们黄色围墙中的母校》、《难以忘怀的母校恩情》；生于1919年的1939届程芍华是同学会工作的热心人士，也于次年写出了《我漫长的人生始于圣玛利亚女校》这篇5600字的长文。这几位高龄校友热切盼着书能出版，然而她们未及等到书的出版便驾鹤西去了。程芍华校友尤为遗憾，在全书已成稿，正在最后润色的2014年1月14日逝世。

在首次征稿工作中，校友们还采用后辈学妹采访前辈学姐，帮助完稿的措施。1952届张瑞云就在2006年先后访问了孔宝定、张祥保等高龄学长；1952届刁蓓华整理了葛秦生资料，留下了许多珍贵的第一手回忆。

2012年11月校友和市三女中联合，重启征稿工作。此次通过互联网广发通知，经由圣约翰校友会帮助，在各地《约友通讯》上先后登载征稿启事，同时也向有邮寄地址的校友邮寄通知。远在新西兰92岁的李家松老师是圣玛利亚女校早期国文教师李王豫孙的女儿，也是1950年后圣玛利亚女校美术教师，接到通知立即勾起了她对往事的回忆，先后三次让女儿将手写稿件拍成照片传来，写成了5000余字的文章。1952届旅美的李葵有众多亲属是圣玛利亚校友，有的还是圣玛利亚女校历史上有影响的教师和校长，接到通知后先后数次传来手稿，回忆了许多有价值的史料。1952年初二杨大同杨小异姐妹接到通知马上与编委会联系，传来了母亲（1919届王绯霞）和5个均为圣玛利亚校友的女儿的资料，三姐杨之岭写下了《圣玛利亚女校，我心中的丰碑》的回忆文章。1952年初三邹灵将圣玛利亚女校要征集回忆录的消息传到了工作单位,同事张欢马上告知,母亲吴慧舒是1935届校友,今年已100岁了。于是她们立即对吴慧舒采访录像,留下了与百岁老人有趣的对话。

校友们还采用请子女回忆母亲、阿姨的方式来留住记忆。1952届刁蓓华回忆母亲刁杨调芳(1925届琴科,音乐老师);1952年初三夏甘霖回忆母亲丁宝理(1931届,英文老师);1952年初三石瑛回忆父亲石兰生;1952届朱文佼回忆婆母柳无非;1952年高二李蘅回忆婆母章德馨;留下了前辈们在圣玛利亚读书、工作和任教的珍贵史料。

此次征稿海外校友也发动起来,有的校友久居国外对中文写作已不习惯,写来英文文章,夏甘霖便担当起英文稿件的翻译。市三女中教师访美,校友后代托带2张照片,通过联络网照片传给在温哥华的徐智,她马上打电话,立即将情况搞清,还向该校友后代约稿,于是一篇《就读于圣玛利亚女校的陈家四姐妹》诞生了。

国内校友也踊跃写稿,1947届吴其慧看到先前校友的回忆中缺少40年代抗战时期的,便在回忆中将这内容作为重点;1944年就读圣玛利亚的邵绍红也写了《1944年的回忆》,使抗战时期圣玛利亚女校的内容渐渐丰富起来。

全书编辑工作即将接近尾声时,意外收到了原国务院港澳办主任鲁平的来稿,原来他母亲是圣玛利亚1913届毕业生杨美宝。鲁平深情回忆母亲对他的教育,让我们又认识了一位圣玛利亚早期具有民主思想和反封建精神的校友。

《追寻圣玛利亚校友足迹》是系列丛书的第三本,共46篇文章,记录了40余位校友的成长轨迹及成就。文章主要由市三学生冒着酷暑采访而成,以年轻人的眼光寻觅校友成长的足迹。

圣玛利亚女校是一个人才辈出的学校,一百三十余年来涌现出了许多杰出的女性。从1919届被誉为中国民众教育之母的教育家俞庆棠,到1952年初一从事环保工作研究的徐乃珩,每一位的人生都硕果累累,成就显赫;每一届都有杰出校友被载入史册。

在外交、教育、医学、科学、艺术和建筑界,圣玛利亚女校的人才最集中。

在外交界,1933届、1932届的龚澎、龚普生姐妹最引人注目。1941届邢泽是派驻联合国的外交官,1948届赵凤凤曾担任美国记者安娜·路易斯·斯特朗的翻译和秘书12年。

教育界的几位老前辈是1919届俞庆棠和1926届的薛正、北京大学西语系一级教授俞大纲。此外还有上海中福会幼儿园园长 1935 届陈善明；原圣玛利亚女校校长，后为南京大学英语系教授的 1935 届郭秀梅；上海音乐学院附中校长 1949 届汝洁；北京师范大学比较教育专家 1951 届杨之岭；长春师范学院院长 1952 年高二娄丽娜等。

艺术界也同样群星璀璨。京剧艺术家李世济、古典芭蕾舞教育家李葵，中央音乐学院赵庆闻和她的妹妹赵启雄，以及朱雅芬都是音乐教育方面的人才。1944 届董爱琳是著名旅美女中音歌唱家、声乐教育家。1947 届王本慎是钢琴奇才，其音乐具有诗意，表达了深刻内涵。1952 年初三邹灵是影视翻译家。

在医学领域，有 1925 届章德馨，1956 年她领导建立了上海第二医学院病理生理学教研室；1935 届葛秦生是新中国生殖医学奠基人；1937 届张佩珠是获全国五一劳动奖章、中国福利会妇幼事业樟树奖的妇产科医学专家，妹妹 1945 届张佩瑛也是儿童医学专家；1937 届陈美朴是德高望重的妇婴保健专家；1938 届凌励立和 1948 届徐智都是病理学专家，1941 届葛成筠是全国三八红旗手、同仁医院眼科专家；1951 届王爱霞是我国艾滋病临床研究和鉴别诊断的医学专家；1952 年高二的林其珊是第一个将彩色多普勒超声心动图评价小儿先心病的儿科医学专家。

在科学领域有旅美数学家韦澄芬（1937 届）；有物理化学家和化学教育家高滋（1950 届）；有我国发育生物学研究的开创者徐信（1950 届）；有在乙型肝炎病毒及免疫领域中作出了贡献的闻玉梅院士（1951 届）；有为祖国航天事业做出贡献的 1952 年高二张存默。

在建筑学领域有 1950 届朱亚新、1952 届李玫和 1952 年初二曾点。此外还有外语书刊编辑专家，1945 届应曼蓉，1947 届吴其慧和 1948 届董蔚君。有为帮助西部地区失学女生摆脱贫困，拿出全部积蓄办民办大学鞠躬尽瘁的 1952 届沈慧俐和在北京农业大学和西部地区热心助学的企业家 1945 届刘锦銮。

在圣玛利亚校友中，最为世人所瞩目的是作家张爱玲（1937 届）。本书附录中收录了张爱玲在校期间发表在学校年刊《凤藻》上的 4 篇文章。此外，张爱玲还发表过一些英文文章，有些也在叙述校史时引用。

每个圣玛利亚校友都为祖国建设和人类进步作出了贡献，回顾她们一生成长的过程，怎能不感激母校和老师们对她们的培养。

整整 14 个月的写作和编辑这套书过程中，426 个日日夜夜，我和校友们网络通信数千封，时时感受到校友们对母校由衷的爱和少女般的纯洁心灵，我简直忘记她们的年龄。很难想象她们经历过七八十年人生岁月，童年生活在战争年代，中年又经历过"文革"浩劫。

这套系列图书最早的组稿工作由上海朱亚新和北京张瑞云、朱文倩等人发起，几年前分别在上海和北京各征集了十余篇文章，为编写工作打下了基础。一年前校友们组成了编委会，徐智在海外组稿，朱亚新到美国发动投稿，张瑞云又在国内定向约稿，校友们并提供《约友通讯》、1948届、1952届和1952年初三毕业五十周年纪念册上的文章，同时我们向有邮箱和通讯地址的国内外校友广泛征稿，使稿件渐渐充实。2013年暑假市三女中组织50名IACE（独立、能干、关爱、优雅）女孩做采访工作，又为本书增加了25篇文章。这些热心人联系了国内外400位校友，对编辑工作提出许多宝贵意见，组稿审稿做了大量工作。

这套系列图书是市三女中和圣玛利亚校友合作的成果，能为圣玛利亚校友圆梦，我很高兴。其实我可算半个圣玛利亚校友的后代。在写作和编辑本书过程中，很高兴了解到我外公的表妹俞庆棠的事迹。我很小就经常听外公外婆讲起，1937年"八一三"事变后，他们逃难到无锡，在我外公的表舅唐文治家避难。唐文治是国学大师，交通大学校长，也是俞庆棠丈夫唐庆诒的父亲。俞庆棠和唐庆诒是表兄妹，所以我外公也是唐庆诒的表哥。国难临头，家无居所，无锡城内西门前西溪11号唐公馆内，我外公一家度过了最困难的日子。我妈妈和俞庆棠及其大女儿唐孝纯有直接的接触。唐孝纯比我妈小2岁，在我妈到上海来做教师后，还和唐孝纯通信。我妈妈常说，俞庆棠很进步，可惜去世太早。我在1919年的《凤藻》上看到了俞庆棠的文章、诗歌，记载当年她任学生会主席带领圣玛利亚女校学生积极参加"五四"运动的史实。我很自豪，为我有这样一位民族精英的先人而自豪。圣玛利亚的"非以役人，乃役于人"的理念也是我的人生准则！

陈瑾瑜

（2013年12月15日写，2014年2月10日修改）

目 录

第一章 校 史 ··· 21
一、圣玛利亚书院的前身（1851～1880）···································· 22
二、圣玛利亚书院的诞生（1881～1890）···································· 26
三、圣玛利亚书院的发展（1891～1902）···································· 30
四、思丁堂时期（1903～1922）·· 34
五、搬入白利南路新校舍（1923～1937）···································· 40
六、大陆商场艰难时期（1937～1939）······································· 46
七、斐蔚堂时期（1939～1946）·· 51
八、重回白利南路校园（1946～1949）······································· 55
九、圣玛利亚女校的最后三年（1949～1952）······························ 59
十、校训、校歌、校徽··· 65

第二章 校 园 ··· 69
一、校址变迁··· 70
二、校园建筑··· 71
三、校园四季··· 88

第三章 教育与教学 ··· 91
一、育人目标与行为规范·· 92
二、学制与课程设置·· 95
三、英语教学特色·· 101

  四、中西兼容的教学…………………………………………109
  五、师范科与实习小学………………………………………111

第四章　学生社团……………………………………………113
  一、学生会……………………………………………………114
  二、国光会……………………………………………………122
  三、清心会……………………………………………………127
  四、体育会……………………………………………………133
  五、音乐会……………………………………………………140

第五章　年　刊………………………………………………147

第六章　教　师………………………………………………157

第七章　毕 业 生……………………………………………165

第八章　结　束………………………………………………175

第九章　校 友 会……………………………………………181
 校友会概述………………………………………………………182
 同窗余情六十载，友谊延绵两世纪……………………………187
 从同学相聚说起…………………………………………………190
 记上海圣玛利亚同学会标识设计………………………………192
 2011年圣约翰世界联谊会上的圣玛利亚校友…………………194
 上海圣玛利亚校友二十一世纪活动综述………………………197
 2010～2013年圣玛利亚在京校友活动综述……………………201
 寻觅母校历史传承的足迹………………………………………206

附录 ... 211
　圣玛利亚女中校史 ... 212
　青年对于鲁迅先生应有的认识 ... 214
　论卡通画之前途 ... 216
　希望于母校同学的一二 ... 218
　《凤藻》诗歌十首 ... 220
　姚昆珠诗歌 ... 222
　凤 ... 224
　不幸的她 ... 226
　迟　暮 ... 228
　九一八的一幕 ... 230
　秋　雨 ... 235
　本校学生生活（二） ... 236
　本校学生生活拾屑（三） ... 237
　宿　舍　写　真 ... 239
　我们的读书室 ... 240
　我的中学时代 ... 242
　圣校沧桑 ... 244
　预科二年生活杂记 ... 250
　二年寄宿生活 ... 254
　1933～1943年级史摘录 ... 256
　校友来信 ... 266
　圣玛利亚女校毕业生肄业生名单 ... 273
　圣玛利亚女校中国教职工名单 ... 287
　圣玛利亚女校外籍教职员名单 ... 297

跋 ... 301

第一章 校史

一、圣玛利亚书院的前身（1851~1880）

圣玛利亚女校源于 1881 年创办的圣玛利亚书院，是由美国基督教圣公会（基督新教的一个教派）在华创办的教会学校，其前身是创办于 1851 年的文纪女校和创办于 1861 年的俾文女校。这两所女校的诞生又和美国圣公会在华首任主教文惠廉（Rev. William J. Boone）1940 年代带入中国的第一批单身女传教士有关，她们是以教师传教士的身份，准备全身心投入在华教会学校工作的。她们为何来华？又为何来办学？这里介绍一下背景。

19 世纪前半叶英国东印度公司已发现当时还是一个小县城的上海，对其贸易有着潜在的利好因素，它有优良的港湾和宜航的河道，水路四通八达。地处南北要冲，各地会馆云集，钱庄遍布。这个由英国皇家授权的垄断财团，在美洲殖民地引发了波士顿倾茶事件，又在孟加拉取得了鸦片贸易垄断权，并把倾销鸦片的目光投向了中国。由于东印度公司上书英国政府的考察报告，使英国政府将上海选为对华贸易、走私鸦片的口岸。1840 年第一次鸦片战争失败后，清政府被迫于 1842 年 8 月 29 日与英国签订《南京条约》，上海与广州、福州、厦门、宁波一起作为通商口岸对帝国主义列强开放。

随着上海开埠，外国传教士纷至沓来，上海成为基督教在华传播中心。美国圣公会是较早在华开展传教活动的美国基督教宗派之一。早期来华传教士，初期都遵循教会旨意在中国民间做传教工作，但中美不同的文化特征，使传教收效甚微。

1844 年 7 月 3 日《中美望厦条约》签订，美国人在华居住获得种种特权，有购买墓地、建教堂、领事裁判权、最惠国待遇及 12 年修订等条约权利。圣公会将其传教总部由巴达维亚（Batavia 今雅加达）传教中心移到上海。1884 年起上海成为美国圣公会在华传教基地。

当美国圣公会传教士文惠廉 1835 ~ 1843 年暂居巴达维亚传教站时，从妻子文莎娜（Mrs. Sarsh Amelia De Saussure Boone）和女传教士先驱者骆麦莎（Mrs. Sarah Sophia Medhurst Lockwood）在当地开拓教会学校的尝试中受到很大启发。1844 年美国圣公会总议会任命文惠廉为中国布道区第一任主教。他征得美国圣公会同意，将中国传教会由巴达维亚移入中国本土时，即产生了一个想法，要招募一批有教师身份的传教士，到中国去开办教会学校。美国国内的宗教改革运动也转变了对海外传教士的工作要求，从单纯的传教转而进行文化输出。而美国在华基督教女传教士的任务则是医疗工作、教育工作和传教活动。

在此背景下，一批有教师工作经历的女传教士跟随文惠廉来到中国，她们此举是来开办学校的。1843年女教徒格兰德（Eleza Gillette）受美国圣公会派遣来华，她也是首位来华传教的女教士（在台湾历史学家林美玫的著作《妇女与差传：19世纪美国圣公会女传教士在华差传研究》中译为吉励莎）。文惠廉曾对她寄予厚望，可惜在广州，格兰德就决定嫁给当时任职美国公理会的资深传教士俾文（Elijah C. Bridgman，林美玫译为裨治文），并脱离圣公会。直到1861年俾文先生去世后，格兰德才来到上海，重新回归圣公会，并开设一所女校，为纪念俾文先生，将其命名为俾文女校（Bridgman Memorial School）。

两年后的1845年，琼司女士（Emma Jones）也被派来中国传教（林美玫将其翻译为钟爱玛）。这位满怀办学热情的女传教士，在初期招生工作上遭遇了中国传统"女子无才便是德"的阻碍。在动员女孩到学校读书问题上，经过至少5年以上摸索，她靠给贫困家庭送衣服、送钱，才逐步取得一些底层百姓的好感。1851年，琼司女士在文监师路百老汇路口（今塘沽路大名路口）虹口礼拜堂开设了圣公会第一所女子寄宿女校，名为文纪女校（Emma Jones School）。文监师路即"Boone Road"，是租界当局为纪念文惠廉这位美国租界开拓的先驱，于1864年7月17日当他在上海病逝后，命名的一条虹口新开辟的道路。

这两所同属于上海圣公会的女校，初期的教学活动实在是很简陋的。

1851年文纪女校开办之初，只有8名学生，都是穷人的女儿，学校不但不收学费，反而供给食宿，并给以零用钱。但由于当时中国百姓对外国传教士不信任，一般人家不会放心把女儿送进教会办的学校，只有家里实在穷得揭不开锅了，为了让女儿有口饭吃，也为家里省口饭，才会将十岁上下的小女孩送进教会办的女校。每天学习内容也就是讲读《圣经》，学点浅易的《四书》《女儿经》，主要是让女孩学女红和家政，即纺织、缝纫、刺绣、园艺、烹饪等。以后的几年，由于荒年，有逃荒饥民路过，见有收留女孩子的教会学校，便把女儿留下，也是一条活

创建于1851年的文纪女校

路。文纪女校的学生这才多了起来。然而琼司女士知道,她们是因生活窘迫而来,等到丰年生活好转了就会离去。于是规定在校学习的学生都不以学习程度为离校标准,而以年龄为离校标准,凡学生年龄达到18岁的,不管学习程度如何,均毕业离校。这条规定,十年后创办的俾文女校也照此办理。对于学生中接受能力强的学生,琼司女士还教她们一些简单的英文。1853年1月30日,文纪女校迎来了另一位女传教士甘女士(Catherine Jones 林美玫译为钟凯琳),与琼司女士共事。从甘女士1855年10月4日从上海发往纽约传教会总部的信中,可以看到文纪女校的日常教学活动的内容。

上午6点到7点	使用上海方言阅读四福音书		
	早餐整理内务及打扫宿舍		
8点半	祷告	下午1点到2点	绣花课
9点到中午	使用上海方言上阅读课和书写课	2点到4点半	针线课
中午12点	午餐(米饭)	5点	晚餐
	课外活动	晚祷(多半由文惠廉主教亲自主持)	

在两人通力合作下,1855年文纪女校学生人数已经增加到40人。

甘女士与琼司女士共事8年后,由于琼司女士因病回国,文纪女校由甘女士接办。这一年是1861年,正是俾文女校开办当年。这一年4月美国南北战争爆发,教会供给学校的经费中断。甘女士为解决学校的日常开支,让学生停课,整天赶做刺绣和缝纫,由教会组织专人收购后以此出售给洋商,运回美国销售,来维持学校的日常开支。

1863年,可怕的天花病流行,学校三分之二学生都染上了天花,甘女士前一段时间为筹谋办学经费弄得心力交瘁,接着又因照顾患病学生过度劳累,也在这场疾病中感染天花而去世。文纪女校在这场瘟疫中学生病死三分之二。甘女士去世后,美国圣公会再没有女传教士可以接办文纪女校,再加上传教会财政拮据,实际已无人主持工作,也无力支持办学,圣公会不得不于1863年关闭其在华所办的第一所教会女校。

俾文女校开办于1861年,校址设在南市西门,由格兰德女士主持,教学内容与文纪女校基本相同。1872年格兰德女士去世,留下学生27人,并留下遗嘱。在这份遗嘱中,格兰德表示愿意将其所经营的俾文女校在其过世后交由圣公会中国传教会的汤霭礼(Rev. Elliot H. Thomson)、汤真爱(Mrs. Jeannette Thomson)夫妇管理,条件是必须保

文纪女校全体师生(1877)

创建于1861年的俾文女校

证学生人数在25人以上,如学生人数不足,圣公会必须把学校移交美国妇女传教公会管理。

汤真爱努力经营俾文女校,她尝试带领较年长的学生,一起到附近的乡间,向中国妇女宣传宗教。这样一方面可训练学生介绍基督教的能力,另一方面也可物色可能成为该校学生的女童。汤真爱一方面从文纪女校培养的女信徒中物色教师,另一方面积极培养自己的学生。她将其工作经验和对学生考试后的观察和感受向纽约圣公会传教总部和女辅传道部(圣公会专管妇女海外传教工作的部门)报告。她的管理模式受到中国传教会和美国传教总部两方面的肯定,并且成为日后圣公会女传教士经营圣玛利亚书院时仿效的楷模。

汤真爱将俾文女校的课程规划比照圣公会中国传教会开办的教会男子寄宿学校制订,只是要求没有男校那么严谨。学生初始在中文书写上有困难,但学生一旦学会了中文书写,就会将传教士教授的中文罗马拼音字母抛弃一旁。在俾文女校,学生除了一般课业要求,还须自己缝制衣服鞋袜,并负责烹饪及打扫卫生。每周一次整理校方指定的校舍及校园等公共场所。汤真爱希望其学生大部分都能成为信徒,可担任教会所属日间女子学校的教师。

1876年11月14日,停办了13年的文纪女校以纪念格兰德和她所处时代传教士对在华女子教育的贡献为名,在教会安排下复校。女辅传道部派资深传教士孙罗伯(Robert Nelson)之女孙玛利(Ms. Mary C, Nelson)担任这所新学校的总监督,想借助孙罗伯家族在上海传教事业上的经验和心得,希望孙玛利能不负众望将该校办得有声有色。同时委派黄素娥为其助理。然而由于孙罗伯与施约瑟(Rev. S. I. J. Schereschewsky)对美国圣公会在华传教策略的看法不同,他们所受的神学训练也有相当差异,这些矛盾影响到孙玛利对1877年刚刚接任主教一职的施约瑟的看法。年仅19岁的孙玛利年轻气盛,不接受施约瑟主教对学校工作的主导,执意按照自己的意愿规划文纪女校,甚至不愿接受施主教对教会学校的合并方案,也拒绝担任主教规划中的圣玛利亚书院总监督一职,最后愤而辞职。孙罗伯一家于1880年12月离开上海回国,并于1881年1月1日辞职离开圣公会。

圣公会最早的两所女校,一所在虹口,一所在南市,两地相隔十数公里,联系不便。1881年施约瑟主教决定将两校合二为一,以便扩大规模,使之获得更好的发展。

二、圣玛利亚书院的诞生(1881~1890)

南北战争结束后,美国迅速发展成为工业化强国。国力的强大使美国产生了对外扩张需要。19世纪末美国政界众多领袖并不主张用暴力打开中国的门户,而主张进行文化输出。

1880年代开始,宗教复兴运动又一次在美国兴起,出现了美国历史上规模最大的海外传教浪潮——学生志愿赴海外传教运动。该运动主要由美国的基督教青年会组织。在这一场传教浪潮中,中国成为最重要的传教对象,美国基督教青年会干事艾迪回忆说:"在那些日子里中国就是目标,就是指路星辰,就是吸引我们所有人的巨大的磁铁。"

南北战争后,美国妇女的自我意识觉醒,喊出了"妇女工作为妇女"的口号,一些知识妇女为了实现自身价值,也积极向教会申请到中国传教。与当时美国妇女所能担任的少数职业如教师和护士相比,女传教士被美国妇女视为一种生命的奉献,是终身的事业,带给她们无比的安定感。她们不但能净化社会而且将基督宗教的天国建立在地上。那时在美国民众眼中,到中国传教是一件很神圣的事。这就为在华女子教会学校储备了师资力量。

19世纪末的上海,一些在早期教会女校接受基础科学知识和西方文明的中国女孩,其气质和一般女孩不一样,一些富裕家庭愿意出钱让其女孩到教会女校接受新式教育。

在这样的背景下,美国圣公会上海教区主教施约瑟决心要将上海圣公会的教会学校规模扩大,水准提高,以接受更多的中国年轻人,同时也可安置更多受过高等教育的来

早期的圣玛利亚书院校舍，现华政23号楼　　　　　　圣玛利亚书院校章

自于西方国家的教师传教士。

孙玛利的辞职并未影响施约瑟的决心。早在1879年，他就在苏州河梵皇渡购得一处84亩土地，将原来的两所圣公会学校培雅书院和度恩书院合并成立圣约翰书院，1879年4月14日奠基建造新校舍，1879年9月1日圣约翰书院正式开学（今万航渡路1575号）。

1881年6月，在施约瑟积极筹划下，圣公会在沪两所女学——文纪女校和俾文女校合并为一所寄宿制学校，即St. Mary's Hall，中文名圣玛利亚书院。合并后的新学校迁至圣约翰书院北面（后称为黄房子，今华东政法大学23号楼），与圣约翰连为一体，中间用篱笆相隔。圣玛利亚书院地处苏州河南岸一个大湾口，就像在一个半岛上，两岸风光旖旎，正是太平天国时期美国人戈登所筑的渡口，用以运输兵源及后勤物资，河运往来极为便捷。这对学生上学也带来方便，当时到圣约翰和圣玛利亚上学的很多江浙学生都是坐船来的。

圣玛利亚书院建立之初，为了学校有好的开始，施约瑟主教亲自主导教会女子教育的总体规划，指派与其传教理念相合的女传教士文海莉（Ms. Henrietta Farris）任圣玛利亚书院首任总监督，她是文惠廉主教的儿子小文会廉的第二任妻子。学校设立之初，文海莉就获得了圣公会首位中国传教士黄光彩的大女儿黄素娥的协助，管理学生事务。

文海莉非常积极投入圣玛利亚书院的建设工作，通过书信往来，她向纽约圣公会总部报告学校建设情况，争取教师女传教士加入。一方面她向女辅导部执行长艾珠丽女士（Ms. Julia C. Emery）说明中国传教会十分需要能胜任工作的教师女传教士，另一方面她又强调女辅导部在物色人选时要十分谨慎，除非有相当的合适人选，否则宁缺毋滥。这

梵皇渡摆渡口

一严格标准是基于对已往在华一些女传教士的观察。她希望圣公会考虑来华人选时，考虑其年龄、个性和经验，最好选择24～30岁，有过教师经历，能吃苦耐劳，适应在华生活和工作。此外，她强调新来的女传教士须服从主教和男传教士领导。为避免新传教士因对环境不适造成工作损失，她建议传教会总部应给予传教士候选人三个月到半年的职前训练。为了保证来华女传教士不会流失，文海莉除了对美国圣公会陈述所需女传教士的个人禀赋外，还提出女传教士在进入中国传教会后要进行在职训练以提高自身素质。她希望新传教士能有一到三年时间熟悉与书院相关的工作，三年期满后再承担范围较广泛的妇女传教工作。为了使圣玛利亚书院成为美国圣公会在华宣教的重点，文海莉积极向圣公会争取增加书院学生的奖学金名额。文海莉的这些建设性意见对圣玛利亚书院以后的发展起了积极作用。

1883年施约瑟因中风辞去主教职务，1884年10月28日，圣公会封立小文会廉为中国教区主教。

与此同时，黄素娥在圣玛利亚书院初期管理工作上显示其才华。初期的圣玛利亚书院共有学生40余人，其中文纪女校并入11人，俾文女校并入9人，新招收二十余人。学生间教派和派别之争不断，貌合神离，相互倾轧。黄素娥看到这种情况，全力调解，使各方意见消融，同学和睦相处。她成功组织了一个中国妇女管理团队，包括一名助理校监，一名助理教师，其中有圣公会早期华人牧师颜永京的夫人颜师母、女传教士魏氏，她们担任班级导师，她并动员妹妹黄阿美（Ms. Ah-mae Wong，圣约翰大学工学院院长杨宽麟的母亲）担任地理课教师。除督导学生课业外，她们还经常到附近乡间和村妇交谈，请对基督教有兴趣的妇女到书院作客。黄素娥的工作得到文海莉的赞赏，认为中国传教会中没有一位女传教士可以和其相比。她甚至说，黄素娥在教会女学的发展中将负起关键性责任。由于在华传教会人力有限，黄素娥必须总揽校务管理之职。在女传教士贝善乐（Mrs. Charlotte Irene Partridge，为后来成为日本教区京都主教的贝锡肃 Rev. Sidney Catlin Patridge 的妻子）写给文会廉主教有关圣玛利亚书院的工作报

1887年圣玛利亚全体师生　　　　　　　1897年圣玛利亚全体师生

告中，也对黄素娥的工作效率和服务表现大加赞赏。同时施约瑟主教的妻子魏素善（Ms. Susan M.Waring）也对她和女传教士魏氏的表现印象深刻，在与文海莉交流时认为美国圣公会来华女传教士教师人数毕竟有限，大部分女传教士，尤其是已婚女传教士，由于受家务等牵绊，在教会女校的校务行政工作上只能起协助作用。因此，魏素善认为应将圣玛利亚书院的实际日常管理交中国女信徒负责。这一主张得到文海莉的支持。1883年黄素娥成为圣玛利亚书院首任华人校长。

由于中国封建的重男轻女观念，当地人有丢弃甚至杀溺女婴的习俗。为了拯救生命和争取学生，圣玛利亚的女传教士收留女婴。早在1883年圣玛利亚书院的女传教士已接纳了6名当地女婴，1883年底开始筹办育婴堂"St. Mary's Orphanage"，中文名"梵皇渡玉成堂"。在1883年1月27日黄素娥给纽约传教总部和1884年6月11日给女辅传道部执行长艾珠丽的两份关于筹建玉成堂的报告中写道：由于当地中国人知道女传教士愿意收留女婴，穷困人家也愿将女婴交给中国传教会抚养。再加上玉成堂一部分的养育费用是当地善心人士和女传教士分别捐助的，使女传教士更重视玉成堂的筹办，并且积极向当地传教会和传教总部争取经费。筹建中的玉成堂计划容纳二十名婴儿和幼童，为了筹措建设经费，文海莉和黄素娥将收集到的中国刺绣和缝纫作品装箱邮寄美国，交由女辅导部义卖筹款。1885年10月7日玉成堂正式开办，由黄素娥兼管主持工作。

将教会女学扩展为圣玛利亚书院和玉成堂的计划也受到中国传教会男传教士的赞同，贝锡鼎主教就认为，玉成堂收留弃婴幼童，可从小对其灌输宗教信仰，这些由教会养大的弃儿长大后，可进入圣玛利亚书院读书，是稳定的学生来源。她们毕业后，则由教会作媒，与男信徒组成基督徒家庭，成为教会信徒的基本来源。实际上她们也是教会妇女工作的重要人力资源。圣玛利亚书院和玉成堂这两所女子教育机构相依相存的关系，一直维持到19世纪末，在圣玛利亚书院开始向部分有能力负担学费的学生父母收取费用时才有所调整。

三、圣玛利亚书院的发展（1891~1902）

早期圣玛利亚书院学生的来源，一些是服务于中国传教会的中国教牧家庭女孩，还有一些是协助女传教士工作的女传道，为了自己能专心工作，也会将自家女孩送进教会学校寄宿，另有一些是已被家长许配给正在圣约翰书院求学男学生的女孩。

初期的女校课程仿效中国古代私塾，让学生背诵四书五经，这种教学方式给学生带来极大痛苦。因为女学生必须用文言文记背，和其日常生活所熟悉的上海土白不一样。1883年来华的美国圣公会教师女传教士施安娜在给总部的信中说："学生的国学课需用记忆来加强，考试是用浅近的文言文而不用上海方言作答。"

圣玛利亚书院的课程设置，比起早期女子学校有了很大改进。施安娜在信中描述了圣玛利亚书院的教学情况："教室四周挂着世界地图和中国地图，以增进学生对周围环境的了解。""学校课程则包括圣经历史、历史、地理、英文、数学、基督教教义、《孔子》、《孟子》、《路迦福音》文理本、《马太福音》文理本、《三字经》和教义问答等。"

从1883年文海莉给纽约总部有关圣玛利亚书院的教学报告中，可以了解圣玛利亚书院的课程设置。

课程包括中国古书，科学常识和基督教教义三大部分。中国古书内容有《左传》、《礼记》、《诗经》、《孟子》、《论语》等。科学常识方面有《科学入门》、《算术》等，此外还有圣经历史、一般历史、英文说读写课程等。地理课教师自己设计填图课本，要求学生在地图上做标记，以拓展对外部世界的认识。宗教课除普及教育，包括传教士撰写的《圣教幼学》、《进教要理回答》、《基督教三字经》、《基督教证据》等外，由《圣经》分为《创世纪》、《路迦福音》、《使徒行传》和《提多书》等。

1886年女传教士蒲吉西（Ms.Jessie G. Purple）在给总部的教学报告指出，圣玛利亚书院还应加强中国女教传统，教材应增加《女孝经》、《列女传》这类教本。1888年，女传教士更开始规划正规的英文课程教学计划。从1894年孙罗以（Miss S. L. Dodson）给总部的报告中可知，这种课程仅教授那些玉成堂和圣玛利亚书院中会成为未来教会学校教师和妇女传教助手的学生学习。此时音乐课程也成为一部分学生的学习科目。至1890年代，更增加了新的科学课程，"基础天文学"、"新地理"等也纳入学生的学习范畴。学校还请传教士顾桥志（Mr. George W. Cooper）给学生每周上一次体育课。此外，女传教士为了让书院毕业生在毕业后能从事教职谋生或在出嫁后成为丈夫的好帮手，决定英文课不再由女传教士挑选学生学习，而改为依照学生意愿给予她们学习英文的机会。学生除了要参加这些课程考试外，女红课也是必考科目，范围包括缝纫、刺绣、纺纱、织布和编织等。

圣玛利亚书院的考试是严格的，自1882年起多由中、美圣公会教牧主持，如小文会廉、颜永京、汤霭礼、朱玉堂等均担任过主考官。也有由非神职身份的男传教士如马志希，中国女教师如黄阿美来担任监考，考查学生地理、英语课程的学习情况。

纵观圣玛利亚书院的课程教学内容，可以看到它具有中西合璧的特点，既维护了中国封建社会要求女子"三从四德"的养成教育，又挑战了"女子无才便是德"的传统观念。

1888年，已担任圣玛利亚书院校长五年的黄素娥，冲破世俗观念与从美国来圣约翰书院任教的青年教师卜舫济结婚了，这对圣约翰和圣玛利亚都是一件大事。卜舫济1883年毕业于哥伦比亚大学文学院，获文学士学位，1885年从圣公会纽约总神学院毕业，即确立日后从事传教的志向。在神学院就学时，曾在业余学校为中国洗衣工教英文，因而对中国发生兴趣，萌发了来华传教的愿望。1885年11月18日，满怀传教热忱和对古老神秘东方国度的好奇，卜舫济来到上海圣约翰书院教授英文。每星期日做礼拜，圣约翰书院和圣玛利亚书院在同一教堂举行，唱诗班由卜舫济领导，黄素娥则弹琴伴奏。两人

圣玛利亚老校舍格致堂附近

1888年建造于圣约翰大学内的圣玛利亚校舍

1888年黄素娥与卜舫济的结婚照

日久生情，互相敬佩。当时圣公会规定传教士不能和当地华人结婚。卜舫济勇敢打破了这一规矩，不为世俗和权威左右，坚持娶黄素娥为妻。1888年8月23日他们在圣约翰礼拜堂举行中西合璧婚礼。照片上两个新人的装束很有意思。黄头发蓝眼珠的卜舫济一身中国新郎装束，表明他对中国文化的倾慕；新娘黄素娥虽身穿传统中国服饰，但手捧鲜花，流露出对西方文化的向往与追求。虽然来自不同国家，但他们互相尊重和倾慕彼此的民族文化，正是这一点，让他们的婚姻持续了30年之久，直到1918年5月11日黄素娥去世。两人的成功结合，冲击了中国传统的封建婚姻观，为圣约翰书院和圣玛利亚书院的学生树立了榜样。

就在他们结婚那年，卜舫济从圣约翰书院一名普通教师荣升圣约翰书院监督。他立志将书院办成"设在中国的'西点军校'，成为培养具有宗教信仰的领袖人物的摇篮"。和黄素娥结合，也使卜舫济对中国有了更直接的感受与认识，也给予他对这个国家不同寻常的感情。黄素娥的温柔、善良、充满热情和才干给予卜舫济极好的影响。卜舫济在其自述中说："她帮助我了解中国人民最好的品质和特性，对此我无以为报。"他在1888年9月27日给圣公会总部W.S.兰福德的信中写道："我的妻子和我希望成为一对模范夫妻，齐心协力完成比我们单独能做的更多的事情。"在黄素娥协助下，在以后三十年里，卜舫济掌管圣约翰校务，将圣约翰从一所只有预科水平的学校发展为蜚声中外的著名大学。卜舫济本人也以近代中国著名传教士和教会教育家彪炳史册。黄素娥去世后，他又继续执掌圣约翰23年，到1941年转任名誉校长，在圣约翰校长职务上任职53年，为中外教育史上所罕见。

1888年圣玛利亚书院也获得了新发展，学生增加，校舍不够用，于是添建新屋，于12月25日圣诞日搬进。新来了一女传教士，即后来的继任校长孙罗以。1890年黄素娥辞去圣玛利亚校长职，只兼任玉成堂工作，其余时间除在家相夫教子外，还兼做何思励医师（Ms. Marie Haslep, M. D.）的助手，在教会诊所内对当地妇女和儿童做医疗服务，以致何思励医师一度还曾写信给小文会廉主教，考虑送黄素娥到美国进修医学。

孙罗以，1888年10月8日来华，1890年接替黄素娥担任圣玛利亚校长一职，至1920年60岁退休，前后任期30年，是圣玛利亚女校历史上任职校长时间最长的。1898年孙罗以再次为圣玛利亚书院定下教育方针，强调其应尊奉中国传统儒家精神，并在校内树立孔子碑铭。她认为教会女学应以恢复中国妇女这一被中国社会忽视的弱势性别群体的权利为目标，并主张妇女应拥有和男性相同的受教育权利。基于此种认识，她定下了服务书院的所有教职员均为女性的规定，校内固定师资四名，两名教授中文课程，两名教授英文课程。校内所有课程一半以中文讲授，一半以英文讲授。她甚至规划了两位留学美国密西根大学的中国女医师加入教师行列。课程范围包括英文（字母、拼字、文法、阅读）、历史、地理、哲学、工技、数学、法律、医药、外科医学、中国女红、音乐等。

此外孙罗以还对申请入学者再次重申，不缠足，已缠足的必须立即放足，否则一经发现立即退学。当时女童缠足在中国仍十分普遍，女传教士到中国后，深入农村家庭劝说给小女孩放足，进入教会学校的女孩必须不缠足，这早已是一条规则。现在有了收费学生，所以孙罗以要重申，无论对于免费学还是收费学，不缠足是申请入学的重要条件。

从文海莉到黄素娥再到孙罗以三任总监督或校长的办学理念，给予学生在女性自我解放的意识方面以相当的震撼，书院内的中国女教师不仅担任班级导师，而且教授地理、算术等课程。美国女传教士不仅教授英文、音乐等课程，有的还在书院和玉成堂开设临时诊所，为学生和附近妇女儿童看病。这些都给予圣玛利亚书院的学生以榜样的力量。

时间跨入20世纪，1893年被封立为主教的郭斐蔚和传教会的教士们作出了一个决定，将玉成堂和圣玛利亚书院合并，使玉成堂成为圣玛利亚书院的预科。

1901年圣公会女传教部和圣玛利亚书院成功向美国母会争取到"丁玛利女士纪念特别款"（Mary A.C.Twing Memorial Fund），并将其用于改建书院校舍。丁玛利曾是美国圣公会女辅传道部执行长及荣誉执行长（秘书），对女辅传道部制度建立、人员调配及美国国内妇女传道工作贡献良多，曾于1893年来华查访中国传教会的教会妇女工作，1901年去世。女辅传道部对圣玛利亚书院的扩建计划高度重视。1902年来自美国的建校经费29396美元到位，开始建造新校舍，取名为思丁堂，以纪念丁玛利女士。1903年新楼落成，位置在老圣玛利亚的前面，后为圣约翰书院西门堂的位置（今华东政法大学东风楼）。

从1881年两校合并建校之初的四十余名学生，以"班"和"校"为单位，到1893-

1897年圣玛利亚全体师生　　　　　　　　1897年的手工课

1894年间设置"部"或"科"为单位。1901-1902学年间,除玉成堂成为预备部,书院还设有英文部。二十年间圣玛利亚书院已成初具规模的女子学校,吸引上层社会的注意,付费学生日益增多,学校规模日益扩大。

四、思丁堂时期（1903~1922）

1900年的义和团运动,导致八国联军武力护侨,进而占领北京,迫使清廷签订《辛丑条约》。义和团被镇压后,清政府不得不允许西方传教士继续在中国进行传教和文化渗透。与此同时,1894年甲午海战的失利,也使清政府意识到科学的落后,国力的衰弱,给中华民族带来了空前严重的民族危机。1903年清政府颁布癸卯学制,废除科举,兴办新学。1905年清政府成立专管全国教育体制的学部,1906年将女学归入学部管辖,1907年慈禧太后面谕学部实兴女学,正式颁布《女子师范学堂章程》和《女子小学章程》。自此中国女性才开始有了接受正规教育的机会。自1870年代后期中国第一批小留学生被清政府召回后,20世纪初,又掀起了一波赴海外留学的浪潮。

20世纪初,由于中国社会已开始重视女子教育,一些家境较殷实的家庭,愿意自付全部或部分学费,将女孩送进新式学堂,圣玛利亚书院也获得了进一步发展的机会。1903年思丁堂落成,大大扩展了圣玛利亚书院的活动空间,可容纳更多学生。1900年朱静贞女士成为圣玛利亚书院的第一个中学毕业生。这一年有6个付费生和52个拿奖学金的学生。从此学校对非基督徒学生打开了大门。7月初学校放假,学生都回家度假。为躲避义和团的排外，育婴堂的儿童和女教师共60人都住到虹口同仁医院避难，9月1日回到梵皇渡校址。9月15日圣玛利亚书院开学时回来了40个原来的学生，这一学期学生增加到71人。以后每年都有学生毕业，1901年毕业了5名学生。这时的圣玛利亚书院规定学制为八年，初中四年，高中四年。学生毕业以英文程度为准，高中的中文四年读完后，如英文尚未达到毕业程度，还可读两年中文补习班为提高班，另发中文特级文凭。自此，圣玛利亚书院的教学进入了一个成熟发展阶段。

1903—1904学年，随着思丁堂的启用，书院已形成中文、英文和音乐三大部门，并相当重视体育和家政教育。其中中文课和英文课是必修科，音乐则为选修。每个学生一周要上18小时中文和12小时英文。奖学金提供时间最长为八年。

1903年学校设立琴科，由1903年来华的梅锡祐女士（Miss M. S. Mitchell）任琴科主任。在琴科设立前，学校里仅有一架钢琴，两架风琴，供学生唱歌时伴奏用，学琴的也只一两人而已。琴科设立后，首先来学的有顾珩贞、朱琦贞两位。她们是最早的琴科毕业生。音乐课也比以前正规，学校开办之初，只在英文课前抽几分钟时间练习唱歌，琴科设立，音乐课立为正式科目，1905年开始有唱歌特班成立，更在声乐方面有正规要求。

1904年1月23日，玉成堂新屋落成，由此育婴堂从圣玛利亚书院分出，独立管理。

1906年康女士（Miss Crummer）来校，任英文部主任。她看到学生英文程度很浅，便设法改进教学。她采用英文原版图书作教材，并加强学生会话教学，学生英文程度有很大提高，中文部学生学习英文也蔚然成风，英文部学生已开始尝试莎士比亚剧本公演。数年后圣玛利亚书院学生的英文在社会上开始有了名声。

1904—1905学年，学生人数已增加到120名，其中59名为自费生。郭斐蔚主教是教牧，以孙罗以为首的12名教师中，美国教师团队为书院教学主力，此外还有教中文的中国教师。对音乐部的学生教授音乐史、声乐，并能练习弹奏管风琴。此外，体操和球类运动也成为学生每周课程的一部分。在慈禧太后1907年下谕兴办女学之前，圣玛利亚书院已尝试建立一套试图融合中、美妇女传统的女子教育体系。

1908年圣玛利亚书院又增设了师范科，以两年为毕业期。学生从圣玛利亚书院毕业后还可进师范部再读两年，毕业后即可从事教师职业。1910年师范科举行第一次毕业典礼，有毕业生4名。陈丽贞、倪凤美、黄福娟、石赛荷成为第一届师范毕业生。

建造于1903年的思丁堂

1912年全体学生集会

  1908年学校图书馆创办,由英文教师郭璐珊女士(Miss L. Graves)负责。她认为要拓展学生知识面,必须有图书馆,乃联合几名教师,到处搜罗图书。第一年仅有100余本,两年后增加到500余本。1921年暑假,玛格丽特·哈特·贝利小姐(Margaret Hart Bailey)为图书馆编制了约四千卷图书的目录,其中英文图书都是美国热心人士捐赠,以纽约的期刊俱乐部(Periodical Club)赠送最多,这也是个辅助教育机构。中文图书以经史类为主,多为学生家长赠送。第一届管理员康女士,后来郭璐珊女士亲自管理,图书日渐增多,管理逐步完善。图书馆内设施大部分由卢公勉先生捐赠,以纪念夫人谈玙璠女士。谈女士为圣玛利亚书院肄业生,不幸逝世。卢先生捐赠设施,以志纪念。

  1914年圣玛利亚同门会(现称校友会)成立,校友37名参加首次联谊会。1908届兼1910届师范毕业生黄福娟为同门会首届会长。这一年学生增加较多,原有校舍显得拥挤。同时圣约翰大学也发展很快,校舍同样拥挤。时任圣公会上海教区主教郭斐蔚决心将圣玛利亚迁出,校舍让给圣约翰。于是他为圣玛利亚在吴家宅找到了合适土地,积极筹措买地经费,并期待纽约总部给予财务支援分期贷款购买72亩土地,以便建造新的圣玛利亚校区。同门会会长黄福娟组织校友捐款,建立基金,为母校将要建造的新校区集资,建造一幢由中国校友捐款的"体育馆",又称"中国楼"其余的楼则由圣公会美国女辅传道部和其朋友集资建造。

  1915年中国开始新文化运动,提倡民主和科学,反对专制、愚昧和迷信;提倡新道德反对旧道德;提倡新文学反对旧文学,有力冲击了整个社会,特别是上层知识阶层反响更为强烈。上层社会对新学的需求更加旺盛。圣玛利亚书院地处上海这一独特地理位置，经济发达，西方文化影响时间长，社会上对现代女子教育的需求也比内地强烈。加之圣玛利亚书院与圣约翰书院毗邻而处，1913年圣约翰书院已开设大学院（即研究生院），在校园建设、教学设施、师资配备方面都无愧于"江南教会第一学府"称谓。与圣约翰书院仅一墙之隔的圣玛利亚书院在此影响下，也获得了一个发展机遇。

1915年夏天，孙罗以校长根据美国学校的学制，将八年旧学制改为十二年的新学制，初小四年，高小四年，高中四年。

1916年爱拉女士（Miss S, Oehler）来校任教，大力提倡体育运动，认为运动除健身外，还可培养学生集体合作习惯和竞争意识。学生有统一的体操服，在体育课上学生一律穿体操服，手持体操棍，英姿飒爽。从这一年开始圣玛利亚女校每年举行一次运动会，运动项目有跑步、体操、球类等，对体育运动中的优胜者，给予奖励。

1918年育婴堂因婴儿稀少，又无人主持，圣公会决定停办。而圣玛利亚书院学生人数增加迅速，每年均要增加八九十名插班生。2月份因气候关系，生病学生增多，多为咳嗽、头晕、发热等感冒病，极易传染。校舍不够用，遂将育婴堂房屋收回作科学楼和医院用。在格致堂楼上添设养病房一间，可容生病学生八九人，四围均围上纱窗，中间放置钢床，添置柔软被褥，使病人感觉十分适宜。此外，在思丁堂露台原卧室右方，因通风透气，空气新鲜，也添设一间宿舍，可容纳9人，供体弱学生休息。

另外，考虑学生课余活动场地，在思丁堂西面，向右走廊的地方将原场地加高，改建为学生课余休息室，称为"学生之友"。南面装上大玻璃窗，室内光线极好，被称为"阳光厅"（Sun Parlor）。屋子中央装一盏大电灯，屋里放置十几把藤椅，有书报杂志，不管白天、黑夜总是亮堂堂的，课余时间成为学生喜爱的休闲场所。

1919年设立年刊编辑委员会，由学生组成编辑部，以毕业班学生为主，教师作顾问。年刊取名《凤藻》，从这一年开始每年出版一期，收录学生作品、学校要闻、照片等资料。这一年全校共有学生218名，拍摄了全校学生合影，刊载于1919年《凤藻》第一期扉页。

1919年6月初，五四运动的浪潮从北京转移到上海，圣玛利亚的学生在学生会主席俞庆棠带领下上街宣传，募捐。圣玛利亚女校于这一年成立了学生会，并参加上海学生联合会，成为其中的一个分会。

1919年圣玛利亚书院全体学生合影

1920年孙罗以校长已年满六十周岁，即将离任回国。1月5日，学校为孙罗以校长举行了隆重的庆祝典礼，祝贺她在圣玛利亚任校长三十周年。这一天阳光灿烂，驱走了冬日的寒冷，校园里到处彩旗飘扬，鲜花簇锦，灯笼高挂，学生们都穿着服饰鲜艳的衣服。在平时学生休息和接待家长的阳光屋(Sun Parlor)，此刻堆满了给孙罗以校长的礼物，有些则已放在了会场里。老师和校友们都被请到茶室里休息。没有一个人不忙碌，即使是那些小学生，也被安排帮忙挂灯笼。下午两点，庆祝会开始，穿着鲜艳色彩裙装的女孩子表演了精彩的文艺节目。表演结束，同门会主席韩美英（1909届、1911届师范毕业）用英语致简短贺词，充满敬意，对孙罗以校长三十年来对学校发展做出的贡献表示感谢。接着同门会赠送的自鸣钟，全体学生赠送的一套白银壶被搬上主席台。庆祝会后，学生放假两天。

1920年4月1日孙罗以校长乘船回国，自1888年起在圣玛利亚女校任职，时间长达32年。临别之际，高年级学生赋诗送行，由徐计六先生作序，并裱制成手卷，赠送孙罗以校长。下午一点三刻，汽车出发之际，全校师生在校门口欢送，并赠送花篮，燃放爆竹，以示欢送。孙罗以走后，校长一职由英文部主任傅德女士（Miss C.A.Fullerton）继任。

傅德校长接任后的一件大事就是建造白利南路新校舍。

全校师生对建造新校舍非常关心，校友会和1920届毕业生租借了夏令配克戏院，准备以义演筹募建校款项。这是当时上海滩上有名的大戏院，由西班牙商人雷玛斯创建于1914年9月8日，地点在静安寺路127号（今南京西路石门二路口，后被中国人买下，改名大华电影院，50年代改名新华电影院，1994年在上海城市改造中已拆除）。1920年6月25日晚八时和6月28日下午三时，共演了两场，售出一千多张戏票，筹得1400元，全部用作建造新校舍。

在1922年6月9日，1922届毕业生在校中排演莎士比亚戏剧，所出售的门票共得到洋元400元，悉数捐作建筑母校新舍之用。

在1921年的校刊《凤藻》上有这么一段记载："也许每个在1920到1921年间到我们学校阳光屋的人，都会看到一幅绘有一幢红色房子的图，上面赫然写着几个大字'请捐献一块砖'。这幢红房子是什么楼呢？这就是我们日夜期盼的新圣玛利亚女校的新体育室，圣玛利亚女校的校友们和在校学生承诺将集资筹建这一幢大楼。"因此，她们绘出了"请捐献一块砖"的宣传画来吸引更多善心人士。

这两年学生人数增加迅猛，继1918学年增加学生86人后，1919学年增加新生109人。1920学年两个学期又增加新生一百余人。由国立北京女子高等师范及各省立女子师范转学来的也不少。征召新教师和建造新校舍已迫在眉睫。1920年10月起，音乐、科学、英文、家政方面有专长的老师陆续从美国来校任教。12月上海传教总部在获得圣公会纽约总部女教友特别捐款后，给圣玛利亚女校增设建校专款美金21500元。

1921年4月17日于白利南路举行新校舍开工礼，5月10日行思孙堂奠基礼。思孙堂是新圣玛利亚最主要的建筑——教学楼，命名为"思孙堂"是纪念在圣玛利亚任职32年的孙罗以校长。这天，天气晴朗，一声号角，全校学生列队，全体教师在前，学生在后，排着整齐的队列，鱼贯而行，赴新校址举行奠基仪式。一路上引得市民围观，将道路堵塞。走到一处竹篱笆处，曲曲弯弯不知走了几里路，远远听到爆竹声，奠基礼即将开始了。同学们无不精神焕发，昂首前行。进入竹篱笆后，师生站在指定位置，牧师先行祷告，然后由校长及同门会会长，各年级代表举起锄头破土植树。全体师生齐声唱歌，歌声嘹亮，响彻天空。这一天的奠基礼，由当年还是圣玛利亚女校学生，63年后的市三女中终身名誉校长薛正用文言文详细记载。

新校舍建造历时一年半，1923年5月竣工。在这块72亩的荒地上，成功建造了11座西班牙格局的两层楼建筑。在教学楼与学生宿舍、膳堂间均有2米多宽的围廊连接，即使下雨,学生在校内的学习和生活也不受影响。这12座建筑是思孙堂、思丁堂、思卜堂、膳堂、体育室、养病所、音乐院、理科室、西国教员住宅、中国男教员住宅、仆役宿舍、门房等。其中思丁堂为纪念丁玛利，思卜堂为纪念卜黄素娥。这两幢楼均为学生宿舍楼。

开土礼

1923年在老校舍最后一次举行毕业典礼

由纽约妇女布道会捐造。理科室又名格致楼，还有一个名称"Browning Hall"，由勃朗英夫人（Mrs.Browning）捐造，用以纪念其丈夫。膳堂由桑纳夫人（Mrs. Thome）捐造，养病所由柴白立司开夫人（Mrs. Zabriskie）捐造，门房由纳护夫人（Mrs. Knapp）捐造。

1923年7月2日学校迁入白利南路新校址，圣约翰遂以15000两银购入圣玛利亚思丁堂，将此三层校舍拆除，并向左右延伸建筑新校舍，成为西门堂，用作圣约翰中学校舍。圣玛利亚从1900年开始招收收费生，最早的学费资料已无从查找，1922年学膳费为半年50元，学琴或专修英语需另缴费用。

圣玛利亚搬入白利南路新校舍也意味着从书院到女校，开始了现代女子中学的历程。

五、搬入白利南路新校舍（1923～1937）

1923年7月2日圣玛利亚书院搬入白利南路65号新校舍，改名为圣玛利亚女校。1923年的年刊美术编辑为1926届毕业生薛正，她设计了一张在新圣玛利亚女校校门口的景观图，砖砌围墙外面，人力车靠墙排列，一辆接一辆。一路上人力车、独轮车，还有出现在1920年代的老式汽车络绎不绝驰向学校，有戴着绅士帽的父亲送女儿去上学的，有推着的独轮车上装满行李的，也有潇洒地乘汽车前来学校的。一路上风尘扑扑，扬起了一袭尘土。新校舍围墙内种着一排高高的白杨树，校门笔直地对着新教学楼思孙堂。

为了庆祝新校舍落成，前任校长孙罗以特意于6月份回到上海。毕竟新校舍最主要的建筑教学楼"思孙堂"为纪念她而命名。她参加了1923年6月底最后一次在老校舍举行的毕业典礼，并与圣约翰校长卜舫济一起在毕业典礼上讲话。1923年12月8日学校开庆祝会，庆祝新校舍落成，并有游艺活动。孙罗以校长报告了学校历史，华克女士报告了建造过程。并有朱兰贞、孟博士演讲。这一天中外来宾共计千余人出席庆祝典礼，盛况空前。

1922年，北洋政府教育部颁布了学制改革，这也是中国现代教育史上影响最为深远的变革，称为壬戌学制。这个新学制的指导者和起草者是胡适。壬戌学制分初等教育、中等教育、高等教育三段。普通教育阶段模仿

1923年搬入白利南路新校舍改名圣玛利亚女校

美国"六、三、三"制，即小学 6 年、初中 3 年、高中 3 年。但按照中国国情，小学又分两段：初小 4 年、高小 2 年。

1924 年圣玛利亚女校将中学四年、小学八年的旧学制改为中国教育部颁布的壬戌学制，即高中三年，初中三年，中文在高三之上，另设两年特级。英文在中学之下，尚有预备两年，即小学五、六年级。为了师范科学生能有实习地方，这一年设立了实习小学，招得女学生 10 名。并在思卜堂后面造了一间六角形建筑，作为附近乡村孩子日间学习用校舍。

1925 年动工建新礼拜堂，至 1926 年春落成。整体建筑大部分是由拉邱约翰（Mr. John D. Letcher）先生捐造，用以纪念其夫人。而其他"室内的装饰配件全是由林肯博士（Dr. Lincoln）捐献的，以此来纪念他的妻子"。1925 年 12 月 14 日筹办多时的电机风琴安装完成，"拨弦一试，音调悠扬，殊觉悦耳"。

校园整体基本完整，共有 12 栋建筑，其中八栋建筑通过连廊连接，围合成一体，中间留有大草坪，南侧也有大量空地。1926 年复活节于新礼拜堂内行首次礼拜。10 月 28 日行祝圣礼。

在 1924 年的《凤藻》中有学生钟品莲写的《新校落成记》，记载了新学校在学生心目中的好印象："现新校舍较前宽广，可容学生三、四百人，所建之格致室、练琴室、自修室、课室、膳室、卧室等均较前更臻完备，而地场广阔，又可供课外之运动。"

在 1930 年的《凤藻》年刊上有汪朴金的"记述：本校最近之概况"记载："本校校室共分八部，北部为思孙堂，有中文教室八间，英文教室十间，大自修室二间。教室每

工人正在建造新校舍

间可容三四十人，自修室每间可容一百四十余人。此外尚有图书室，阅报室、售书室、接待室及校长办公室，均在焉。西部为学生寄宿舍，共有三座，每座有房数十间，共可容三百余人。此外尚有厨房、膳室、盥洗室、浴室及厕所，均在焉。南部为健身房，凡开会演剧均于此处行之。东部为礼拜堂。科学会与琴间则居礼拜堂之左右焉。西北部有学生养病室，西南部有义务学校及校役室，东北部有西文教员住室。而中文男教员则居校外之另一室焉。至校之中部则为一大空场，浅草平铺花木错置，课余游戏均聚于此。总各部屋舍尽皆西式，建造坚固，空气流通，均有长廊相连，冬日备有水汽管，故学生在内甚觉舒适也。"可见新校舍给圣玛利亚师生带来了快乐和便利。这个美丽、宽敞、舒适的校园留给所有学生难以磨灭的印象。

　　1924年秋，江苏督军齐燮元与浙江督军卢永祥之间进行了江浙战争，龙华地区战火纷飞，一度波及沪宁铁路，圣玛利亚新校址正处于沪宁铁路线边，为学生安全起见，傅德校长遂宣布10月13日开始停课，走读学生自行回家，住宿学生避居于圣约翰大学体育馆内，学校停课两星期，于江浙战争宣告结束后复课。

　　1924年是甲子年，5月21日举行了新校舍落成后的第一届毕业典礼。这一天天气忽而云雨迷离，忽而阳光含笑，就像是毕业生的心情，又喜又怕，悲喜交集，感慨万分。此情此景与上天的忽阴忽晴，一喜一惧息息相关。寒窗苦读数载，辛苦修业期满，带着文凭回家，上足以慰父母之期望，下足以当弟妹之榜样。新校落成，仅一寒暑，甲子级捷足先登，行第一届毕业典礼，这为一喜也。同学十二人，相处久者已十年，少则四五年，敬业乐群，以艺术相竞争，以学问为砥砺，有如姊妹情谊。今毕业已届，一旦分飞，道路阻长，后会辽远，不禁黯然。这为一悲也。随着琴声奏响，学生整队而进，气象一新，别有天地。校长讲话，郭主教颁文凭，来宾兴致勃勃，精神振奋。1924届的毕业生孙熙

1923年新校舍竣工

治用文言文记下了毕业典礼的场景和自己的心情。

此时的圣玛利亚学生已多出自富裕家庭，然爱国之心充溢于每个人的胸襟。1925年5月30日发生了日棉纱厂工人顾正红被日商杀害一事，酿成"五卅惨案"。6月2日全校同学义愤填胸，学生联合会召集紧急会议，结果全体一致同意宣告罢课。学生会一面临时募捐，以救济死伤者，一面组织团体，准备进行声援，募得银三百余元，组成32个声援团体。柳亚子先生的女儿柳无非当时正是初中部学生，因参加游行，额头被英国巡捕打出血。

1926年有英文毕业生12名，中文毕业生21名。《凤藻》年刊上首次登载中文毕业生照片。当年的毕业生中有后来的中西女中校长、市三女中终身名誉校长的薛正和北京大学西语系教授俞大绚。1926年学生人数达到358名，也是圣玛利亚历史上人数空前多的一年。

1927年1月7日，由于北伐军进军上海，圣玛利亚女校地处铁路沿线，出于学生安全考虑，学校停学一年半。1928年9月，学校重新复课，学生有一部分已转学其他学校，人数减至170人。学校恢复教学秩序。

自从搬到梵皇渡路和将学校命名为"St.Mary's Hall"以来，圣玛利亚女校获得了很大发展，这不能不归功于施约瑟主教当初并校措施的正确。1931年迎来了建校五十周年大庆。五十年来，特别是从圣约翰思丁堂以来的三十年发展速度更是惊人。在建校五十周年纪念册上，有一张图表描绘了这三十年来学生人数的变化。简述如下：1902学年

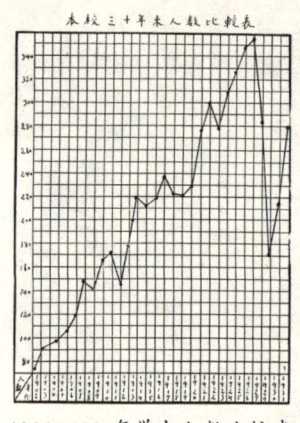
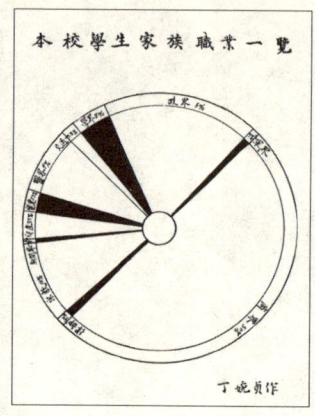

1900~1931年学生人数比较表　　学生家族职业一览表

学生人数为90人,至1910年增长到170人,1920年更是达到了278人,到了1926年达到了这些年来的最高峰358人。之后由于1927年停学一年半,到1928年9月复学时170人,第二年即恢复到215人,至建校50周年的1931年,学生人数已达280人(见"圣玛利亚女校三十年学生人数比较表")。这些学生的家庭都已经是中产以上,有足够财力支付学生的学习费用。从一份饼状百分比图表上我们可以看到,学生家族职业,50%来自商界,17.78%为政界,9.72%为宗教界,8.33%为医界,4.17%为学界,3.33%为守产,2.78%为实业,1.66%为交通,1.11%为律师,0.56%为新闻界,0.56%为军界(见"圣玛利亚学生家族职业一览表")。可见学生的家族背景不再是社会下层,而是社会精英人群。当时圣玛利亚一年学费一般学生84元,相当于普通工人10个月的工资;专学西文一年学费168元,其他伙食、杂费尚不包括在内。这样高的费用,普通人家显然难以支持。在世人眼中,不仅将送自家孩子进圣玛利亚女校上学看做一种身份彰显,而且大户人家也以能娶圣玛利亚女校毕业生为荣。圣玛利亚女校已从创办初期收容孤儿、贫困家庭女孩成为现在上层社会的贵族女校。这五十年来的变化说明西方文化对中国社会的渗透并与中国传统的结合,说明中国上层社会推崇这种西方文明和中国传统意识的结合,以及对像圣玛利亚这样的教会女校的认可。

热热闹闹的五十周年庆祝活动,请来诸多名人题词。金陵女大校长吴贻芳题词为"砥德砺才"。吴贻芳不愧为女中豪杰,对圣玛利亚女校学生的要求也是那样严格,要在磨练中淬炼自己的品德和才能。相比于吴贻芳,俞鸿钧的题词要客气得多,这位圣约翰大学的校友,外交部长陈友仁的英文秘书题了"如日方中",这四个字带有恭维意思,就是说圣玛利亚女校现在就像太阳正当午一样,欣欣向荣,蒸蒸日上。于右仁,这位早年的老同盟会员,近代书法家、教育家,为圣玛利亚女校学生题词:"求平等,求自立,

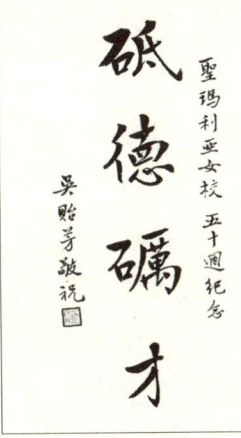 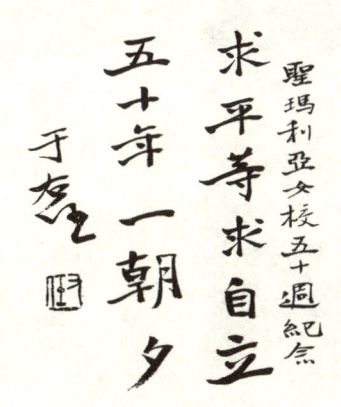 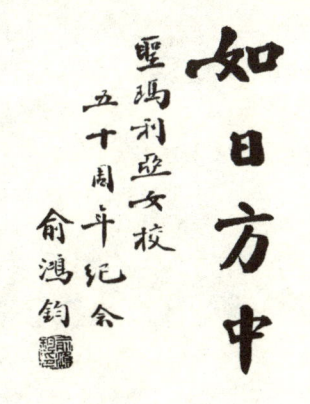

  吴贻芳题词   于右任题词   俞鸿钧题词

五十年一朝夕"。倡导男女平等，妇女自强自立，倒和当年同盟会反封建的宗旨完全一致。

  圣约翰校长卜舫济前来祝贺，并赠送日晷。日晷高一米，上有指针，能根据太阳光照精确指示时间，由圣约翰大学 1931 届校友赠送，放置于思孙堂南面草坪的西南角。

  自 1931 年"九一八"事变以来，日本侵占东三省。上海 24 所大学学生积极行动，成立上海大学生抗日救国联合会，派代表赴南京请愿，并号召同学举行募捐支援东北义勇军。圣玛利亚女校学生会也积极响应，以龚维航（龚澎）为会长的 1933 年国光会的工作报告中记载："九一八事变后为东北义勇军募捐，一夜得七百余元，全校同学祇二百五十人，亦可见爱国之热情。""又自今年（1933 年）1 月起，同学提议每人日捐铜元 5 枚，以积少成多之法聚集以捐东北义勇军，此举正在进行中。耶稣圣诞并有自由捐助者，去岁最后一次大会更有特别捐，得款六百余元，当即寄往东北矣。"

  1932 年"一·二八"事变发生，日军发动军事进攻，十九路军奋起抵抗，上海市民积极支持。原本二月要开学，由于战事，延迟到三月停战后才开学。这一年暑假时间缩短用以补足二月份的课时。

  1935 年 11 月 22 日学校为傅德校长庆祝来华 25 周年。当时还是预一年级的李瑞玉（1942 届）用一个刚进校低年级学生的眼光用英文记叙了这一天的快乐："这天是星期五，阳光明媚，空气也格外清新，我们起的很早，都穿上了新衣服，每个人见到了傅德先生

1931年圣约翰校友赠送的日晷

都显得很快乐。

中午来了很多校友和来宾,她们和傅德先生有一个茶话会。我们不参加,就在外面花园里玩。晚上我们手提灯笼。每个小孩子都有一个灯笼,远远地看起来就像是许多星星,但要比星星更漂亮,因为它有不同的种类和闪光的颜色,那是按照为傅德先生表演的程序和班级一个接一个出场的。

傅德先生来华已经25周年了,傅德先生就要离开学校了。"

1936年年初,傅德校长因病向郭斐蔚主教提出辞职,郭主教对傅德先生慰问和挽留,并委托金希姒女士(F.D.Mackinnon)为副校长,协助处理学校事务。1936年秋季,预科一年级未招生。

由于圣公会在圣约翰大学和圣玛利亚女校在中国政府教育部门立案的问题一直没有解决,圣玛利亚女校的毕业文凭不为已立案学校承认,1936年圣玛利亚毕业生13人无法考入高校读书。这迫使圣约翰大学改变了以往大学部不招收女生的规定。1936年5月,圣约翰校务委员会通过决议,接受圣玛利亚女中毕业生为走读生。从此圣约翰大学为圣玛利亚女校的学生打开了大门。两校关系变得更加密切。

1937年傅德校长的辞呈批准,金希姒女士继任校长。8月13日,淞沪抗战爆发。圣玛利亚女校地处战区,无法开学。经留沪教职员努力,与圣约翰大学一起租赁南京路大陆商场四楼为临时校舍,学校于10月中旬复课。实习小学停办。

六、大陆商场艰难时期(1937~1939)

抗战八年,中国人民在艰难抵抗日本侵略者的过程中,极力保存民族的未来和精英,很多学校跋山涉水迁往内地。1937年"八一三"事变后,中国守军艰难抵抗三个月,上海沦陷,圣玛利亚校舍被日军占领。圣约翰大学校舍被炮弹炸坏多处,苏州河东岸校园被日军占领,用作兵营,校园里涌进900多名难民。圣约翰校董会和教会代表开会决定,将学校暂迁公共租界内南京路山东路口大陆商场（后称慈淑大楼、现东海大楼353广场）。圣约翰大学租得大小20间房屋，以后又增租7间，以容纳圣约翰大学、附中和圣玛利亚女中的学生。10月15日在上海还处于战争状态下，重新开学。由于教室不足，加之东吴、沪江、之江等其他迁入租界的大学也来借用，只能安排大学上午上课，圣玛利亚女中和圣约翰附中下午1:30至4:30上课。学生全部走读。

这是一段艰苦的日子，教学条件相当简陋。1938届张祥保回忆，1937年西郊圣玛利亚女校和近邻的圣约翰大学被日军占领。在焦急等待中过了一个长长的暑假，被通知到上海最热闹的南京路百货公司（大陆商场）上课。在这最后一年中，她觉得最引以自豪的是在最艰难的条件下，如前面班级一样，出版了校刊《凤藻》，留下了在圣玛利亚学习的那段历史。六十年后，她将精心保存的荷绿色封皮的1938年《凤藻》赠送市三女中。这本在抗日战火中出版的校刊，记载了那难忘的一年。

1938届胡金仙在《一九三八级级史》中记录了这一特殊时刻圣玛利亚学生的表现："'八一三'烽火爆发时，正是我们放暑假的时候，我级有很多同学，就很勇敢地加入了后方的救护工作。她们的服务热忱是院方所称许的。在九月末同学们见各学校都纷纷上课了，而我们学校音信沉沉尚无开学的意思，便在同学张君祥保府上，召集了一个会议，向校方提出了几条具体的要求。校方接受了我们的请求，就借大陆商场开学了。

这时候，我级同学因战事的关系，大多各住一方。一听到了学校开学的消息，才陆续地费了许多时间，经过几多周折，团聚在四三二号的课室中，也即是我们的Senior Parlor里，可惜还少几位住在外埠，如陕西、四川、湖北、湖南等地的同学。

这是我们最后的一年，然而也是最值得纪念的一年了，在我级那虽不似往年一般舒服的Senior Parlor里也曾听见过我们种种的计划和喜怒哀乐的经历。我们那以往的毕业生从未享受过的半天走读生活，曾告诉我们应该怎样利用最少的时间读最多的书。我级服务的精神和求知识的热忱并不因环境的变迁而停止或退步。在目前敝级尚有几位同学很热心地在做救济难民的工作，很多的同学加入了上海学联的研究团契，从事学识的研究。"

由此可见，圣约翰大学后来增租的那7间屋有一半用途是给圣玛利亚女校的，那年圣玛利亚女校没有招收预一年级，全校总共是7个年级。学校作出这一决定和1938级同学焦急地聚集在张祥保同学家中，向学校提的几条建议不无关系，毕竟她们是高三年级，

大陆商场侧门

在大陆商场上课

张祥保与同学在大陆商场顶层（左起张祥保、梁静宜、张秀爱、胡景先、董梅贞）

还有一年就要毕业了，比起其他年级对自身前途更为关心。

另有一些在"八一三"事变发生前随父母离沪的同学，听到母校复课的消息，为了能得到继续学习的机会，只身一人从遥远的地方冒着危险告别父母回到学校。1941届孙瑷璐当年只有初三，在1938年《凤藻》上发表了"今年"这篇文章，叙述她返回母校读书的经历："消息传来家乡已失守，我们一切的家产都在炸弹枪炮中消灭了。这可怕的消息给了我们极大的打击。我们不知怎样才好。在那儿又因言语不通不能进校。后来得到圣校在沪开学的消息，我才好像得到了一线的光明，我鼓起勇气向父母亲提议要先返沪，最先他们是坚决的反对，但我却以为家乡既已失守，以后的生活真是不堪设想，目前的办法只有读书。在这种理想之下我几次三番提出了读书的要求，最后他们都为了我的前途而答应了我。

"在阴历十二月二十七的晚上，父母亲同一切亲友们送我至船上，同时人生最痛苦的事——离别——就第一次的降临到我们的身上。……在船上昏昏的过了两天，在阴历年初一的早晨，船渐渐驰进了吴淞口，啊，分别刚半年的上海，不想竟被破坏到如此的地步，映入眼帘的使我觉得多悲伤多惭愧多忿恨。啊！亲爱的父母，你们的孩儿总算已平安的抵达了目的地，可是这可怕的地方，我真不知道怎样的去过。"

在拥挤嘈杂的大陆商场，上课的条件是十分艰苦的。在1941年的《凤藻》里记载着："学校搬到大陆商场，AB两组拼起来只有三十多人，被关在一间如豆腐干大的教室里。"这是初三年级的稗文里记载的，想来其他年级情况也差不多。

1939届毕业典礼在贝当路美童公学礼堂

大陆商场里的楼梯

1939届金湘在"我们的历史课"这篇用英文写的文章中,记载了后来成为新中国外交家的龚维航(龚澎)老师上的一堂历史课上发生的故事:"一天,在历史课的最后阶段,我们正在进行复述讨论,题目是'法国革命'。教室里很安静,但是教室外面是很吵闹的地方。汽车在楼下开过,发出了很大的嘈音,弄的我们互相之间都听不清在说什么。

"有一个同学讲述了关于'巴士底的失败'的题目,我们的历史老师说:'这是一个重要的话题,观点很新鲜,你们可以多多的表达自己的看法。'

"突然从窗外马路上传来几百个人的吵闹声,就像一场攻打巴士底监狱的暴动一样。教室里被这声音骚乱了,于是我们几乎听不见老师在说什么了。

"老师走到窗边,她仔细察看了窗下说:'女孩子们,出版公司的外面被几百个报童包围着,他们要拿到报纸,因此他们就像一群暴徒一样。'

"过了一会儿,外面总算又安静下来了,然后我们再继续讨论。老师担心不能完成这一个章节,她让我们抓紧。但是我们的耳畔听到的是报童们在叫喊的报纸重要新闻的题目。

"突然从走廊里又传来了很吵的声音,我们吃了一惊,又发生了什么事啦?

"一个同学打开了门,我们发现原来下课铃声已经响过了。我们没有注意到,因为我们只注意到了刚才楼下发生的事了。那个吵闹声严重地干扰了我们。"

可见当时上课的条件是怎样的艰苦了。体育课是没有了,我们的活动场所只有屋顶

2013年的东海大楼353广场为当年的大陆商场

的平台。课余生活可以用无聊来形容。在1943届庄逸敏的《大陆商场的一年》是这样记载的："我们的一级是老圣玛利亚最后的一班,大陆商场最小的一级。我记得我们的课堂总是在角落里,每天十二点半就到校,不是打架就是爬窗口,高兴起来便丢碎纸到街上去,较大的学生总要到阳台上去'跑路',我们就以为这是'吃饱饭没事做',又不是草地,散些什么步,我们闲来便荡楼下的国货公司,五、六楼总不敢去的,我记得只有偷跑过一次,只记得地板是橙黄色,好像是橡皮,后来听见一个脚步声,便吓得逃下来。图书馆是很小的一间,由阮小姐看管,但是我不知道借书手续,偶然见到一本童话或神话,便在放课时拼命的看,每天看一点,没几天便看完了。每天上课前十分钟,在高三课室里做礼拜,不是强迫,而课室总是满满的,我们难得去,只怕大学生笑我们小鬼凑热闹。"

作为教会学校不可或缺的礼拜堂,则借用江西中路三一教堂,毕业典礼则借用贝当路(现衡山路)美童公学礼堂。1939届程芍华的回忆中,记载了这一毕业典礼的情况:毕业典礼前先要做毕业礼拜,毕业礼拜在江西中路三一礼拜堂举行。学生们一身雪白,白旗袍,白皮鞋,列队走进教堂。过路人从没见过这种仪式,江西中路两面站满了围观的人。做完礼拜则到衡山路国际礼拜堂对面的美童公学参加毕业典礼,这真是终身难忘的毕业典礼。

"慈淑大楼"位于当时上海市区最热闹的南京路上。大楼底层及二楼为专营本国产品的国货公司,又名"大陆商场"。三至八楼均系出租的办公用房,每层有宽大房间近20间。抗战时期,楼内有一些教会大学和中学避难沪上,分别租用作为教室。楼内还有许多公司行号、俱乐部、股票商行等等,多方杂处。

"慈淑大楼"规模宏大,三面临街,由中国第一代著名建筑师庄俊(1888~1990)1930年代初设计。当时上海主要大型建筑几乎由外国建筑师包办。"慈淑大楼"的建造在当时属我国建筑界扬眉吐气之举。(王季卿注)

七、斐蔚堂时期(1939~1946)

两年后的1939年秋,圣玛利亚借圣约翰校园内的斐蔚堂(Grace Hall,现华东政法大学六三楼)作为校舍。斐蔚堂是圣约翰师生和校友为纪念圣公会上海教区主教郭斐蔚捐款建造的两层教学楼。郭斐蔚1881年10月13日来华,1893年6月14日被封为上海教区主教,1937年10月9日从主教位上退休,1940年5月17日在上海去世。

斐蔚堂基地面积481平方米,建筑面积1071平方米。共有13间房。圣玛利亚8个年级,占用八个教室,其余5间用作教师办公、厨房、饭堂、图书馆和其他教学用途,很拥挤,好在圣约翰校园里,环境安静,没有噪杂的吵闹声,比起慈淑大楼,已是天上地下了。1948届的江天筠回忆道:"回想六十多年前,正值日本人侵略中国,我们的母校只能在圣约翰大学校园内的斐蔚堂借地开课。小小的斐蔚堂又是老师的办公室,又是学生们的课堂、食堂、厨房,还要安排部分老师的宿舍。地方虽小,教学所需的设施并没有因此而精简,该上的课都有,一丝不苟。"

圣玛利亚女校在斐蔚堂的教学活动从1939年秋到1946年秋,前后七年。斐蔚堂紧临罗氏图书馆,罗氏图书馆门口的两个石墩子是插旗子用的,1925年圣约翰大学的"国旗事件"就发生在图书馆门前,6月3日一批爱国师生离开了圣约翰大学,另外成立光华大学。

斐蔚堂是一座新式两层教学楼,与约大其他建筑不同,采光相当好,临近大学图书馆,不远处就是教堂。学生们每天上午两节课后,列队前往教堂做礼拜,祈祷,唱诗,读经,共约20分钟;每周五请牧师来讲道。

斐蔚堂正对着南草坪,前面就是远近闻名的大樟树,树冠覆盖面积足有半个足球场大。南草坪、大樟树,留给圣玛利亚学生的印象也极其深刻。午饭后,学生们经常三三两两在校园里散步,那棵几个人才能合抱住的香樟树下经常有些孩子在那里玩耍,同学们也喜欢在那里谈心、复习功课。还有一座绿色的木桥,桥顶被盛开的紫色豆花遮盖住了,

1939年9月全校师生搬进斐蔚堂　　　　　　斐蔚堂门口

那豆花的香味甜得真醉人啊！

　　南草坪也是运动的好地方，在斐蔚堂期间圣玛利亚没有体育课，更谈不上有组织的课外活动。但课后参加体育运动的同学很多。特别是垒球队，一下课南草坪上有很多圣玛利亚学生在打垒球，她们身穿白衬衣，大红短裤，一到练球赛球时总有一大群圣约翰男生围观捧场。教练 Michael 李（李名炀），是个广东老光棍，嘻嘻哈哈很随和，和他开玩笑打闹从不生气。学生们经常在下课后或暑假中，在左前方一棵大樟树旁的大草坪上一起练球赛球。大家团结合作，从不争吵。

　　至于其他活动如做礼拜的教堂、实验室和健身房等则借用圣约翰大学的设备，毕业典礼和演出等全校性活动则借用约大交谊厅 Social Hall。该厅原是约大校友刘鸿生等捐助，为纪念校长夫人也是圣玛利亚首任校长黄素娥而建造。可见当时的圣玛利亚女校，除了上课在斐蔚堂外，其他的一些活动不得不借圣约翰大学的场所和设备。

　　1948届姚惠娟回忆："记得是在1941年9月的一天我进入圣玛利亚女校。由于日寇侵占了圣玛利亚女校原有的校舍，学校只能寄居在约大校园中，在 Graves Hall（斐蔚堂）中过度。它是一幢两层楼的建筑，在当时堪称一座小而全的中学校舍。教室、办公室、实验室、图书馆、音乐教室、礼堂一应俱全。甚至还有几间独身教师的宿舍。当时校中有8个班级，二百多位学生，亲情洋溢在全校各班同学中。午休时分，我们结伴在教堂前大草坪上嬉戏，在沿苏州河的银杏树下漫步，银杏成熟的季节，路上铺满了成熟的浆果，大樟树的枝桠间是我们避荫的好场所，小桥南面的大草地更是练习垒球的好去处。"

　　斐蔚堂时期取消了住读制，学生全部走读。当时的师生员工共约200余人。学生一

南草坪

1945届在交谊楼前的毕业照

律在学校饭厅集体用餐,一桌八人,大同学和小同学搭配。也可以加点钱,让阿姨帮助炒蛋炒饭。中午常常有学生拿着饭盒排队,张望着那坐在小炉子前的阿姨,她给一个个同学炒蛋炒饭。饭是家里带来的,付钱给阿姨,她会加进鸡蛋炒。有时候,学校饭堂可以买盖浇饭。后来由于物价飞涨,学校经费困难等原因,学校大食堂不办了。很多同学不得不从家里带饭,中午请厨房热一热再吃。于是学生每天上学,除了手捧书本外,又多了一个饭盒。这对一些距离较远的学生来说,非常不便。她们必须一手捧书,一手提饭盒,在拥挤的人群中挤上车,曾有学生因此而被尚未停稳的无轨电车后轮撞倒的事发生。

学生走读以后每天必经的路就是穿过兆丰公园(现中山公园),经后门直达圣约翰大学,公园凭学生证免费放行。因而兆丰公园也成为她们每天课后的活动场所。常常可以看到三四个圣玛利亚的女学生结伴同行,一路上嘻嘻哈哈有说有笑很热闹。

在这样的情况下,国光会为增进同学感情,在兆丰公园组织了几次活动:"一九三九年的暑期中,我们感觉到同学们团体生活的缺乏,因此决定在兆丰公园中举行纳凉会,藉此增进同学间的感情,纳凉会的集会是每星期一次,参加的人数亦相当的多。"

1940年 金希姒校长回国考察,顾怀琳(Miss Gwendolyn Loet Cooper)任代理校长,她自1915年10月,19岁那年来到圣玛利亚女校任教,已有25年教龄了,是学生公认的最优雅,最受学生欢迎的教师。

1941年是圣玛利亚女校成立六十周年,本应庆祝一下,但因为战争,而只能作罢。1941届的陈淑馨记下了这一遗憾:"一九四一年乃圣校成立迄今第六十周年,我们适逢毕业之期,当为她六十岁上的产儿,本拟大事庆祝,惜以时局不靖,年内遭遇到的意外事又多，不能安心读书，焉得闲暇作乐，惟有任其消逝，留待以后的高三同学筹备庆祝大典了。这是我们很感到怅怅的。"

抗战的局势很严峻，正处于相持阶段，美国政府劝告在华侨民撤离中国，圣玛利亚所有外籍教师均撤退回国，仅留顾怀琳女士任代理校长。1941年12月7日，日本偷袭珍珠港成功，美国正式向日本开战。由陆朱兰贞担任校长。她是圣玛利亚书院1917届毕业生，后留学美国密西根大学、哥伦比亚大学，为文学硕士。1927年回国后在中西女中任教，至1941年。1942年起任圣玛利亚女校校长。

1942年的圣约翰大学和圣玛利亚女校少了许多外籍教师。太平洋战争爆发以来，来自美国的经费完全中断，学校运行更依赖学费收入。由于战争年代，通货膨胀，物价日日涨，圣约翰大学在1943年12月16日决定将大中学费分别增至950元和850元。1944年1月18日又将学费分别增至1500元和1300元。圣玛利亚的学费也是依当时的米价来计算，约等于当时十担大米的价格。

在日寇铁蹄下，圣玛利亚女校也于1943年被迫开设日语课。引起学生普遍反感，但又不得不学。最早的日语教师是一个日本军官，只记得那个日本军官，拿了一根细木条教大家唱"阿路开"（音），好像是走路的意思吧，学生由于憎恨日本侵略者，连同他们的语言也厌恶不堪，没人好好地学。到了期末考试时，甚至有学生以交白卷来抗议，校方于是在下一学期换了日语教师。第二任日语教师是一位四十来岁的中年妇女，同学们都叫她"日文老师"。同学们将对学习日语的抵触情绪，发泄在她身上，称她"日文老师"，以示蔑视。两年里大部分同学还是停留在语音"阿伊呜唉恶、卡其枯开哭"上。日语教学在学生们的抗议中形同虚设。

1944年深秋，日本从关东军抽调军队赴太平洋战场。这支部队途经上海，曾在兆丰公园驻扎。在兆丰公园音乐厅前绿茵茵的草坪上，一阵乱哄哄的声音，好些高头大马，许多日本兵。没到冬天呢，他们穿着毛皮领子的军大衣和高筒皮靴。原来他们是东北调来的"关东军"。日本鬼子在中国到处烧杀奸掠。女孩子家怎么能出入日军聚集场所！……圣玛利亚女校好多女学生因此转学或停学在家，直到抗战胜利后才重新考回圣玛利亚女校就读。

1945年8月15日，日本无条件投降，八年浴血抗战，终于迎来了抗日战争的胜利。

1947届合影（后右8桂质良教授）

而白利南路校园，已经被日军糟蹋得不成样子，呈现一副衰败景象，教堂屋顶被炮火掀去一角，管风琴也有部分裸露在外。所有木制家具，如礼拜堂内所有的座椅，在日据时期全遭毁坏。圣玛利亚师生焦急地等待着校园修复，在圣约翰校园里度过最后一年。1947届同学在离开斐蔚堂前，在那棵有名的大樟树前和班主任Dr.Gui（桂质良教授）照了一张合影，成为全校唯一以大樟树为背景的班级合影。

1946年9月圣玛利亚女校搬回修整一新的白利南路校址，开始了新的发展阶段。

八、重回白利南路校园（1946~1949）

抗战胜利了，白利南路校园又归还圣玛利亚女校。经过一年整修，终于可以接纳师生了，大家十分高兴。虽然在圣约翰校园里，此时学生运动已风起云涌，但圣玛利亚的学生毕竟还是中学生，有些受圣约翰大学的兄姐影响，接受了民主进步思想启蒙，如1951届闻玉梅就回忆，那时和同班同学杨之岭常在一起，从她哥哥杨之骏和姐姐杨之蟾那里听到许多有关的政治事件。杨之骏后来是瑞金医院著名烧伤科专家,是 1958 年抢救被钢水烫伤的炼钢工人邱财康的功臣。但总的来说,在圣玛利亚校园里,此时全校师生都沉浸在回到白利南路美丽校园失而复得的喜悦中,气氛还是平静和愉悦的。

1946 年 9 月,新学期在白利南路校址开学。在太平洋战争爆发前回国的一些外籍教师也回来了,教外国历史的 Deaconess Ashcroft(许惠心),一头白发教数学的 Miss Walker(华克),教化学的 Miss Barnaby(彭仙仙),教物理的 Miss Cooper(顾怀琳),都陆续回到了圣玛利亚女校。学校又迎来了许多新同学。1952 届董碧虹说:"我在 1946 年考入圣玛利亚女校,当时进入预二年级,刚进入这所闻名的女校时,有一种亲切和高兴的感觉,因为一方面这所学校也是我妈妈和姨妈的母校,她们是在这所学校度过她们的中学时代,我也要在这里度过我的中学时代,将来也是我的母校;另一方面是因为在我很小的时候就知道这所学校有优美的校园和良好的学习环境。我们共同在这样的环境中,度过了我们的天真无邪少女时代,回想起当时的快乐、嘻闹和团结情景,真是弹指一挥间,虽然有一些感叹,但更多的是鼓舞和满足。"

类似于董碧虹这样情况的很多,有两代人都就读圣玛利亚的,有的一家姐妹几个,堂姐妹表姐妹都在圣玛利亚就读的。上海永安公司的郭家八姐妹,有七个在圣玛利亚就读,最小的志薇解放后进了向明中学。她们的两位堂姐妹也是圣玛利亚校友。这一年郭志娥也和董碧虹一样考入圣玛利亚女校,并和董碧虹同年级,1952 年一起毕业。

美丽的校园,宽敞的校舍,齐全的设备,舒适的住宿条件,使回到母校的师生们心情十分愉快。1948 届的江天筠说:"不久抗战胜利了,我们搬回了母校,校舍十分宽敞,

圣玛利亚长宁路校址全貌模型图

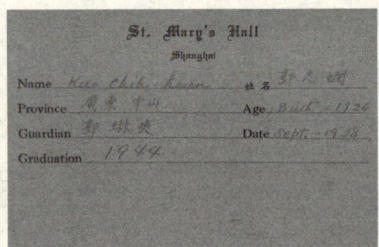

郭志娴学籍卡

郭氏8姐妹前左起志娟、志娣、志娴,中志婉、志媛、志娜,后志薇、志娥(2010)

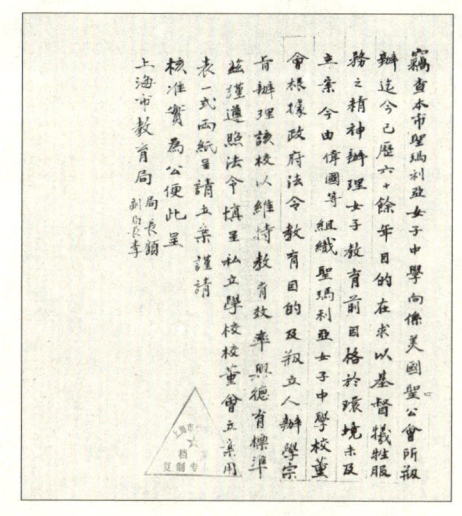 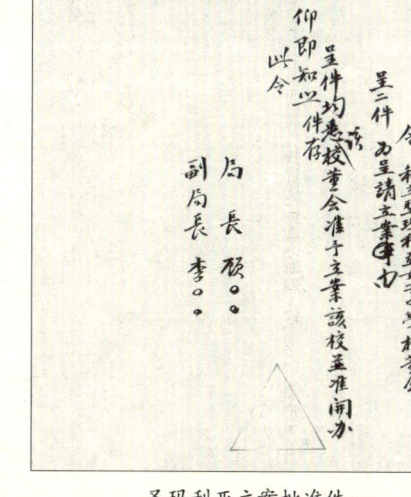

圣玛利亚立案申请　　　　　　　　圣玛利亚立案批准件

还能住读。教室又大又明亮，阳光充沛。宿舍四个人一个房间，姚惠娟、董碧虹、邓修竹都曾是我的室友。在被窝里打了手电开夜车也是常有的事。澡堂里有大荷花缸，每间一个，还有冷热水。食堂里的蛋炒饭最好吃，加几丝卷心菜，回想起来仍味道十足。"

良好的校园环境给学生提供了良好的学习条件。1950届梁郁德回忆，1946年转到圣玛利亚读初三是个转折点，因为恢复了有住读生，学校环境比较朴实无华，生活安定有规律，每天可省出两小时读书，精力体力都够应付，功课非但能跟上，还有了较好的成绩。

校园里的健身房和运动场也让女孩们兴奋，她们可以充分展示自己的运动才能，有很大的场地可以打垒球、篮球、排球和进行田径运动。1950届的吴民爵是个"假小子"，最喜欢运动，擅长各种体育项目，经常去健身房，所有体育课程都得A，名气最响的时刻是在毕业典礼上被授予最佳球员。

格致楼里有理化生实验设备，可以做实验。1952届陈莺回忆："初一时我校来了一位新的生物老师罗迟慧。罗先生上的生物课不仅教书本知识，还教我们如何动手：如解剖青蛙，用显微镜做生物实验，并要求我们将显微镜下看到的东西画到实验报告上。"1952届何慧文也回忆了汝乃华老师的一堂物理实验课。汝老师让她们做实验，但只剩一只坏的气压计了，汝老师说他修不好，就让她们那组用这只坏的气压计来做实验，结果她们想办法把气压计倒过来，放上水银，把一块擦字橡皮填上，再翻过来，修好了，而且气压很准。汝老师还大大地表扬了她们组，最后把气压计挂到实验室墙上，因为它最准。

音乐生活也很活跃，执教的都是专业人士，有上海音乐学院杨嘉仁老师、刁杨调芳老师、何义法老师等。全校学生中学钢琴、提琴、芭蕾、书画、京昆、声学的数不胜数，还有一年一度的全校音乐会，演出者全是高中学生，演出节目包括合唱、独唱、钢琴器乐，一律是西洋古典作品；还有圣诞节化妆晚会。此外还有圣玛利亚女校传统的毕业班交接歌会"Step Singing"，这一活动从斐蔚堂时期一直坚持下来，如今回到圣玛利亚校园，"Step Singing"更给女孩们留下了深刻印象。1952届李玫回忆高班学姐即将离开母校时那依依不舍的心情："记得我们初中二那年的高中毕业班，（应是我们的姐姐班）十几位学长唱她们的级歌 *The bells of St Mary's* 都还好好的，很活跃的模样，唱唱唱唱周蕴华突然转身过去落眼泪了，'看呀、看呀、哭咦''看呀哭出来咦'，我们站在户外楼梯从高处看下，看得清清楚楚，引起悄悄的震动之后，大家心里一片沉重：别了母校，别了同学好友，何时再相聚？！"

1947年圣约翰大学经过了长达十年之久的立案申请，终于在教育部门立案成功，圣玛利亚女校在上海市教育局申请立案也于1947年6月在陆朱兰贞校长任上获得了批准。

陆朱兰贞女士为美国密西根大学、哥伦比亚大学文学硕士，1942年起担任圣玛利亚女校校长，带领着全校师生度过了艰难的抗战时期，1945年抗战胜利后，又完成将圣玛利亚女校重新迁回白利南路校址的过程，担任校长8年，不幸于1949年夏被歹徒在圣校校长住宅杀害。后经上海市公安局破案，为一远房亲戚勾结歹徒作案。1967年台湾新埔工专（英文校名 St. John's and St. Mary's Institute of Technology）创办时期，中华圣公会云贵教区朱友渔主教（毕业于上海圣约翰大学神学院）与其子朱罗伯牧师及其他亲属，为纪念朱主教胞妹朱兰贞女士，共同捐款于新埔工专校园内兴建校长宿舍，命名兰贞馆，也是对这位为圣玛利亚女校做出贡献的校长的纪念。

1949年5月27日迎来了上海的解放。6月圣玛利亚女校为1949届高初中毕业生举行了隆重的毕业典礼。学校安排初三班负责接待，初三同学个个穿上代表本班级色的淡紫色旗袍，迎接所有家长和前来观礼的来宾们。大家像站岗似的自校门口起，三五成群，在来宾必经之道直至大礼堂，协助指点方向，介绍当天的日程，或带路、入座等。来宾们知道这些同学也是当天的初中毕业生时，纷纷向她们道喜。

陆朱兰贞女士去世，开学在即，时间紧迫，当时校董会董事长欧伟国先生，亲自上门聘洪德应为校长，他是圣玛利亚女校历史上唯一的一位男性校长，虽然任职时间不长，却在新中国成立之初的1949年秋至教会学校转制前的1952年春这一关键时段。洪德应校长毕业于美国宾州大学，获西方文学及神学两个硕士学位，当时还教授高中英语及宗教知识课等。同时，他还在中华圣公会办的中央神学院（位于圣约翰大学校园内）兼课。

上海解放了，上海市军管会派来了圣约翰大学教育系毕业的俞慧耕老师到圣玛利亚女校。今年已88岁的俞老师回忆那一天说："1949年9月，当我跨入这座米黄色高墙和朱红色屋顶的校园时，一群天真活泼的女孩们伸长着脖子，在二楼教室窗口观望，她们以极大的好奇心等待着我的到来。她们预想由军管会教育局派来的教师，一定是身穿军装、头戴军帽、脚踏草鞋的女八路。出乎意外，来的却是一位刚跨出原圣约翰大学门的年轻教师，身穿一件细小格浅绿色的旗袍，脚踏白皮鞋，头上没有军帽，还是一头烫发。她们中有的同学竟不约而同的大叫起来：'哎呀，怎么搞的？'我，就在这'哎呀'声中走近了她们的生活，走进了她们的内心世界。"

上海解放了，圣玛利亚女校师生也迎来了新的学期。每个人的心中都有着新的期盼，盼望着明天更美好。

九、圣玛利亚女校的最后三年（1949～1952）

1949年10月1日中华人民共和国成立，圣玛利亚学生积极参加国庆游行，1952届的学生扛着红旗行进在游行队伍中。新中国成立了，一切都发生了很大变化。

1950年圣玛利亚女校的校园里也处处呈现出一派欣欣向荣的新气象，腰鼓队排练敲出了激越的鼓声，校园里响彻着"民主青年进行曲"高昂的旋律。学校请来加拿大民主战士文幼章来演讲为和平事业斗争的历程，请来电影艺术家孙道临讲述自己的亲身经历，开设了新的课程"政治课"，来提高学生们的认识。

圣玛利亚女校学生的政治热情很高，她们课余做小红花上街义卖，以募捐慰劳解放军，组织腰鼓队进行宣传鼓动，组织"十一"游行，为世界青年联欢节缝制万国旗……

1949年10月1日圣玛利亚学生参加建国游行

1950年圣玛利亚女校腰鼓队

1950年5月，圣玛利亚女校建立了新民主主义青年团组织，一批优秀青年加入团组织。娄丽娜、张瑞云、鲁佑君等成了圣玛利亚女中首批青年团员，娄丽娜任首任校团支部书记。1952届张瑞云回忆："记得我是圣玛利亚女校1950年5月第一批入团，圣玛利亚是团支部，入团后我任团支部组织委员。娄丽娜当时初三，任团支部书记，我和她常到长宁路上中山公园附近长宁区委员会开会、听党课。大概1951年圣玛利亚成立少年先锋队，我改任少年委员，和徐乃玎等少先队干部一起工作，一起到中山公园参加六一儿童节活动等。"

娄丽娜当团支部书记后，经常听上级团组织的团课，然后向团员们传达。她记得上团课最多的是团区委书记钱其琛。他身穿灰色供给制制服，声情并茂的形象，使团干部们印象深刻。团干部还经常做同学的思想工作，不管同学们思想觉悟有何差异，她们都坚持耐心说服，从不粗暴对人，因而和同学们关系融洽，取得了很好的教育成果。

1950年还只有初一的鲁佑君热心文娱活动，圣玛利亚女中和圣约翰中学合办红旗文工团，请了舞蹈和音乐老师，每星期日两个小时学习舞蹈、唱歌、音乐指挥等。当时苏联红军舞盛行，鲁佑君女扮男装，穿了演出的服装，登台演出，还学会了指挥。

1950年10月1日圣玛利亚的学生参加了庆祝建国一周年国庆游行，圣玛利亚的腰鼓队英姿飒爽地走上了街头。1952届的同学走在腰鼓队的前排。

1950年6月，朝鲜战争爆发，美国出兵朝鲜半岛，派遣第七舰队进入台湾海峡。朝鲜战争爆发影响了中国新政权对美国在华创办学校的政策和态度。1950年11月28日，美国代表奥斯汀在联合国安理会发言中，将圣约翰大学等教会大学视为美国对华"友谊"的表现。圣约翰师生员工于12月5日发表抗议宣言，7日又有500余人举行控诉大会，并通电全国教会学校联合声讨奥斯汀的言论，12月9日上海举行十万人游行。圣玛利亚外籍教师也在1951年中国抗议奥斯汀"恩赐"论运动中被圣公会召回。

外籍教师走了，学校怎么办下去？圣玛利亚女校的中国教职员工聚在一起议论起来，"学校难道就这样散了吗？不过少了几个洋人，我们就办不下去了吗？"大家决定自己办学校，英语教师缺少，原来圣玛利亚总是将学习成绩好的学生留校工作，如教务处的郑慧君老师英文就很好，可以改行教英文，缺少美术教师，教导主任闵绍樾老师想到语文教师李太太的女儿李家松正是美术专科学校毕业的，可以招聘进来当美术教师。其他由本校教师介绍和推荐，又招聘了物理教师钟国端、体育教师陆羽、音乐教师徐祖颐、政治教师刘昌玉、物理教师汝乃华、英文教师刘天佑等一批年轻有为的各科教师，他们成为圣玛利亚女校的新生力量，以后又是新中国教育战线上的骨干力量。

1950年12月中央人民政府政务院颁布《关于处理接受美国津贴的文化教育机构及宗教团体的方针的决定》，圣约翰大学和圣玛利亚女中与美国圣公会完全脱离关系。

1950年12月26日，美国政府在不照会中国政府的情况下，单方面宣布冻结中国在美全部资产，并规定非经特别许可，任何企图转引财产到中国大陆均为违法。对此，中国政府立即作出反应，宣布冻结美国在华所有资产。12月29日政务院一致通过《关于处理接受美国津贴的文化教育救济机关及宗教团体的方针的决定》，表达了中国政府坚决收回教育权的决心。并于同日通过了《接受外国津贴及外贸经营之文化教育救济机关及宗教团体登记条例》以便于管理。

在这样的大背景下，教会学校被定性为"帝国主义文化侵略的工具"。在各大中学校文化教育机构都进行了"肃清美帝文化侵略影响，展开爱国思想教育运动"。1951届高二年级在抗美援朝运动中，配合了当时的政治宣传，演出揭露好莱坞黑幕的《女演员之死》。这是学生根据《大众电影》登载的一个故事改编的，有点类似活报剧，用音乐和朗诵把不同的场景串联起来。显现了那个时代青年学生的一片政治热忱。

圣玛利亚女中的学生也在这个大时代中接受着新的思想教育，她们以青春的热情，

1951年圣玛利亚女中同学参加军干校纪念　　1951年冬加拿大民主战士文幼章来校访问与初三甲班同学合影

投入抗美援朝、参军参干运动中。全校先后有10位同学参军参干，第一批1950年12月，有1951届邓修竹、张竞芳、蔡清秀；1952届汝谅；1954届余月华。第二批1951年5月，有1952届江浦珠、邢季琼；1953届郎一声、朱婉年；1957届徐瑞英。洪德应校长为她们开欢送会，她们胸前戴上了大红花，留下了英姿飒爽的时代风采。邢季琼回忆说，参军后没有像她原先想象的那样到抗美援朝的前线去，而是考入上海第二军医大学医疗系学习。1956年毕业后战争已结束，留校任教。张瑞云回忆："有一批上海市参加军干校的女中学生在圣玛利亚集中，我去服务，照顾她们在教室过一夜。我也报名参加军干校，没有被批准，当时很羡慕她们。"

1951年夏，在体育馆内举行了1951届毕业典礼。1951届的级色是浅蓝色，全体毕业生穿的旗袍选用浅蓝色，胸花采用粉红的苍兰。在毕业典礼上，学生们一个个随着庄严的"Pomp & Circumstance March"音乐，上台从洪校长手中接过毕业文凭，心头洋溢着对老师、家长的感谢，充分享受那份庄重。之后，就在大草坪上摄影留念。

由于那时的客观形势，洪德应校长感到其牧师身份已不适合再担任女中校长，便主动提出辞职，参加了思想改造学习班，随后服从分配去浦东陆行中学工作。1952年1月郭秀梅校长来到圣玛利亚女校。郭秀梅为圣玛利亚女校1935届毕业生，1936年就读于燕京大学，由于1937年卢沟桥事变，抗日战争爆发，转而进入圣约翰大学教育系，1942年毕业。1946年赴美国纽约哥伦比亚大学教育学院攻读教育专业，1950年获教育硕士学位，1951年回国，即于1952年1月接任圣玛利亚女校校长一职。

1952年7月5日合并接管会后圣玛利亚1952届作为市三女中3班与中西52届同学一起拍毕业照

　　1952年,中央人民政府决定实施建国后的第一个五年计划,在"以苏联为师"和"向苏联一边倒"政策的影响下,1951年中共中央提出,要系统地移植苏联的教育模式。早在1950年6月1日,时任教育部部长的马叙伦就在第一次全国高等教育会议上首次明确提出:"我们要在统一的方针下,按照必要和可能,初步调整全国公私立高等学校或其某些院系,以便更好地配合国家建设的需要。"在同年6月召开的中共七届三中全会上,毛泽东提出:"有步骤地谨慎地进行旧有学校教育事业和旧有文化事业的改革工作","在这个问题上,拖延时间不愿改革的思想是不对的"。随着全国范围内的高校院系调整,教会中学也进行了撤销、合并和重新组建新学校的行动。

　　1952年6月圣玛利亚女校接到通知:取消私立中学和教会学校,圣玛利亚女中和中西女中合并为上海市第三女子中学。撤出圣玛利亚校区,搬到中西校址。

　　据俞慧耕老师回忆:"学校合并前,由市教育局杭苇副局长召开全市教会中学会议,阐明合并意义,一句话:'党的教育事业应由国家统一管理,不能各行其是。'当时,我们都认为十年树木,百年树人,由国家统一管理,取消私立学校,这是天经地义的事,都兴高采烈地服从安排。""圣玛利亚女中和中西女中，在以往历史过程中并不很和睦，而是相互比高低……学生中大部分对要别离美丽的母校都依依不舍，但考虑到可免去高昂的学杂费，也就接受这个突如其来的事实。""大部分教职员工都能服从决定，认为大势所趋，没有任何怨言，仅个别教师还是不愿意去中西，提出提前退休，我们也不勉为其难，我同意按她们的意愿办理。"

1952年7月5日早上，郭秀梅校长亲手摘下了"圣玛利亚女校"校牌，将它放进门房间。全校学生排成整齐的队伍，由教师带领步行到江苏路155号原中西女中的校址参加市三女中成立大会。中西女中原长方形的校牌已经摘下，师生们正在将"上海市第三女子中学"的长条形校牌往门柱上挂。见圣玛利亚同学到了，中西同学热情地迎上去。大会在原中西女中大礼堂举行，会上俞慧耕老师代表圣玛利亚女校发言，此外还有中西女中校长薛正、新民主主义青年团市委陈一心和学生代表、少先队员代表发言，最后杭苇副局长宣布圣玛利亚女中和中西女中合并成立上海市第三女子中学，任命覃英为校长，薛正为副校长。原圣玛利亚校长郭秀梅由上海市教育局另行安排工作。

下午是1952届的毕业典礼。中西女中的高三两个班和圣玛利亚女中的一个班按顺序被编为市三女中的一、二、三班，学生统一穿上了白衬衫和蓝西裤，非常无产阶级化，就像一群产业工人，在五四楼面朝大草地的台阶上按自右至左的次序排成七行，照了一张"上海市第三女中第一届毕业生"合影照。以往两校毕业典礼上的各种仪式——白色旗袍、胸佩级花、逐一接受毕业文凭，一概免了。就连毕业文凭，也因市三女中刚刚成立，没有来得及准备，也没有发。这是一次简单到不能再简单的毕业典礼。

毕业典礼后，这批刚刚成人的准大学生就开始了第一次思想改造学习，那时还不知道，这只是她们以后人生道路上的第一次改造。1952届张瑞云回忆："毕业典礼后，我们和全市教会学校毕业生，集中到陕西北路摩尔教堂（今怀恩堂）旁边的上海犹太学校（今上海市教委），思想改造三天。大会小会，人人过关。"这些十七八岁的孩子从这次改造开始，以后历经各种运动。集中学习后大家考大学，成为院系调整后首届大学生。

十、校训、校歌、校徽

校 训

圣玛利亚女校按照西方教会学校办学模式制定了校训,校训代表了学校的办学宗旨和培养目标。在1931年圣玛利亚建校五十周年纪念册上有用颜体题写的"校训 公诚勤敏"。六个字,是谁人所题,未留下文字记载,然而这是在《凤藻》年刊上第一次出现的校训,其含义为:要使学生具有公德心、做人诚实、做事勤勉、反应敏捷。这无疑体现了圣玛利亚女校的育人目标,其提出时间当在1931年之前几年,在傅德校长任上。"公诚勤敏"这四个字以后就作为圣玛利亚女校的校训延续了下来,并被圣玛利亚学子深刻铭记心头。半个多世纪以后,在圣玛利亚女校学生的回忆中还时时体现这四个字对她们人格养成的影响。

在这本1931年建校五十周年纪念册上,我们还从1911届张清芬写的"母校五十周年纪念随笔"看到了圣玛利亚书院时期的"校铭""正义与智慧"。这应是早于"公诚勤敏"二十年提出的校训,是在孙罗以校长任上提出的。英文是"Justice and Wisdom"。在1920年的《凤藻》上,1920届的张继英在一首古英文"致凤凰"的诗歌中提到了圣玛利亚的座右铭"正义与智慧"及"施爱于人",此外我们无从查到在这之前的记录。对比圣约翰大学1905年提出的"Light and Truth"(光与真理),鼓励学生对理想的追求和愿望的实现,似乎圣玛利亚书院的"Justice and Wisdom"(正义与智慧)更着重于女学生人格的塑造,挑战了中国封建传统的"女子无才便是德"的观念。圣玛利亚女校培养的学生应当是有正义感的,正直的,并且是有智慧的聪明能干的。在张清芬的文章中还

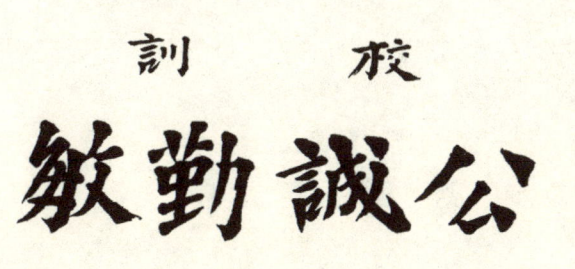

圣玛利亚校训

拉丁文座右铭

拉丁文座右铭盾牌挂在1933级的教室里

提到了当年的教旨,即教育宗旨有"施较受更为有福"及"以人之所欲者与之",强调"给予人帮助比接受别人的给予更为幸福"的观念,以及"给予人的东西应当是别人所想要的,"正和"己所不欲勿施于人"相映衬,都有不要强加于人的意思。张清芬认为,这些都与我国古代的道义相印证,是人类所应有的美德。以笔者的理解,"施较受更为有福"以及"以人之所欲者与之"应是当年圣玛利亚书院的中文校训。

八十多年后的2013年,在1948届赵风风的回忆中也提到了类似校训,或称为铭言。当市三学生2013年8月采访这位已83岁的老校友时,她说,提起母校,印象最深的就是"与人为善"、"为人着想"。她介绍了铸在学校校园走廊上方铜匾上的一句话,原文是拉丁文"non ministrari, sed ministrare",用古文说就是"非以役人,乃役于人"("不是人家为你服务,而是你为人家服务")这句话令她难忘,至今还记忆犹新。1948届姚惠娟记得:"non ministrari, sed ministrare"铜匾,常年挂在斐蔚堂的图书馆中。每年的step singing,举行隆重仪式,取下此铜匾,由毕业班把铜匾传交高二同学,意为圣玛利亚的校训届届相传、代代相传。"非以役人,乃役于人"校训约起于二十世纪三十年代,这块铜匾大概用到1949年或1952年。

这些铭言,校训,对于圣玛利亚女校学生人格的养成起到了重要作用,可以说已镌刻在她们心头,融化在她们血液中,在她们踏上社会后,无论做事做人都遵循这些为人准则,热心服务社会,在事业上做出了出色成绩,在家庭也担当起贤妻良母的重要职责。圣玛利亚女校校友张清芬用精辟的语句为我们概括了母校的育人目标:"盖吾校培养人才之用意,为家庭端其本,为社会植其计,其目光远大,固不仅仅于一才一艺而已。"说的就是女性对于家庭与社会所起的作用这两层意思。

校 歌

圣玛利亚女校的校歌歌词有英文和中文各四段,据1919届王绯霞对其子女讲述,校歌原文是英文,是她将歌词翻译成中文。王绯霞1919年从圣玛利亚书院毕业后,1920-1921年留在圣玛利亚任教低年级的国文、习字等课程,兼管学校图书馆。也许是她在这段时间里将校歌歌词译成了中文。

下面是校歌中文歌词:

一、举起歌声,欢呼腾跃,且从容就道。　二、日月似箭,岁序如流,光阴鹜飞过。
　　携手牢握,并肩站立,同心相友好。　　　切磋砥砺,谑浪为欢,斯乐何陶陶。
　　情谊常在,团结一致,义薄云天高。　　　赐我矩范,示我规模,为人生规条。
　　教我读书,导我游戏,玛利亚女校。　　　锻我心智,练我体魄,玛利亚女校。

三、学满任事,宣力社会,何足以云劳。
　　结成硕果,用报师恩,未敢自貌小。
　　忠诚仁爱,服务人群,旦旦守廉操。
　　念兹在兹,永不忘汝,玛利亚女校。

1948届毕业五十周年纪念册上刊载的圣玛利亚校歌

圣玛利亚校歌

三段歌词，第一段是同学友谊和读书、游戏等学校生活；第二段是行为规范、心智锻炼和体魄锻炼。第三段是毕业进入社会后以爱心回报社会，回报师恩，服务大众。最后以"念兹在兹，永不忘汝，玛利亚女校"作为全歌的结尾，表达了对母校的怀念和感恩之情。

圣玛利亚校友每次聚会必唱校歌，激情澎湃，唱完英文唱中文，似乎又回到了少女时代。

校 徽

1952年初三袁琼瑛仍保存着一枚玫瑰红底色的等边三角形校徽，边长19mm，围绕着三角形有橘黄色双层边框，在边框里面，上方从右至左横向繁体的"圣玛利亚"四字，横字下方竖向"女中"两个字。这枚校徽圣玛利亚的学生一直佩戴到1952年7月4日。60年后袁琼瑛把它带到了澳大利亚。2013年3月，她听说校友在积极编写校史，便将校徽照片传到了北京，又传到了上海，以后又将校徽捐给了市三女中。这枚校徽应当是1947年圣玛利亚在中国政府教育部门立案后制作的，之前的校名是"圣玛利亚女校"，未见到有校徽。

附：1911届张清芬"母校五十周年纪念随笔"有关校训内容

盖吾校培养人才之用意，为家庭端其本，为社会植其计，其目光远大，固不仅仅于一才一艺而已。然仁者之见不同，但以吾身所受，以运用于我之世界及环境，有不能不归功于吾母校者在也。考圣玛利亚女校，虽为教会所刱始，但对于宗教自由，仍极尊重。试择其教旨之要者一二，如"施较受更为有福"；"以人之所欲者与之"；及校铭"正义与智慧"各节；以与吾国古义相印证。实有足资发明之处，似为人类应有之美德，不独皈依彼教。始应了解也。苟人人本此以处世，不特家可安，国可治，即世界大同，亦岂不可以企及哉。愿与我先后同学共勉之。

（原载1931年圣玛利亚建校五十周年纪念册）

第二章 校园

一、校址变迁

自1881年圣玛利亚女校在梵皇渡圣约翰书院北面建校起,至1952年7月与中西女中合并成上海市第三女子中学,期间校址曾几度变迁。1923年白利南路新校舍落成,学校从圣约翰校内迁出,有了自己独立的校舍。1937年"八一三"淞沪抗战爆发,圣玛利亚校舍被日军占领,学校不得不和圣约翰大学、圣约翰中学等一起暂借南京路353号大陆商场四楼上课,环境嘈杂,条件很差。待圣约翰大学搬回梵皇渡校舍后,圣玛利亚女校遂于1939年9月借圣约翰大学斐蔚堂办学至抗战胜利后的1946年8月。由于白利南路校舍被日军占领后损坏严重,修复花了整整一年时间,至1946年9月全校师生才搬进整修一新的原校址。原白利南路于1943年改名长宁路,圣玛利亚女校在长宁路1187号(最早的门牌号码为65号)又经过了六年。1952年7月圣玛利亚女校与中西女中合并,整体迁入江苏路155号原中西女中校址,原校址成立上海纺织高等专科学校。圣玛利亚女校自此结束。

美丽的长宁路1187号校园,是圣玛利亚人永远的乐园,那里四季长青,鸟语花香。凹字形的两层楼宿舍,连贯校园主要建筑的回廊,庄严的教堂,温馨的音乐教室,摆满了实验用品的科学楼,还有最令人怀念的思孙堂阳光厅及门前的五棵大杨树。大理石的日晷,后操场的秋千架,都留下了少女们甜蜜的回忆。

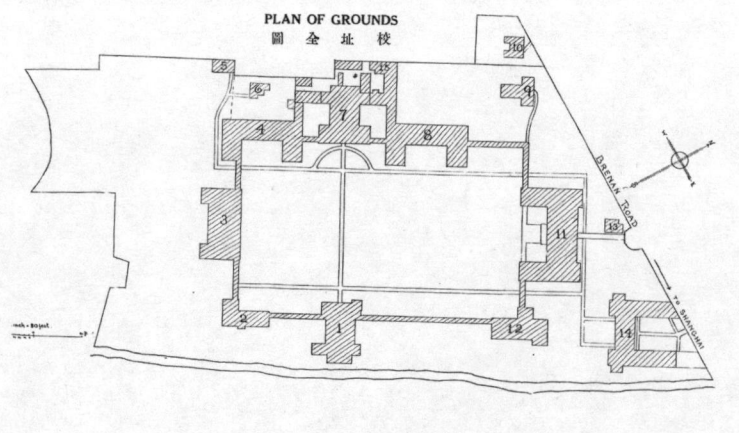

校园平面图　　　　　　　　　　　平面图说明

二、校园建筑

圣玛利亚长宁路校区共有主要建筑12幢,其中八幢楼组成一个回字形封闭格局,另有外籍女教员宿舍,养病所(医务室)、门房,为独立建筑,在校园围墙内。中国男教员宿舍在校园围墙的外面,有独立的门从校外进出。在校园西南角后来又造了小小的六角形实习小学教室及工友宿舍和花棚。

整个圣玛利亚校园建筑,统一采用黄墙红瓦,并有圆柱带拱圈的通廊连接各座建筑。从宏观布局到微观的建筑细部装饰设计,始终贯穿对称性原则。主要建筑教学楼和体育馆在南北主轴线上遥遥相对,东西有教堂和膳堂、宿舍楼对峙,在校园中央围成一片长方形宽广的大草坪,有地中海式的建筑风格。如果在建筑图上将其两两相连,那就是两条垂直相交直线。其象征意义也很有趣,北边思孙堂是教学楼,代表着对学生智力的开发,而与其对应的南边体育馆则是强健学生体魄的锻炼场所。东边是教堂和钟楼,是宗教生活的场所,而与之对应的膳堂和宿舍楼则是世俗生活的场所。

由于有围廊连接八幢主要建筑,全校日常活动可不受雨淋日晒影响。建筑上有少量绿色瓷制小构件点缀院墙漏窗等外,极少附加装饰。仅教学楼因面对校门,入口设有门框外,一般门框都不设线脚。整个建筑群简洁朴素,尺度宜人。校园总体空间艺术效果极其优美,绿化设计主次分明,大院、小庭有机组合,有为数不多的树木重点点缀,因此中央大院敞而不旷,各处小庭幽雅多姿。

对圣玛利亚校园建筑的风格,有几种不同说法,圣约翰校长卜舫济将之形容为西班牙风格(Spanish style),1951年政府接管教会学校时对它的式样评价为意大利式。圣玛利亚1950届校友,同济大学建筑系教授朱亚新将其定义为教会式建筑(Mission Style)。

下面分述主要建筑。

1. 思孙堂(Dodson Hall)

思孙堂以纪念圣玛利亚女校第二任校长,也是任期最长的校长孙罗以而命名。它是学校最主要的建筑,是教学楼,是整个学校中最大的建筑。

在1941年的《凤藻》中,1941届邢凤宝在《怀老圣校》一文中描绘了思孙堂南面的景观:"思孙堂前两株蔷薇花,在暮春时节开得十分灿烂,花团团四垂,在对面健身房走廊上望过来,很像两组庞大的花球,加以浓香馥郁,甜甜的由空气四面传送开来……"

长宁路1187号圣玛利亚校门　　教学楼思孙堂　　思孙堂两端的自修教室

思孙堂北面正对着校门，走进思孙堂，在底层中心正对校门位置有一间阳光厅，南北向均是大大的玻璃门窗，是学生们于星期六、星期日和星期三下午接待家长的地方，在风和日丽的晴天，满室阳光，进入阳光厅，心里也充满了阳光。这间屋被称为"Sun Parlor"。

几乎所有当年学生提及圣玛利亚时，异口同声冒出的第一个词便是"Sun Parlor"。1952年初二的杨大同回忆："圣玛利亚女中的师生们都知道'太阳广场'，实际上并非'广场'而是校舍内一间二三十平方米的玻璃房。此房建筑结构别致，南北上下都是类似钢化玻璃的门窗，美丽透光又大方，太阳出来时，屋内充满阳光，使人心旷神怡，都想住进这间'阳吧'沐浴阳光，室外是一片绿色大草坪，映衬着玻璃房的奇特之美。屋里有一张长桌，围着长桌有几把高档椅子。桌上摆放着应时鲜花，四周有当日报纸杂志，这里主要是校方接待宾客、家长的地方。因此，人们赐给它一个美名'Sun Parlor'，一直延续下来，留给人们一个美好的遐想！"

"Sun Parlor"是圣玛利亚学生最喜欢的地方，因为在那里可以会见亲人，即使冬季也温暖如春，不仅因为那里安装了暖气，而且在阳光灿烂的晴天，从南面玻璃门外照进来的太阳洒满了整间房间。圣玛利亚课余时间不允许学生回宿舍，Sun Parlor便是供学生自由活动的场所，在这里可以读报看杂志。

1937届的张爱玲在高二时用英文写的"Sun Parlor"登载在1936年的《凤藻》上，生动描绘了阳光厅留给她的印象："圣玛利亚女校中我最喜欢的地方是阳光厅了，她留给我的印象就像它的名字：一个温暖、明亮的房间，永远充满了阳光。这是一间长方形的屋子，墙壁刷成了白色，墙的半高处以下被黑色的木护墙覆盖着。房间中央，有一长长的黑桌子,许多椅子围绕着它,那是为学生读书准备的。在阳光厅的一个进口处,有一只木盒子放在书架上。这是属于《凤藻》编辑部的,每个女孩都有权利投稿。箱子是锁着的,我们总是梦想着怎样才能打开这个神秘的盒子,看到里面的秘密。墙上挂着许多有趣的图片、记录,每时每刻吸引着路过阳光厅的女孩的注意。房间是非常明亮的,它直通校门的一边朝向是巨大的玻璃门,另一侧,由三扇落地玻璃门朝向学校大草坪。光线可以从两个方向进入房间。当我们站在玻璃门前,我们可以看到我们可爱的学校花园的全景。而在冬天的下午,微弱的黄色的阳光,懒洋洋地照在石头地上,我们坐在热水汀旁边,手里拿着报纸,感到舒适、温暖和快乐,彻底地享受着阳光厅的魅力。"

健身房

阳光厅楼上是高三毕业班的教室 Senior Parlor,是一间朝南面向大草坪的明亮教室,比其他教室稍大。每个低班学子从进入圣玛利亚校园那天起,就盼望着进入这个教室的一天,这意味着,她们进入高三了,是全校最高的年级,享受公主般的待遇,是低班同学的楷模。在1934年的《凤藻》上,1934届吴维俊在《绿的房子——我们的级室》里记载了她们的 Senior Parlor:"吾校学级每到了高三的一年,有一间房子给他们做级室。这好像已是老例了!从前我也想过有了级室是何等神气,何等舒适!好了,如今我们居然也爬到这一层也有一间级室,可以把以前的幻想都实行出来了!

"因为我们的级色是深绿和淡绿,所以我们的级室,就变了绿的房子。一切的窗帘台布,都是淡绿的轻纱上点缀了深绿的图案,把什么都映绿了。更有些兴趣高的级友,自动的送来一只绿的花瓶和绿封面的杂志,更把这屋子弄得翠滴滴地爱煞人,更何况窗外有绿的草和常绿树做背景!"

思孙堂一楼东西两边是中文教室,北面是办公室;二楼是自修室、英文教室和图书馆。在1931年的《凤藻》中1932届戴克范写的《乐园——圣玛利亚女校的内容》一文中这样描写:"楼上东西角是自修室,有甬道可通,沿着甬道的两面全是英文教室,两端各有自修室一间,西自修室旁有图书室,自修室下面有走廊,通着楼下的两面全是中文教室,向南有阅览室,向北有办公室,及应接室……"这是1937年前的情况,据1950届朱亚新回忆，自 1946 年从斐蔚堂搬回白利南路后，教室就不分英文教室和中文教室了，也许是学生人数剧增，班级数增加了吧，一个班固定一个教室，楼上东西两端是两间大的自修教室。

同样 1931 年的《凤藻》上还有 1931 届李桂仙、华庆莲在《本校图书馆之概况》中写道："图书馆与课室相连，室内光线充足，在思孙堂楼上西北隅，地位幽静，而环窗四周，又得览自然风景。故学生参考，是以此室为最适宜。""两层两翼尽端为大的自修室。"

在 1931 届裘安华、沈郁英的《记本校各部之建设》中又这样描写思孙堂："面对着校门就是读书的地方（Dodson Hall），其中教室有二十余间，每个教室均有适宜的光线和充足的空气，冬时有暖气管调和温度，夏日有通风的气窗，凉爽异常。所以在这里读书，绝不觉得苦恼和烦闷。靠近教室的是图书馆，备有中外书籍，可供参考，还有小说可作课余的消遣。西文书大多是从纽约的 Periodical Club 送来，中文书大部分是学生会赠送的。"

通过三十年代她们几位的描述，我们对思孙堂所有地方的功能就一目了然了。

思孙堂给学生们留下了温暖回忆。1935 届黄承懿在 1935 年的《凤藻》中登载的《思孙堂》的文章中这样回忆："星期六、星期日和星期三的下午，家属可以进来探望，会客室在哪里呢？在思孙堂呀！哦！思孙堂是唯一可以会客的地方，也就是故乡遥远的游子们唯一的可以得到安慰渴念和医治 Homesick（思乡病）的地方！

"我进校这许多时候，还没有和朋友们通消息，写几封信给他们吧！信箱在哪里呢？在思孙堂，思孙堂里有信箱，那末，思孙堂便好像一个电话或电报局要和远处人交接，非它不可，所以思孙堂是学生们唯一可以和外界接触的地方，是学生们唯一能得到爸爸、妈妈、姊妹、兄弟、朋友、亲戚等音信的地方。

"我们不看报，怎能了解这混乱的政局？那么要看报却须进阅报室，阅报室在哪里呢？在思孙堂里呀！你要认识外界时事，世界形势和国际机关等等，你非进思孙堂不可。

"你如有疑问或不明白的书，你必须进思孙堂，在这里有课室，上课时就可向先生们提出讨论，有时你若要看参考书，小说，杂志，您又须入思孙堂，因为那里有藏书室，虽然没有'汗牛充栋'般多，但是至少足够你的欣赏和采取了！

"冬天到了思孙堂是最温暖的地方，因为这里全部装着水汀，并且阅报室里，日间还有满室的日光，我们在内读书，阅报，做绒线工作，晒太阳，围水汀，都是其乐融融。

"现在我觉得思孙堂是我唯一的最可爱的朋友了,因为在它那里,我可以得到慈亲的安慰,亲友的信息,国家世界的消息,师长的教诲,和书籍的帮助;在它这里,我可以消磨最快乐的时间,避去寒冬的酷冷,有时还有同学的烦扰,所以我非到不得已时,不愿离开这个天堂一般的思孙堂!"

2. 体育室(Gymnasium)

"学校的完美,智育虽然要紧,但是体育也不能忽视,所以本校有一座很完美的体育馆,其中有篮球场,司令球场种种的设备,它的后面又有室外游戏的操场,平坦广阔,适宜运动。场旁有一小丘,高只丈余,上载藤和各种花草,四周树以松柏和其他树木,非常好看,春日的春景和冬日的雪景,恐怕苏州的虎丘也不过如此罢了。"在1931年圣玛利亚建校五十周年纪念册上,1931届的裘安华、沈郁英《记本校各部之建设》中,如此描绘学校的体育室及其周边环境。

体育室在思孙堂正对面,其功能是综合性的,除了作为体育锻炼的场所,打球、做操、上体育课外,还是平时一切集会的场所,相当于一个多功能礼堂。教堂对圣玛利亚女校这一教会学校来说,功能只能是宗教活动,这个场所是神圣的,一切世俗活动不能涉足其中。而体育室就不同了,每季的庆祝会、音乐会、英文表演会,甚至最大规模的毕业典礼,最小规模的主日学校活动,都在体育室举行。

在体育室中设有体育主任办公室和校友室,因建造这幢楼的资金全部由圣玛利亚同门会(校友会)集资,用的全部是中国人的钱,因此体育室也被称为"中国楼"(Chinese Hall)。

体育室里有一个大舞台,非常适合演出或举行毕业典礼、开大会等。建筑为单层高敞空间,西侧局部两层,靠东侧为高起的舞台,边上设有后台,上设卫生间,通过后台可直接通向室外。体育室除了中间的高敞大空间外,另有些附属小房间,一般作教师办公用。体育室因为有舞台的存在,所以还常常充当戏台。在1941年《凤藻》中1941届夏孟英在《圣校沧桑》一文中就有记载:"住读的生活,不能时常外出,于是学生在学校里自己演戏,因为戏台、服装、道具都是现成的。"

在1924年《凤藻》上1926届俞大绚用英文记载了"圣玛利亚女校正式开放日"

的活动，对体育室的礼堂功能颇为称道；"那日，为大家所称道的一个地方就是体育室（Gymnasium），房间里摆满了旗帜和鲜花，呈现一幅好客的情景。舞台上则给人以威严感，包括圣玛利亚女校教职员工和许多杰出人士，依次走上去发言。集体参与的活动包括祷告、唱圣歌以及几段佈道演讲，使这个大厅的气氛变得肃穆而又有尊严感。"

最让学生难忘的是在体育室举行的毕业典礼。1933届郁仁芳在《本校学生生活》一文中记载了一次在体育室里举行的毕业典礼："这一天同学们一半是庆祝毕业的同学，一半是因为自己辛辛苦苦的读了好久书，现在总算告一小小的结束，也可以自慰了。所以心里又是羡慕，又是快乐。很高兴地换了新衣服，加入这热闹的庆祝会。毕业生的衣服与众不同，走出走进时很引起人们的注意，这天学生们的家族亲友和校友们，都陆陆续续地来了。她们的手里都大半携着颜色鲜艳的花篮，预备供献给她们的亲友，作为庆祝的表示。下午三时后，大家都走进健身房去，里面装潢华丽，台旁边罗列着千紫万红的花篮。这时毕业生和教员们都排了队很庄严地从外面走进来，一直走上台才坐下。但见她们的脸上，布满了黄金一般的荣光。待给凭礼和授奖礼完毕以后，外面草地上又有丰盛的茶点，清婉的歌声和柔软的舞蹈，供献给来宾们。真多少热闹啊！"

可见体育室在圣玛利亚学子们心目中的地位应当仅次于思孙堂。

3. 膳堂（Dining Hall）

膳堂位于两幢宿舍楼中间，说是膳堂，并非整幢楼都是，只有底层是膳堂和厨房，二楼为宿舍，大多房间为东西朝向，二层宿舍最东侧一排房间供中国女教师居住，有一专用卫生间，中部与西侧房间供初二到预科"小囡"居住，因而又有"小囡楼"的雅号。二层西南隅墙上放着一把楼梯，可以通到一个阁楼上，称之为"箱子间"。学生带来的行李不能摆放在宿舍里，便统一存放在箱子间。"箱子间"是一个利用坡屋顶的阁楼，因而西南隅一排楼层比其他地方稍低，可兼顾二层宿舍与上部"箱子间"的空间高度。

膳堂正面朝东，朝向大草坪，与礼拜堂相对而立。膳堂前面满栽鲜花，四时开放。开饭铃声响起，学生们便从两侧宿舍楼出来，涌进膳堂。膳堂共四间，每间有八九桌，每桌坐八人，可满足280人同时用餐。厨房在膳堂后面，曾由国文历史老师李王豫孙先生监督膳务。

左边第二个有檐的门为膳堂入口,矮围墙上有绿色竹节状装饰,两边为两幢宿舍楼　　　　　　　　　　膳堂

开饭时间是固定的,早餐上午七点半,午餐中午十二时,晚餐下午六时。饭菜有五菜一汤,四荤二素,早餐的粥菜有五只盘子,两荤三素,正中一张小板桌上一只木桶装着"饭是粥",即锅巴煮的饭泡粥。每一间里有一个妈妈(食堂职工)侍奉添饭和倒开水。

然而膳堂和体育馆一样也有综合功能,当学校举行大规模集体活动时,活动场所往往不仅局限在体育室里,膳堂也常常以辅助身份参与其中。在圣玛利亚女校建成正式开放日,除了室外的草坪,体育室和膳堂成了主要接待地点。在1924年的《凤藻》上,1926届俞大纲用英文写的《圣玛利亚女校的正式开放日》一文中这样提到膳堂"另一处备受好评的地方即膳堂(dining Hall)。桌上都铺满小点花纹的桌布,上面摆放着美丽诱人的蛋糕,每个祷告完的人都来到这里,尤其是孩子们,对学校里头的其他地方已没了兴趣,或者早已在体育室里昏昏欲睡了,然而在这里,他们迅速恢复了旺盛精力,然后就东逛逛西荡荡的直到妈妈带着他们回家去。"

膳堂,一个对于孩子们来说甜蜜温馨的地方。

4. 思卜堂和思丁堂(Pott Hall and Twing Hall)

思卜堂和思丁堂分别位于膳堂左右两侧,思卜堂是为纪念圣玛利亚女校第一任校长卜黄素娥而命名,思丁堂是为纪念丁玛利,这位为妇女传道工作作出重要贡献的美国圣公会女辅传道部执行长及荣誉执行长而命名。

在1931年建校五十周年纪念册中,1931届裘安华、沈邢英《记本校各部之建设》这样描述这两幢楼:"靠近体育馆的是思卜堂(Pott Hall),就是本校最内的宿舍,上下

第一学生宿舍思丁堂　　　　　第二学生宿舍思卜堂

共有三十余间，每间容学生四人，衣橱和铁床均由校中置办，每一宿舍内，有舍监一人，负管理学生的责任。""右边是思丁堂（Twing Hall），也是一座宿舍，式样布置和Pott Hall相同"

宿舍楼的大门漆成了红色，两侧是玫瑰黄色的高围墙，分别由一格绿色栅栏的小窗镶嵌其上。学生们把宿舍的小方格窗叫做"如同蜂巢似的格子窗门"。

宿舍院墙是唯一具有装饰的地方：门与建筑相连的围墙上两边各开有一个漏窗，竖向的窗棂用混凝土做成竹节状，粉以绿色涂料。在黄墙与朱瓦的世界里一点绿色的点缀，这唯一有装饰地方，时过半世纪，仍被老校友津津乐道。

每幢宿舍楼有28间房间，按每间房间住4人，端头大房间住6人的标准计算，一幢宿舍楼可容纳118～120人。每间卧室内有铁床4张，书桌4个，座椅4把，衣橱2个，大房间里多2个，用具也多2套。

宿舍楼两头是"洗面间"，位于扶梯口，每幢宿舍楼都各有三间洗面间，18个隔间厕所，12个隔间浴室。学校运用大的荷花缸作为洗浴工具。一方面因洗浴设备并不是普及品，价格仍属昂贵，另一方面，高大的荷花缸能解决公共洗浴私密性问题。

圣玛利亚的"荷花缸"也小有名气，成了一语双关的词。其一，指别出心裁用荷花缸洗浴，其二，将缸中美丽的姑娘比喻作美丽的荷花。在圣玛利亚学生中口口相传。

学生宿舍是打乱班级安排的，往往由高班大同学带领低班小同学。学生不能随便到别人宿舍，如要找朋友说话，只能轻轻敲门，招呼她出来在走廊里轻声说话。2013年6月，已 100 岁的 1935 届吴慧舒为我们回忆了当年的宿舍生活。

学校在宿舍里给每个学生提供一张床和一个放衣着的小柜。学生可从家里带来一张书桌和椅子。还有一把小椅子，坐在上面，正好能扒在床上读书、写字。学生宿舍配有清洁工打扫卫生。

宿舍规定很严格，1930 年的《凤藻》上，1931 届汪朴金在《本校最近之概况》中描绘了严格的宿舍管理制度："宿舍以四人合住一房，学校规定，床铺桌椅需整洁，宿舍中不可大声喧哗，学生不可至他人卧室，以扰他人自由。若被查出，记过五次，其余规则甚多，迫令学生谨守。盖欲养成高尚之品德，良好之习惯，不得不如是也。"

在 1934 年的《凤藻》中，1937 届的袁葆禾在《思卜堂和思丁堂简述》中这样叙述："在平时，学生是不允许在课间回宿舍的，宿舍楼十分安静，井井有条。但是每到了下午 4 点下课后，两幢宿舍楼里必定要喧嚣卸顶一番。……姑娘们要赶在活动时间的铃声响起前各自换好运动服以及做好一些其他的事情。这时候，你可以听到有的人在那里大叫，有的人在走来走去，还有的人在急匆匆地跑。有的女孩子发现自己的衣服穿反了，有的女孩子站在房间外头抓紧吞食两块饼干面包来垫饥。当铃声一响，所有的姑娘们冲出房间到体育室集合，有的人边走边翻衣领、边系鞋带，甚至有的人面包还咬在嘴里。……宿舍，霎时间又恢复了安静。"

在 1937 年前圣玛利亚的学生全体住校，学生进校，戏称被关进去了。每月只有第一个星期六放月假，可以回家直至星期一早晨八时，其余时间不得请假，因此宿舍对学生来说犹如家的感觉。宿舍生活在学生生活中也占了极重要的地位。1946 年后由于学生人数增加很多，允许部分学生走读，走读生每天放学前由各班班长去教务处领取出门证，学生凭证由门房石兰生"验明正身"后放行。住宿生每周六可回家，在星期六才能领到出门证。至于期间有事要出门，需由家长事先请假，获准后，自己到办公室领证放行。

在 1941 年《凤藻》上，1941 届夏孟英在《圣校沧桑》一文中详细描述了她在 1936 年 7 月至 1937 年 7 月一年时间中宿舍生活的体验。"宿舍分三宅：南宅，小囡楼，北宅。小囡楼在饭厅的楼上，朝南是教师的寝室，剩下的便是宿舍，住的都是从预科到初二的学生，故有小囡楼的雅号；我未在那里住过，所以不知其中滋味，但看住在那里的人，几全羡慕其余两宅，想来大概较差一等。同时南宅与北宅亦有个分别，不是两宅间的高下，而是楼上下的差异。楼下比较阴湿，蚊子多，要闻阴沟气。远不及楼上来的爽亮。而且当时有不许'跑房间'（不可到别人寝室里去），不许"跑楼"楼上人才可上楼）的规则，楼上只有楼上人与舍监先生光顾；楼下则不然，房门上嵌着不大不小九块透明的玻璃，门外即是大众必经的走廊，每天来往的人不知有多少，而人人都有尽情欣赏的资格。然而最难受的，莫如吃楼上人的'生活'；倘碰到楼上人兴致一高，皮鞋蹬蹬，楼下则宛如迅雷之劈耳，其滋味是不容易受的。因此住在楼上算一件神气的事，有人说只有高中生才有资格。假如你有个高中的姐姐，那便是你运气好，可以附姐尾而上楼。"

"我们住的房间是很小的，比现在课室的一半稍微大些。普通五个人一间，朝西一西窗，夏天有一扇破帘子遮遮太阳。若说圣校是一所贵族化的学校，我在这里可以举出一个反面的证据，那便是我们的寝室的简陋。既没有纱窗、水汀等摩登装置，也绝无窗帘、地毯、沙发等写意设备。电灯只有当中一个，电插头一个也没有，台灯或电火炉绝对不可能；书桌因为地位经济，都靠墙摆，所以夜间若要读书，全是背光。每人除床以外，只有一只小书桌，至少要让热水瓶、茶具、雪花膏之类占去一半地位，一把椅子，半口小橱（现在有一只样品，在二百另一号课室，放着地图），只好放放衬衫，长衣服则终年挂在门背后，每天吃灰尘。这些挂着的衣服的下面，放鞋子，但一定要装在鞋盒子里；切不要以为床肚底下可以藏什么东西，因为舍监先生查起清洁来首先就张床底下，再看床是否平整，桌上灰尘如何，然后再开抽屉，开橱，倘床下有什么东西忘了收拾，或是一只袜子，或是一块手绢，给发现了，就放在房门口，让大家展览。我们隔壁房间曾一次放出二十几双皮鞋，一时传为美谈。"

"热水龙头，因为怕浪费，装着弹簧，要用力扳住才能得水；而且这热水是极有限的。迟起来些多半只好用冷水。"

"晚上九点钟，各宿舍的门都上锁，学生都应该在自己寝室里预备就寝了。九点半一律熄灯睡觉。但你倘一时睡不着，不久就可听见舍监先生的脚步声。十时左右，窗外的夜巡捕开始夜巡了。他的铁钉鞋敲着空寂的水门汀作响，颇像双城记里 Manette 家街上的古怪 Echoes，总使我联想到小说或诗里飘零孤独的游子，尤其是在下雨的晚上，那足声衬着了雨声，就显得更外的凄凉，很容易使人莫名的伤感起来。"

这就是圣玛利亚学生的宿舍及住宿生活的一个侧面。

5. 教堂和钟楼（chapel）

教堂位于膳堂对面，和膳堂及两幢宿舍楼相对而立，建造时间比校园里的其他建筑稍晚些，1925年才动工建造，1926年春落成。由拉邱约翰（Mr. John D. Letcher）先生捐造，用以纪念其夫人。

在1941年《凤藻》上，1941届夏孟英的《圣校沧桑》这样叙述："我曾在一本杂志上看见：'圣玛利亚，这笼罩在神权下的学校……'这句话并不大谬，一则我们整个校舍，是照着中古时代的寺院（Monastery）的样式造的。再则那些富有诗意的处所，颇带着些神秘的意味，更加上那日日的宗教仪式，宗教训练，与Convent（修道院）相差并不远了。"

同样，在这本《凤藻》上，1941届邢凤宝（邢泽）在《怀老圣校》一文中也这样写道："读西洋史读到中世纪欧洲僧寺的构造法，大家猛然醒悟老圣校不亦正是依据着同样的建筑式样造成的！"

无怪乎朱亚新教授要将圣玛利亚的校园建筑定义为教会式建筑了。只要看整个校园"主要建筑对称布局，建筑群四周围合，建筑之间由连廊沟通"这一典型的欧洲中世纪修道院建筑格局，就可知这一定义的准确了。圣玛利亚校园建筑设计弥漫着浓浓的宗教气息，构思巧妙，结构精致，而教堂又是整个学校的灵魂建筑。

在1941年的《凤藻》上1938届的凌励立在《返校记》一文中写道："钟楼它是整片橙黄色建筑中最高的一处。它棕红色的三角屋顶上，矗立着一座神圣的十字架，楼身亦为橙黄色……它约高60英尺，从很远的地方就可以看到它，于是人们就知道了这是新圣玛利亚女校的所在。"

在1925年的《凤藻》上1927届的刘华屏在《新教堂》一文中用英文写道："它外表看上去很简洁，但是非常美丽。它橙黄色的外表，如艳阳般奕奕生辉。作为上帝的家，它的结构反映出既圣洁又庄重。它所有窗扇的形状如同古时凯旋门的拱券，它两边的砖砌柱廊，让人联想起古代欧洲的建筑。从旧圣校带来的一口巨大的铁钟，透过钟塔顶部的拱形开洞，清晰可见。"

礼拜堂两侧各有一门，另外一个则在正前方。正西方大门上有玫瑰窗。门前是常绿松树，笔直威严地矗立着。教堂内部布置庄严美丽，1952届李葵回忆，高中三年中，她要负责学校教堂里的布置事项，每天清晨得负责更换教堂圣坛上的鲜花，各宗教节期间

教堂和钟楼　　　　　　　　　　　　教堂内部

得换上象征性的不同颜色的饰带等。

在1934年的《凤藻》上1940届的沈爱珠在用英文写的《教堂》一文中这样描述教堂内部的情况："在礼拜堂的前部，沿两侧排布了许多的长条椅，面朝圣坛，中间留有一过道，中部是专为牧师和唱诗班准备的座位，两侧的唱诗班席相对而坐，牧师的讲台位于中间。管风琴立于左侧的耳堂，唱诗班席的右手边，它有两排键盘，一排低矮的木栅栏分割了礼拜堂的中部和后部。在礼拜堂的后部，是一条长桌，这是圣坛的位置，桌围雕刻有精美的图案，桌面上正中摆放着一座十字架，两边各一的花瓶中插满鲜花。"

虽然圣玛利亚学生入学已无是否教徒的限制，但入校后，不论信仰与否，每周日必参加礼拜，每天三次的祷告也必须进行。这种周而复始的礼拜与祷告已成为圣玛利亚学生校园生活记忆的重要部分。以致过了80多年，百岁老人1935届吴慧舒还对当年做礼拜的细节记忆犹新："学堂里有个礼拜堂，平时每个礼拜要去做礼拜。有一只厚厚的垫子放在椅子上，做祷告时要跪在上面，垫子放在地上，就可以跪在上面。"虽然大部分同学并没有这种宗教信仰，但教堂神圣、肃穆的气氛给人的气质熏陶还是可以从她们日常的行为举止上体现出来。1938届凌励立是颇有成就的医学专家，在精神世界探索一生，晚年与癌症抗争十年，少女时代受到的宗教熏陶竟成了她与癌症抗争的精神支柱。人的一生能达到如此超脱、潇洒的境地，真不容易。

6. 音乐室（Music Hall）

音乐室位于教堂南面，是一座曲尺形建筑，内有琴室，唱诵室等。一层为十几间琴室，沿走廊布置；二层北部也是琴室，南部大房间为唱歌教室，学校合唱团（Glee Club）排练的地方就在这大的唱歌教室。

音乐室

圣校的琴室，不学琴的人是不能进去的，这对一些刚进校的预科学生来说更添神秘色彩。1943年《凤藻》有1943届的范娟华的《预科二年生活杂记》一文，回忆了一段有趣的冒险经历："圣校的琴间，不学琴的人是不准插足入内的，如犯则记一小过，然而我们于一晚上，吃过晚饭后，偷偷地随着学琴的同班生——桂生、寿安、周坚等——到琴间去参观，只见都是一小间，一小间的，每间内安放着一架钢琴，楼梯口是一间大琴间，听她们学琴的人说，踏进这间房间时，心里没有不忐忑不安的跳着的，因为考琴总是在这间举行的，考时下面有七八个琴先生监听着，到那时，无论你的琴练得怎样熟，看着这几位先生虽然不会全吓忘记，至少要打个对折。

"我们轰进了楼上的一个琴间，我揭开琴盖，学着那些琴很精深的同学交叉着双手弹，时而用指甲划着那顶快的琴，这在不懂琴的人看来完全当我了不得。正在得意洋洋之际，先生何义法女士跑来了，她大约是听见了我那不和谐的琴声，前来看看的，幸亏美德在我肩上一拍，这才停止了我的得意杰作。'你们这些人在这里干什么？琴间里不学琴的人是不准来的，你们知道这校规吗？'她那带着湖北音的上海话，在我们每个人的耳朵边响着，我们都低着头答不出话来，'你们是新学生吧。'啊，这句话解了我们的围，救了我们的急，'是的。'我们差不多同声说了出来，'是新学生吗？那么记住，这里不准来玩，这次原谅你们，下次再犯要记过了。'出了琴间，大家不由得都松了一口气，其实那时我们已是一年的老学生了，不过那年没有预一，我们仍是全校最低班，新生比较多，所以很可以冒充一下。"

音乐室，这终日回荡着幽雅琴声和动听歌声的东南一隅，造就了圣玛利亚人的艺术气质。

7. 格致堂（Science Hall）

科学楼格致堂

格致堂是圣玛利亚校园中的理科教室，也被称作科学楼，位于学校围廊东北隅转角处，离思孙堂很近，西侧通过围廊与思孙堂相连，仅几步之隔；南侧则与礼拜堂相连，有一段距离。格致堂与思孙堂在东西向的一条直线上，这里环境相对幽静，离运动打球的体育室、操场和琴声、歌声不断的音乐室较远，有利于学生集中思想读书。

格致堂另有一名称 Browning Hall，由勃朗英夫人（Mrs.Browning）捐造，用以纪念其丈夫。

格致堂楼上有三间教室，作为化学、生物实验之用，以及自然界鸟兽花草的标本陈列，楼下有缝纫室等家政教室和美术教室。

格致堂的室内布局是：底层楼梯两侧分别为两间大教室，西侧走廊背面有间小房间为"吃食间"，即女学生在校期间储藏食物处，食物规定不准带入宿舍，在这里一人一个煤油箱子储放。每天有三次"吃食"时间，即上午十点半，下午四点及晚自修结束后八时至九时是吃食间开放时间，学生们从思孙堂前来，从各自存放的煤油箱子里拿些饼干、零食加餐。

格致堂是圣玛利亚学生接受科学启蒙的场所，也是培养科学实验能力的地方。它留给学生的另一个记忆是那里的吃食间里有美味食品。

8. 围廊与草坪（Open Corridor and Lawn）

围廊在圣玛利亚校园中是非常重要的元素，贯彻始终。围廊连接着校园八幢主要建筑，将整个校园围合成一个长方形封闭体，避风、挡雨、遮日。通过围廊，雨天学生在学校里的一切活动都可以不用打伞穿雨鞋就能完成。围廊地面采用土红色方砖斜铺，和每一幢建筑内部的走廊成为一个整体。围廊宽两米多，屋顶比一层楼稍高，顶上盖红瓦，和房屋的屋顶瓦片相同。

长方形围廊中央，便是铺着厚厚天鹅绒地坪草的草坪，绿茵茵的一大片，还点缀着各式各类树木花卉。最让人难忘的是思孙堂前五棵高耸入云的大白杨，和倒映在草地上婆娑的树影；肉桂树的花开满枝头，随风散发飘来扑鼻的幽香；还有那围廊前的日晷。这里晴天是学生们游戏的好地方，课余时间也有不爱动的学生三三两两在那里散步。考试前，有的学生喜欢躺在绿草地上复习功课。

连接学生宿舍与各教学楼之间的走廊

1932届的李容清在1929年的《凤藻》上用英文写的《圣校鸟瞰》中想象了在空中看到的景象："我看到许多小小的房子由一个长方形的围廊连接在一起，围绕着花园的草坪。房子的屋顶是红的，墙是黄的。最高的建筑是教堂。它看起来神秘又崇高。在所有建筑中最大的是思孙堂，这幢建筑有两个突出的翅膀，就像一把扶手椅。总共有十幢建筑，有八幢有廊柱连接起来。这八幢建筑看起来就像是八个孩子手拉手地围成一个长方形。一边的距离和另一边完全相等。"

回廊连接着鳞次栉比的八幢精美建筑，组成了一个长方形的绿色花园。这里是学生们课余活动的快乐场地。

9. 医务室和教师宿舍（Infirmary and Faculty House）

医务室和外籍女教师宿舍都位于围廊外面，医务室在整个学校西北隅，是一幢丁字形建筑，与格致堂对应，位于思孙堂东西两侧，从思孙堂到思丁堂的直角形围廊顶端有一条小路通向医务室。医务室由柴白立司开（Mrs. Zabriskie）夫人捐造。

医务室洁白清洁的环境，病房里淡绿色的墙壁，雪白的床铺，桌上放一瓶梅花，墙上挂一幅风景油画，校医和护士小姐悉心的照顾，都使患病学生感到温暖和安慰。1935届吴慧舒2013年回忆一次住院经历时说："有一次，我喉咙觉得有些痛。护士是外国人，她看一看后也吃不准，怕是生白喉，因为那时医学还不发达，所以有些怕，叫我住在那里，用棉花签沾了喉咙的分泌物去化验。化验就要住两天在那里，我就住在那里。人又没有什么不舒服，住在那里很惬意的。小菜有几种可以点，很开心，后来化验出来一点也没

病房

有什么,就到教室去了。"

在1937届谢振写的《圣校鸟瞰》一文中也写道:"你会见到一两幅洁白的毯子,一只玲珑的椅子,放在向东的小阳台上,间或有一两位娇弱的小姐怯怯的在看书或闲眺,饱呼新鲜空气和浴受阳光,即刻,你领会到这是所最舒适的病人疗养院。不错啊,这里不施手术,不下麻醉剂,无论什么病,至多三天,你能见到那些精神饱满而笑容可掬的女学生从这里出来,重又夹着书本子去上课了。"

在1931年圣玛利亚建校五十周年纪念特刊上,有当年初二的沈瑶珊用文言文记叙的《圣玛利亚病院概况》,对学校医务室及所做的学生保健工作详细描述:"校之西北隅,设病院一所,院内设备颇臻完美,学生有疾即住院诊治。……并于每学期举行身体检验,如验有何种疾病,即通知家长,促令疗治,以维校中之公共卫生。每年学生又需种牛痘一次,以免流行天花。校中对于患沙眼病者,尤为重视,每于星期一三五日医治不辍。院内空气流通,陈设优美,桌椅被褥,纯系白色,使病者居之,有出尘之想,无厌恶忧切之感。病室分普通特别两种,凡病轻而无传染性者,住普通室,罹重疾或有传染性者,住特别室。非但使病者得以安心休养,亦俾无碍于公众卫生。校医为广仁医院院长,医术精通,经验宏富,医治学生孜孜不倦。看护妇亦殷勤待疾,如保姆之对婴孩,无微不至。"

为培养学生对公众事业的关注,在学校医务室外,操场西北隅的实习学校,另设一个贫民施诊所,于星期二四六施诊,医药等费,概不征收。

外籍女教师和校长宿舍在校园东北隅,紧靠校园围墙,是一幢凹字形建筑,有一条小路通向思孙堂朝北的正门。其中西边半边为校长住宅,东边半边为单身外籍教师住宅。

1932届李容清在1929年《凤藻》中用英文写的《圣校鸟瞰》对这两幢建筑作了十分形象的描述:"外国教师宿舍看起来就像是一只正在等着捉老鼠的猫。有一幢比较小的房子在另一边,那是医务所。它看起来就像是一只急于从猫的身边逃走的老鼠。这些建筑看起来就像是孩子们玩的游戏,我们常常玩,叫做'猫和老鼠'。从空中看校园全景非常奇妙。"

女教师宿舍

1931年圣约翰大学赠送的日晷

校门与门房

花房

秋千架

10. 门房和男教师宿舍（Gate House and Residence of Men Teachers）

门房紧靠白利南路，地处思孙堂北侧，校园的最北端。因思孙堂是轴对称建筑，从入口有道路直通底层北侧中间出入口，门房则位于此路西侧，面向道路开门开窗。门房由纳护夫人（Mrs. Knapp）捐造。

中国男教师宿舍楼在学校围墙外面，出入要从大门外面走。这也是圣玛利亚女校这所神权笼罩下的学校男女有别观念的反映，不过男教师宿舍家属也可以一同住在里面。

11. 实习小学和花房（Practice School and Greenhouse）

1924年学制改革，设立了师范科，为了给师范科学生以实践机会，开办了实习小学，并在思卜堂后面造了一间六角形建筑，作为附近乡村孩子日间学习用校舍。在实习小学旁还安装了秋千架等活动器械,作为孩子们课余活动用。

花房是一个玻璃暖棚,用以种植盆花和养植四季鲜花。和实习小学一样,也是后来建造的,位置在思卜堂西面的空地上。

三、校园四季

圣玛利亚女校的校园是一个整体设计的艺术品,其构思之巧妙,功能之完整,理念之严谨,在校园建筑中也是少有的。幽静的校园,笼罩着淳朴与和蔼的气氛,庄严而又肃穆的礼拜堂,宽敞的活动场地,永远飘荡着美妙的音乐。而圣校的四季风景也让人不能忘怀。

课余乐园(春)

小径芳草(春)

5棵高高的白杨树(夏)

遥望钟楼(夏)

梧桐树（秋）

后操场（秋）

雪后疏梅（冬）

思孙堂前的大草坪

在 1938 年的《凤藻》中，1941 届的夏孟英在"回忆中的圣校"一文中这样描写圣校的四季："在圣校，四季都有特殊风光，可是那红的屋顶，黄的墙，却始终保持着它们的样子，在春天，什么都有了生气；绿的草好像被压得够了，慢慢的舒展它们的身体，那时百花齐放，柳絮飘扬，学子们也好像增加了朝气，比前更活泼了，那时我常往柳絮下坐地，听着悠扬的琴声，静静的享受那大自然的美景；从平静的心底里，翻起了过去甜蜜的往事，把我都陶醉在那和煦的春风中，多够回味的乐事啊！

"在夏天，树稍头弥漫着一片蝉声，树荫下坐着年轻学子，大家都捧着书，恨不得要把书装入脑子似的，小山上，亭子里，葡萄架下，万花丛中，俨然有消夏处的风味！可是谁都没心去领会它们！

"到了秋季，春夏两季的努力，都在这时候，很容易的给风神摧残了，树叶儿由绿变黄，由黄慢慢的飘下了地，使人看到了满地枯叶，不期而然地觉到时光的迅速，而赶快努力上进了。

"在冬季，虽然是穷人们最怕的季节，可是在圣校，却是最欢乐的时候，厚的雪，又压上了枯草，使整个校园里，屋顶上，都铺上了一层皑皑白雪，疏疏的几株松柏，孤独地在雪地里挣扎；在绿与白的相映中，显得更美了。"

"无论谁，当他离开他的故校时，都会感到一种感伤，一种依恋；何况是这美丽而又恬静的圣校，谁又能黯然无语地和她别了呢？"这也许是如今，面对着被拆得只剩下一幢孤零零的教堂和钟楼的圣玛利亚校友们此刻的心情吧！

第三章　教育与教学

一、育人目标与行为规范

圣玛利亚的校训"公诚勤敏"首次出现在校刊《凤藻》上是 1930 年。在汪璞金的《本校最近之概况》中记载的"校旨与校训"中有:"本校为美国基督教圣公会创办,其宗旨以培养道德宣布耶教为主,次则灌输知识琢磨学生为一完美之国民,其校训为'公诚勤敏',俾学生有公德、诚实、勤勉与敏捷耳。"在 1931 年建校五十周年纪念册上更是将"公诚勤敏"以颜体书法形式强化,这四个字作为圣玛利亚学生的行为准则,影响了几代人。至今校友们回忆起学校教育对自己一生的影响,"公诚勤敏"仍是永驻心头的座右铭。

圣玛利亚女校是一所美国圣公会创办的学校,创办人施约瑟先在 1879 年创办了圣约翰书院,继而于 1881 年创办圣玛利亚书院。两校初期又在同一个校区的南北,只以一道竹篱笆相隔。长期以来圣玛利亚女校与圣约翰大学就像兄妹关系。1923 年圣玛利亚女校虽然搬出了圣约翰校园,但两校间的交流一直不断。1937 年抗战开始,圣玛利亚女校与圣约翰大学同在大陆商场开学,1939 年圣玛利亚女校又借圣约翰大学斐蔚堂办学,直到抗战胜利后的 1946 年 9 月才回到长宁路校址。

随着圣约翰书院发展为圣约翰大学,圣玛利亚书院成为圣玛利亚女校,两校的教学也更加西化。重视英语、科学和艺术体育教学是两校共同的特点。由于圣公会抵制向中国政府立案,有一时期圣约翰大学和圣玛利亚女校的学历得不到中国政府承认,1936 年圣玛利亚女校有 13 名毕业生不能升学,圣约翰通过校务委员会决议,自 1936 年起打破了只招男生的规矩,招收走读女学生,向圣玛利亚女校毕业生打开了大门,1934 届郑慧容、1935 届张美丽等成为圣玛利亚女校首批进入圣约翰大学的女学生。郑慧容为 1939 届经济系文学士,张美丽为 1940 届新闻系文学士。两校关系由此更加牢不可破。

圣约翰从建校以来一直以欧美的"广博之自由教育"理念为指南,强调全面、合乎基督教的通识教育,倡导文理兼容,德、智、体、美四育并进,以德(基督教教育)为先,四育一体,以造就完善国民为宗旨,使学生"以国利民富为前提,以克己自治为本领"。以"Light and Truth"("光与真理")为格言。这一教育目标不能不影响到圣玛利亚女校。于是在圣玛利亚书院时期有"Justice and Wisdom"(正义与智慧)作为校铭,在斐蔚堂时期有拉丁文格言"non ministrari, sed ministrare",用古文说就是"非以役人,乃役于人","不是人家为你服务,而是你为人家服务",换句话说就是要"与人为善"、"为人着想"。

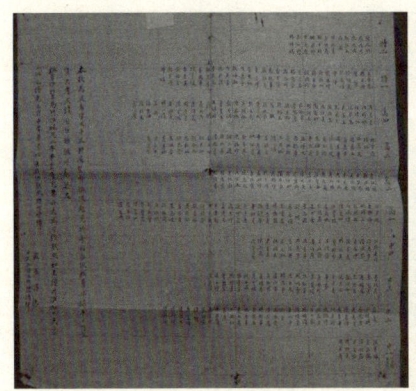 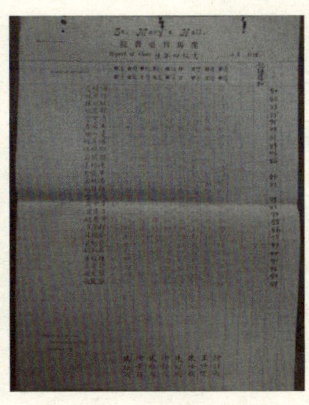 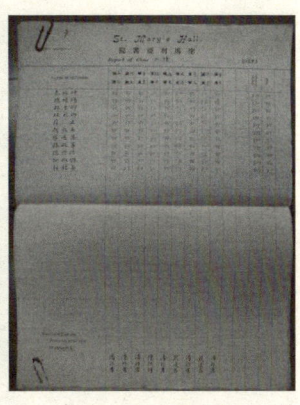

1923年中文部分班名单　　　中文部1918年高四成绩单　　　1924年中文特二成绩单，即第一届中文毕业生

而"公诚勤敏"从上世纪30年代起作为圣玛利亚女校的校训，一直牢牢铭记在圣玛利亚人的心头。在台湾的校友会会旗设计上就采用了"Wisdom and Right"和"公诚勤敏"的校铭和校训。

很多圣玛利亚校友在回忆中学生活时都强调，圣玛利亚女校教会了我怎么做人。1952年初三的石瑛说："母校的校训培养了我诚恳做人、踏实做事的行为风范。"

1935届葛秦生说："中学对我的训练很有好处。学生的学习和生活都很严格，要求每件事情都认真做好。生活有规律，办事有条理，对人有礼貌。我在这里学会了做人，也学会了做事。"

良好的行为规范和高尚品格的养成和学校的严格要求分不开。在1930年的《凤藻》上，汪璞金在《本校最近之概况》一文中记载了学校的校规："本校校规严谨，学生平日在校不可着奇异之服，高跟之鞋。凡卷发傅粉皆所禁止，总以朴素为止，有丽艳浓装者，校长即训斥之，亲友探望学生，须于星期一、三、四下午四时至五时半，星期六与星期日，自下午二时至五时，非至亲男子不准接见。学生出入之信件，须由办公室经过，若涉及可疑者，即命拆阅，查出越轨之行为，即行开除，不稍宽待。宿舍以四人合住一房，床铺桌椅须整洁，宿舍中不可大声喧哗，学生不可至他人卧室，以扰他人自由。若被查出记过五次，其余规则甚多。迫令学生谨守。盖欲养成高尚之品格，良好之习惯，不得不如是也。"

1932年中文特级毕业生龚普生、陈善祥等5人

学校对学生德育要求很严，在圣玛利亚犯了规则要被叫到教导办公室给训育主任教训；功课不及格，要到校长室"吃大菜"；"吃大菜"是圣玛利亚学生对受批评的自嘲。

1930届的汪璞金在1926年的《凤藻》上将圣玛利亚女校的校规写了"学校里的两打'勿得'"（24个不要）的打油诗，作为对同学平时行为规范的提醒：

上课时候瞌冲打勿得，考试起来白卷交勿得，走进膳堂小菜抢勿得，教员面前马屁拍勿得，舍监先生和她辩勿得，捕风捉影谣言造勿得，一日三餐肚皮饿勿得，公共做事烂污拆勿得，蹩脚先生架子搭勿得，各省同学界限分勿得，同学当中铜钱借勿得，借来衣裳风头出勿得，稀奇古怪装束扮勿得，陌陌生生朋友拖勿得，自修时候纸头传勿得，嘻嘻哈哈面皮老勿得，鬼头鬼脑样子做勿得，时髦学生气势效勿得，校长堂里大菜吃勿得，体操时候高跟着勿得，糖果纸头随地丢勿得，学生商店日货进勿得，无缘无故风潮闹勿得，区区弄笔诸位笑勿得。

同样在1926年的《凤藻》上，1927届的蒋成志以"十个不可"对圣玛利亚女校学生的行为准则做了概括，内容大到爱国和关心国事，小到吃饭用公筷；从具体的穿衣着装，到做人准则。反映了学校在教育学生怎样做人上的具体要求。

（一）不可讲究装饰胜于求学。

（二）不可着紧衣服，致肺部受伤易生肺病。

（三）不可不用卫生筷，与人同食传染疾病。

（四）不可于求学时抱模模糊糊宗旨阻止学业进步。

（五）不可轻视中文而注重他国文字，须知中文乃国粹国势盛衰与此有关系焉。

（六）不可于言谈时恒用英语致成忘本之习惯。

（七）不可以国货不及洋货之精美而任意购取，使金钱外溢。

（八）不可不阅报，为国人而置国事於不闻不知。

（九）不可自私自利，时时当抱助人主意。

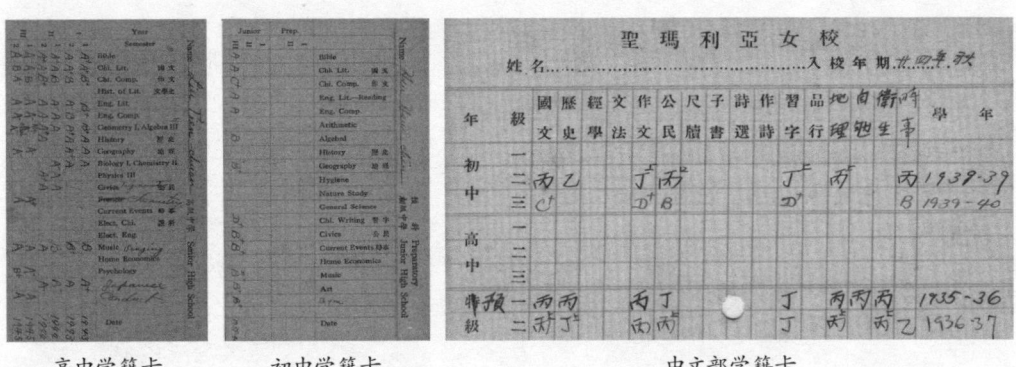

高中学籍卡　　　初中学籍卡　　　中文部学籍卡

（十）不可于开会时为一木头会员，不发意见，仅以盲从为事。

在这样的校园环境中成长，对圣玛利亚学生的人格养成极其重要。走出校门后的几十年，无论顺境还是逆境，她们都能泰然处之，经受考验。圣玛利亚女校给予她们的无价之宝就是学会了怎样做一个大写的"人"。今天其中最年轻的也已将近耄耋之年，然而你和其中任何一人交谈，都能感受那份淡定、优雅，那种气质的高贵，然而又那样亲切。虽然长期以来，教会学校及其学生都被看作另类，不受重用，但在拨乱反正后，凭着她们在青少年时代养成的人格修养、掌握的英语交际能力和将每件事都做到最好的工作态度，很多圣玛利亚校友都成为改革开放后的生力军，有的为第一批国家公派出国留学人员，将自己的才华贡献给祖国的科学、医学、艺术、外事、教育和其他各行各业，做出了出色成绩。

二、学制与课程设置

圣玛利亚女校从1900年起，课程设置基本完备，设立英文、中文和音乐三部，偏重英文，学制八年。1915年夏，改八年旧制为12年新制，小学八年，中学四年。1924年以12年旧学制，改为我国教育部所颁之三三新制。自此中文只有中学六年及特级两年，特级相当于高三以上的提高班，是为中文已达毕业班程度，而英文尚未毕业的学生进一步学习中国古典文学开设的，特级毕业另发中文毕业文凭。英文则于中学外，尚有预备年级两年，相当于小学五、六年级。设立预备年级的目的是为加强英文教学，以使学生能适应中学阶段的学习。学生英文高三毕业考试及格才能拿到毕业文凭。自1930年以后，取消中文特级。此后这一学制一直延续至1952年。

圣玛利亚女校创办时按美国教会办学宗旨和教育内容进行，培养亦中亦西的"通才"，因而在课程设置方面，将英文放在首位，同时也重视学习西方科学文化知识和道德。对家政、音乐艺术和体育等人文素养方面课程也极重视。1923年中文部主任陈鸿祥为提高学生中文程度，将学生按照平时作文成绩和考试成绩分班，特发布公告："本校为提高学生中文程度，整齐班级起见，特会同各级教员，根据平日作文暨大考成绩，分级班级列表于左，补习班改名为特班，规定二年毕业，读完者将来或另给执照，如未读特班，而中英高中班已读完，亦得中学毕业，唯无特班执照。特此公布。校长傅德，中文教务主任陈鸿祥。"

这份分班名单，将全校学生分为中一至中四，高一至高四，特一、特二十个年级。在这份名单中，倪征𬀩、罗迟慧、孙熙治、胡敦五、薛正、林敏筹、郭铭荼、林平卿、林飞卿、董筹原、秦振坤、杨振锡等12人为特二班学生，是1924年第一届中文特级班毕业生。1924年后改为教育部的"三三新制"，则不再设中四和高四年级，但在高三之上仍设特级两年。1932年中文特级毕业生有王兰麟、陈善祥、蒋宝珍、戴克范、龚普生等五人。

在1930年《凤藻》中，汪璞金在"本校最近之概况"中这样叙述学制与课程："本校已改用新学制，高中三年，初中三年，英文另有备级二年，中文另有特级二年，英文初中毕业后，可于高中一年任选各科读之，若文学科、教育科、琴科、皆可选读，选定后，另可分组。若学生未读完高中课程，不得毕业。若有读完中文特级者，则先授以中文特级文凭。论其课程，英文部有圣书、英文、算术、代数、几何、历史、地理、文法、教育、法文、天文学、物理学、化学、地质学、生理学、心理学、图书馆学等课。中文部则有国文、历史、文法、公民、文学史、经学、子书、尺牍、文心雕龙等课。此外尚有美术、音乐二科。"

从发现的学生学籍卡中也可了解她们当年所学课程情况。初高中都开设的课程有圣经、国文、作文、英文、英文作文、历史、地理、时事、家庭经济等九门课。初中另开算术、代数、保健、自然、综合科学、中国书法、公民、音乐、艺术、体育等10门，共19门。

普通科（1937）

商科（1939）

高中另开文学史、几何和代数第三册、生物、化学、物理、三角、中文选科、英文选科、心理学、品行等十门，共19门。有趣的是品行课只在高中开设，而在初中开设公民课，也许是认为初中学生心智尚未成熟，不应对其品行进行评定，而应进行公民责任教育。

在中文班课目中我们发现初中课程有国文、历史、作文、公民、习字、地理、自然、卫生、时事。高中课程有经学、文法、尺牍、子书、诗选、作诗、品行。同样将品行列为高中课目，而将公民列为初中课程。这是圣玛利亚女校重视学生品德教育的明证，但又根据学生年龄特点和认知水平来进行。

家政课也是圣玛利亚女校学生必学的课程。1920年9月聘来南京女子师范学校毕业的章德苑先生，专授缝纫、烹饪两科，第二年章德苑先生改授中文，又聘俞忆慈女士专任烹饪、缝纫两科。在1921年的《凤藻》记事中，由孙熙治记录了"家政科之设立"的缘由："本校校长傅先生谓学生名为功课所羁，对于家务不甚经意，往往学生回家以后不肯及少理家事，是以设立家政一科，凡高级四年，每星期均有烹饪二时，其余中级及初二有缝纫二时，亦女子应具之常识也。"

琴科的开设在1903年梅锡祐（Miss M. S. Mitchell）到校后开始。学习琴科要另外付费，有钢琴和小提琴。琴科毕业发给琴科毕业证书。有了琴科毕业证书有资格当钢琴教师。圣玛利亚女校的钢琴教师朱其廉、杨调芳、何义法等都是圣玛利亚琴科毕业生。

另外唱歌也是圣玛利亚学生必备的能力。学校每年高三向高二移交责任都要举行Step Singing的室外台阶歌会，这也是圣玛利亚特有的音乐活动。

圣玛利亚女校提倡体育与健身运动，各种球类运动开展得红红火火。从1916年爱

大学预备科（1937）

中文研究科（1926）

拉（Miss S. Oehler）女士到校后，学校每年开一次运动会。每天下午放学后有一小时活动时间，每个学生必须参加体育活动，不能呆在图书馆和教室里读书。到时图书馆、教室、宿舍的门都上锁。用这种强制性措施保证每个学生每天都有一小时体育锻炼时间。

在1930年《凤藻》中，1930届汪璞金在《本校最近之概况》中记载道："本校对于运动，极为注重，每星期体操一次，每日下午四时散课后，学生须同聚一草场游戏，有三刻之久，跳跃奔跑，同在一场，健脑强身，莫善于此。尚有各种球戏，如秋季有网球，冬季有司令球、篮球，春季有舞蹈等，此不特启发学生竞争之心，而亦鼓励其活泼之精神矣。"

而在1931年建校五十周年纪念册里，1933届郁仁芳也在"本校学生之生活"中记载了有关学生体育锻炼的内容："本校没有一定的制服，平日所穿的都是朴素的家常便服，不过上体操的时候都换了白色的运动衣，胸前制有蓝色的记号，下面穿了黑色的操裤。赳赳武夫的样子。真是远东运动会里的健儿，真是巾帼英雄！"

"书本方面固然严厉，体育上仍旧不可不注意，我们每星期有一课体操，每天四时以后又有三刻钟的游戏，在草场上跳跃嬉笑。玩的是 Golf（高尔夫球），Tennis（网球），Captain Ball（司令球），Volley Ball（排球），Basket Ball（篮球）等各种球类。又有一部分同学组织一个体育会，会员早晨加十分钟早操，守会规和运动好的人，会里有奖品给她。在大考时，四时以后有各种球的比赛，免得学生终日埋伏在书本里。"

除必修课目外，高中生还有选修课目。如法文、商科、美术及图书馆科、大学预备科、普通科等。

图书馆选修课1929年开设，学习内容为编目、分类、排架和资料检索等图书馆工作的基本内容。1929年的图书馆主任为江梅鹏,1923年从圣玛利亚女校毕业以后,她留在母校图书馆工作。在1931年建校五十周年纪念册上,1931届的李桂仙、华庆莲在《本校图书馆之概况》一文中记录了图书馆附设图书馆学课程的情况:"校中当局,以图书馆之常识有研究之必要,故于一九二九年遂有此科,余等因而得习之,举凡图书之重要,分类、编目与排列之常识,均须研究。故余等入是科,不但只读其书,且有机会实习管理,是以对于图书之兴趣日增,而对于搜寻图书易如反掌,以比未习此科前寻书之费时者,真不可同日而语矣。"

而在1930年《凤藻》年刊上,还有一篇1930届徐月娥用英文写的《图书馆课程》的文章,就像一份劝人报名参加图书馆课程的广告词。"你想要成为一名学生教师吗?如果想的话,我可以告诉你怎样取得这一令人想往的位置。去参加一个新的课程,叫做图书馆课程,成为一个对于新的领域都很熟悉的人。当你已经学会了登记新书的不同步骤,并且按规则将书上架,有时候,图书管理员会请你帮她管理图书馆,这是一件好差事,你可以坐在图书管理员通常坐的位置上,监督那些女孩们是否在认真学习。大多数时间她们都非常安静,在勤奋读书。她们要查阅那些老师要求她们查阅的资料,有些人会找不到她要的书,她们会来请求你的帮助。这时候你的感觉如何呢?为你在这个光荣的位置上而骄傲!另一个好处是,选修这门课程的女孩子们有优先读任何新进图书馆的图书的特权。因为那些书必须首先要通过她们的手。因此你只能眼睁睁地看着她们有机会先读那些有趣又美妙的新书。这是不是一门极好的选修课呢?那么,来吧,参加图书馆选修课吧!"

到了高二,学生有的选修"商科",是为了学会一些实用的速记、打字等文秘技能,毕业后可以早早找到工作。1940届程慕兰回忆,由于父亲是银行职员,家中姐妹兄弟有六人,身为老大的她需要早早工作为父亲减轻负担,所以选择"商科"。

在1940年的《凤藻》中程慕兰写了篇《我与商科》的文章,记录了选学商科的经历:

"一九三七年五月我校实行分科,我便毫无迟疑的选了普通科,因为到高二那年可以选习商科课程。读了商科毕业后找事便当,饭碗问题比较容易解决。

"时间的确过得快,两个学年已溜了过去,我所选的商科课程也已学过,可毕业后的出路问题,却还是石沉大海,动静全无。

"不能否认商科是有趣的，速写、打字，都给我们不少兴味。我们像赛跑似的，像爬山般的，竞争着努力着，结果在学年终了各人都能在一分钟内打六十个字，记五十个字。

"成绩虽然不能和别的专于商科的比，然而总可算满意了。因为我们同时还念别的书，并且又是在那受困的环境里。

"一个暑假中，自己监着自己，同时也放松了自己，毫无规律的任意随时练习，当时还颇为得意。然而开学后，经施小姐的帮助。测验了一下，才知非但没进步，反大退了。这打击是多大呀！

"现在虽仍继续在施小姐处读速记，回家自己练打字，我不敢再有奢望了，离校后的得失也不敢想了。"

喜欢语言学的同学也有想学第二外语的，则选择了法语。法语班的同学学期结束还排演法语戏剧，在毕业典礼上表演，吸引了不少喜欢语言学的低年级同学来年报名。惯于按部就班的同学不想去大学预备班提前学课程，就报普通班，好使高三这年不致太紧张，而学习超前的学生则想提前尝试一下大学课程，则选择"大学预备科"。美术选修课则是为那些喜欢画画的学生准备的，李家松老师回忆，她到圣玛利亚女校后，除了教低年级美术课外，还开设了素描选修课。

高中选科的做法让学生根据自己的兴趣爱好和能力才艺自己安排学习，既胜任愉快又学有收获，而且提高了自学能力，为进一步深造打好了基础。

在1940年前，学生的中英文可在不同程度班次上课，如1938届张祥保、董梅真都曾和1937届张爱玲在同一班上数学、中文课，但英文在不同班。在1940年的《凤藻》中，1940届蔡小谢、王墨兰在《一九四〇级级史》中记载："本级以前的同学，程度都参差不齐，所以中英文的班次高低不同，但从本级起，就没有这种事情发生，在功课方面的发展十分平均。"可见从上世纪四十年代起，圣玛利亚女校各科教学完全按照教学班进行。

在1930年《凤藻》中，1930届汪璞金在《本校最近之概况》中记载道："教员教授多主张学生自动，并不依书讲解，所授之课，先由教员指定，学生各自预备，有不明了者，得问教师，教师讲解后，即出题发问或口答笔答不论，故学生每日自修规定三时，所读之课，每学期月考二次，大考一次。"

圣玛利亚的学生对功课一点不敢松懈，因为圣玛利亚考试严格，不及格不仅要到校长室"吃大菜",而且可能留级。1933届的朱梅先在1931年建校五十周年纪念册中"本校学生生活拾屑"一文中描写了大考时的学校气氛:"校中同学,皆住读者,灯下窗前,质疑问难,耳鬓厮磨,相聚之机会多。而友谊易于笃厚也,故大考时则各偕其学友,觅僻静之处,孜孜焉攻读。届时全校空气为之一静。平日草地上之游侣,今不之见,笑声不之闻,球也,球拍也,无人问津,而朗朗之读书声,触耳皆是,于此,也可见读书热之一斑矣。"

1933届的郁仁芳也在《本校学生之生活》中写道:"我们的功课是一些也不敢放松的,每天从上午八时二十分起,到下午四时止,除去吃饭时一点钟的休息,一共有九节课,晚饭后还有一点钟的夜课。我们的读书是自动的,每天有数十页的 Assignment(指定预习课文),每学期有二次小考和一次大考。平日还要做 Report(报告),要免去外国先生的骂 Lazy Girl 和吃 Warning(警告),就不得不埋头书本了。不过功课虽然很忙,但是'开夜车''伴洋蜡'的生活,因为半夜里舍监先生要起来查房间,我们是不干的。"1932届的陈正美也在《本校学生生活(二)》中写道:"在夏天,因夜短日长的缘故,在未揿起身铃之前,已日高三丈了。那些用功的小姐们,已静悄悄像做贼似的,大气儿都不敢出一声,睡眼朦胧,像老僧念早经一般,已在那儿读书了。"

由此可知圣玛利亚校园里读书气氛非常浓。

三、英语教学特色

圣玛利亚女校的英语教学是一流的,培养出了一流外语人才。最著名的有龚澎,她是重庆八路军办事处第一位新闻发言人,联系了许多支援中国抗战的外国友人。龚普生、邢泽等也是新中国的外交人才。应曼蓉、董蔚君等成为编撰英语工具书、教材的专家。吴其慧为外文编辑人才、赵凤凤是外事工作方面专门人才。此外许多校友在回忆中都提到了得益于母校一流的英语教学,使自己在科研、教学和对外交流工作中得心应手。

说起圣玛利亚英语特色教学的形成,不得不联系到圣约翰大学。圣玛利亚女校和圣约翰大学都为美国圣公会"一会独办"的学校,卜舫济在圣约翰大学开展"英语教学运动",大力发展英语教学,是和其教育理念分不开的。卜舫济认为,英语作为传播新教育之利器,是将现代教育介绍到中国的关键。他认为,欧洲文艺复兴之所以发生,很大

法文班

美术及图书馆学科

程度上是因为古希腊文明的输入，日本维新的重要原因是采用英语作为媒体输入西方思想。在卜舫济未完稿的自传中，他说："把现代教育介绍到中国来，有几个特点值得注意。首先是英语所起的重要作用，它主要是教学的媒介，因为那时还没有关于现代科学、数学、欧洲史、经济学、逻辑学等学科适用的汉文教科书。一些教会教育的开拓者用了大量的时间编纂自己的教科书。""即便如此，要求深造的学生仍必须精通英语，尤其是他想去英美留学的话。"卜舫济在圣约翰大学推行全英语教学。除国文课外，其余课程一律用英语作为教学语言。

在卜舫济大力推动下，圣约翰大学的英语教学取得了巨大成功，以至于社会上人们把能说一口纯粹的英语视为圣约翰学生的典型标志。

这种教育理念不能不影响到圣玛利亚女校的办学思想。圣玛利亚女校同样将英语放在头等重要位置上。学生入学先要考试，以英语水平高低编班，很多学生入学时被压班。1935届孔宝定回忆，1931年刚结束了高一年级学习的她从家乡宁波来到上海，投考圣玛利亚女校，虽然中文被编在高二年级，但英文被压到初三年级，毕业与否得按英文班决定。1935届的葛秦生回忆，她在上海培成中学已读到初二，进了圣玛利亚只能退到预二年级读起，相当于小学六年级。1938届的凌励立也回忆，入学时受到降一级的待遇，但她发愤图强，第一年就拿到了初中中文课程总分第一名，到高二时又得了英文课程总分第一名，让人刮目相看。这就是圣玛利亚女校给新生的第一个下马威。

虽然不像圣约翰大学那样全部课程采用英文授课，但圣玛利亚女校也将主要课程，除英语外，数学、物理、化学、生物等自然科学课程和历史、地理等人文课程都用英语讲授。

音乐初级班　　　　　　　　　　　　　　音乐高级班

1939届程芍华回忆，第一堂英语课，外国老师上课，她们一班小女孩只能听懂Good Morning和Good bye，其他什么都听不懂，下了课，几个小女孩一齐放声大哭，老师听到后安慰她们，不要急，只要好好学，一两个月后就会听懂。没有一个学生不为第一堂英语课听不懂而心慌。1935届孔宝定说："一开学走进教室，洋老师在讲什么，同学们在回答什么，我却一点也听不懂，像坐飞机耳边嗡，莫名其妙，目瞪口呆，这才使我着了慌。"这是每个圣玛利亚学生在进校后都要遇到的难关。

圣玛利亚的英文教材采用原版英文长篇小说，1950届朱亚新回忆，"我班的英文课本相继有 Little Women（《小妇人》），Treasure Island（《金银岛》），Madame Curie（《居里夫人》），Hamlet（《汉姆雷特》），Merchant of Venice（《威尼斯商人》），以及著名古典和现代的英文诗选。"1950届赵玲回忆，初中三年中共念过 Heidi《海蒂》，David Copperfield《大卫·科波菲尔》，Hans Brinker-The Silver Skates《银冰鞋》三大本书。1951届杨之岭回忆当时读过《威尼斯商人》、《居里夫人》、《双城记》。那个年代在非教会学校有《开明读本》的英语教材，以短文和语法编排，和以后读的英文课本差不多。而圣玛利亚女校以英文原版长篇小说作为教材，实在是一种让学生学到地道英文的好方法。长篇小说故事情节吸引人，句法多种多样，词汇量大，逼着学生不得不尽快连猜带蒙往下阅读，每天要预习的课文长达十几至几十页。

在圣玛利亚女校，校长也亲自执教。1935届孔宝定回忆校长傅德女士教她们班莎士比亚原著时的情景，不但讲课精彩，还让学生背诵莎士比亚作品中的精彩片段，演片段

体锻活动（1937）

在游戏中学英语

英语化妆表演（1938）

剧情。教学方法灵活多样，很吸引学生的兴趣。

　　1948届顾美诚回忆，上课时老师为了锻炼学生的大胆说话能力，每教完一篇课文，就让同学站到教室最后一排大声朗读，必须让全教室都能听清楚才算合格。为了锻炼学生的讲话能力，老师还将一些题目写在小条子上，让学生随机抽题，即兴演讲。

　　除了课堂教学，课外英语辩论演说和演出英语戏剧也是提高学生英语水平的重要举措。在1925年《凤藻》的记事中，1926届薛正记载："英文表演：五月三号，初中及预科诸级英文表演，事实新奇，语言纯熟，颇得四座之称赏。"在1926年《凤藻》中，1926届倪征燠在记事中记载："英文表演：五月一号本校各级有英文表演，语言纯熟，举止活泼，来宾咸鼓掌称善云。"1951届杨之岭也回忆当时学校有英文辩论会，她虽未参加，坐在旁边观看，但她坚信这能开阔人的思维。1938届张祥保回忆，"虽然每周的英语课只有三小时，但英语学习贯穿在各种活动之中。有一部分课是外籍教师用英语教的，如世界史、世界地理、数学、生物、化学、物理、体育、唱歌，等等。布告版上的通知是英语写的。校医院的医务人员是只会说英语的。另外，图书馆里有很多英语小说，每个学生有一张借书卡，每借一本书都留有记录。同学们往往彼此比较谁读得多；知道有哪些好书，便相互推荐。"

　　常年浸润于西方文化中，英语教学给予学生的，不仅在于熟练的语言技巧，更是对西方文明、价值观念的理解与认同。

　　圣玛利亚女校英语教学水平高，得益于高水准的师资队伍。1950年前的圣玛利亚女

教师做化学实验示范

实验纠错（1938）

化学实验课（1929）

钻研数学题（1933）

校，英语教师和一些以英语授课的课程教师全来自以英语为母语的英、美国家，而且又都是毕业于伦敦大学、哥伦比亚大学教育学院、加利福尼亚大学等名牌大学的文学硕士或理学士等，具有高学历，又接受过师范教育，授课方式完全采用启发式，师生互动。1951年之后，由于外籍教师离开，圣玛利亚的英语教师聘用了毕业于母校的原任其他工作的人员，她们继承了圣玛利亚原先的英语教学特色，将这一传统传承了下去。

给学生留下深刻印象的教师有孔凯利（Carey Coles），她从堪萨斯州福特汉斯学院（Fort Hays (Kansas) State College）毕业后，1932年来到中国，在圣玛利亚教英文。虽然她在圣玛利亚女校任教时间仅5年，1937年后由于结婚生子而离开，但她那种对教材的烂熟于心，上课时拿着写有学生名单的小本本，走在课堂中间，提出一个又一个问题，引得学生争相举手回答的热烈场面，给学生留下了深刻印象。每当学生回答完问题，她则在学生名字旁做一个记号。这种引导学生自己熟悉课文，又用自己的语言表述课文内容的教学方法，很让学生受益。

顾怀琳（Gwendolyn Loet Cooper）这位伦敦大学和芝加哥大学理学士，在校任职时间最长，还曾在1941年金希姒校长回国考察期间担任过一年代理校长。她从1915年10月，19岁起就在圣玛利亚女校任教，直到1948年回国。把整个青壮年时期都奉献给了圣玛利亚女校，被学生们公认为最富魅力的教师。她教英语、地理和唱歌，天气晴朗，风和日丽的日子她会带着学生到校园里去边做游戏边学英语，使英语学习成为一种快乐游戏。

许惠心（Evelyn May Ashcroft）这位虔诚的女会吏，是美国加州朴马拉大学文学硕士，1930年2月来到圣玛利亚女校，以对学生行为规范严格闻名，她教英国文学及作文、世界史、经济学、手工。她要求学生把希腊及罗马建筑各部分的名称及各种柱式等都能背出。虽然枯燥，但对学生以后的学习影响深远。1951年她离开圣玛利亚到菲律宾传教。

彭仙仙（Catherine. C. Barnaby）是哥伦比亚大学师范学院理学士、硕士，1925年来校，

中文毕业班（1931）

准备时事测验读报（1937）

历史测验前的复习（1937）

教学楼思孙堂前

体育馆南面

1951年离去到利比亚传教。她教英语和科学课程，性格活泼，受到很多学生喜爱。

爱地（Margaret Elizabeth Eddy）是为了完成父亲心愿志愿来华的传教士。1946年12月来到圣玛利亚女校时26岁，年轻又合乎当时的时尚潮流，教学生《威尼斯商人》时，常用现代习俗观，风趣地加以评论，引导学生对莎士比亚著作的兴趣。尽管她在圣玛利亚女校只有不到三年时间，但1948年她志愿去昆明支教的行为让学生们对她敬重有加。

郭璐珊（L.J.Graves）和郭佩珊（E.W.Graves）姐妹俩均毕业于加里福尼亚大学，文学士，1926年前来到中国，郭璐珊担任英文部主任，教世界史，郭佩珊教英文，姐妹俩也给圣玛利亚女中的学生留下了深刻印象。

学校还设立Lydia英语奖，是全校性荣誉奖。据1950届朱亚新回忆，获得这个奖的学生可以得到到美国留学的奖学金。学校也用这种方法激励学生学习的积极性。

四、中西兼容的教学

作为一所办学理念西方化的学校，圣玛利亚女校从办校初期就开始对学生普及科学知识，很早就引进了理科教学，开设了科学课程。进入20世纪后，随着学生英文程度的提高，科学课程教学更加正规。1915年19岁的英国伦敦大学理学士顾怀琳来到了圣玛利亚女校，她是个多面手，开设了科学、物理、法文、体育、地理、英文、唱歌等课程。她年轻又文雅，在学生中粉丝很多。1920年从美国聘来那敦女士（Miss M. S. Norton），专授英文理化等课。1925年来了24岁的美国哥伦比亚大学师范学科的理学硕士彭仙仙（Miss Barnaby），她有着一头棕色短卷发，给学生上理化等科学课程。那时学校已搬进白利南路新校舍，有一幢格致楼，即进行科学教学、实验教学所用的科学楼。此外还有1923年来校的33岁的华克（Miss Walker），她是美国哥伦比亚大学教育系理学士，教数学。这几位老师除那敦女士外，都在圣玛利亚女校工作了很长时间，直到1951年左右才回国。她们给圣玛利亚女校的学生传播了西方的自然科学知识和文明理念。

1941届的林雄娥在1936年的《凤藻》上有一篇用英文写的《自然课》，很有趣地描写了当时为初一年级的班级在校园里上的一堂自然课。

"当铃声响起，我们全体都立即露出了笑容，开始发出了骚动的吵闹声。金希奴小姐F.D.Mackinno走了进来，她让我们立即行动起来，然后就领着我们到花园去。外面的空气有点冷，夹带着小雨点零零星星地飘落下来。我穿上了我的羊毛外套，用它紧紧地包裹着我。突然我看到一簇小小的野花，它聚集了所有美丽的颜色，看上去就像是被春天遗忘了的，在冬天的冷路的中央冒出的一点光亮。我走向花，用极大的兴趣观察它们。我发现有二、三只蜜蜂在花中忙碌，好像它们想要在冬天把花带走之前吸尽它全部的甜味。我记得我是怎样对它们的工作好奇，对它们飞得那样快好奇。

"正在这时，我们发现一块枯木头躺在一棵大树下，它砸出了一个洞，有许多蚯蚓在洞的周围爬行。接下来，金希奴小姐告诉我们所有有关蚯蚓和它们的工作的全部知识，我们听得非常仔细。在这堂课结束的时候，金希奴小姐要求我们写下我们所看到的。我们所有人马上显得很没劲，因为这是一件困难的工作。"

在1929年的《凤藻》上，1930届的黄丽娟记叙了一堂化学课，老师讲述了化学灭火器原理及使用方法。化学灭火器发明于19世纪中叶，手提式化学灭火器的原理是将碳酸氢钠和水混合放在筒内，另用一玻璃瓶盛着硫酸装在桶口内。使用时，由撞针击破瓶子，使化学物质混合，产生二氧化碳，把水压出桶外。20世纪初发明的泡沫灭火剂，把硫酸铝与碳酸氢钠溶液混合并加入稳定剂，喷出后生成含有二氧化碳的泡沫，浮在燃烧的油、漆或汽油上，能有效隔绝氧气，窒熄火焰。圣玛利亚的科学课上老师总是将科学知识和日常生活常识结合在一起告诉学生们，使她们学得饶有兴趣。

为提高学生学习自然知识的兴趣，1922年11月还曾三次请圣约翰大学生物学教授蒲特斐尔（Professor Porterfield）来校演讲动植物学概要，高中学生和教师都听了报告。

圣玛利亚女校使用的数理化和历史地理课本也都采用美国12年级的原版课本。全英语教材正符合以英语传播西方先进科学知识的卜舫济的办学理念。

和圣约翰的教学模式相仿，圣玛利亚女校也采用中西交融的教学模式，重视英语和用英语传授西方科学知识，对中国传统文化虽不如英文那么重视，但也放到了一定位置。学校设立英文、中文和琴科三大教学部门，毕业文凭分为英文毕业，中文特级毕业和琴科毕业三种。行政管理人员设英文主任、中文教务主任和琴科主任三人。英文主任1906年由康女士（Miss Crummer）担任，后由郭璐珊女士（Miss L.Graves）继任；中文部主任先由陈鸿祥先生担任，后由汪宏声先生担任；琴科主任1903年至1937年由梅锡祜女士（Miss M.S.Mitchell）担任，以后由朱其廉女士担任。

学生英文水平很高，中文水平也不逊色。看《凤藻》年刊中的中文文章即可知，无论议论文说理的逻辑性还是诗歌的韵律和对仗，均能看到学生的古文功底和写作能力。特别是进入特级班的学生，更在古诗词、经史子集、中国古典文学上达到了一定高度。学生们创作了大量五言律诗、七言律诗，并对"长相思"、"忆秦娥"、"丑奴儿"、"西江月"、"浪淘沙""点绛唇"等十几种词牌的填写运用自如。1938届张祥保回忆，汪宏声先生教国文，不仅讲《四库全书》、《二十四史》，也谈当时的一些书刊。教师对中文作文要求相当严格，上课时总要读几篇学生作文加以评论。1950届朱亚新回忆，当时的中文课本曾用过《战国策》、《左传》、《唐诗》等。

此外在学校活动上也体现了中国传统文化和西洋文化的交融，在每年《凤藻》的"纪事"一栏里几乎都能看到"孔子诞生纪念日，放假一天"的记载。1922年的《凤藻》中有林敏筹的记录："中秋节：中秋节之翌日，适逢星期六，校中特放假两天。孔子圣诞：

实习小学课余活动（1929）　　实习小学课余活动（1929）　　实习小学课余活动（1929）

九月念八日为孔子圣诞，午时齐集聚集所开会，由本校学生会评议代表，李君志实演说。于孔子学说取精撷华，发挥尽致，听者肃然起敬。"在1924年《凤藻》中，1924届孙熙治记录的"校闻"中有："国庆孔诞纪念大会：十月八日开国庆孔诞联合大会，由学生会会长顾端珍君述开会宗旨，中文教务主任陈鸿祥先生演说国庆与孔诞纪念之必要，朱蕊莲、陆锦棣、薛正等三君扮演中剧一出，描写某国人之奸刁，与我国人之爽直淋漓尽致，博得掌声不绝。"在1926年的《凤藻》中1926届的倪征昀在记事中记载："孔诞大庆：十月十四号为孔诞辰节，即夕学生联合会特开会庆祝，且以补祝国庆焉。有同学倪君征昀演说，及俞君大纲、吴君永兴等演剧，外佐以歌唱、音乐、余兴、茶点等，全校尽欢，至深夜始散。"这些颇具中国传统文化特色的全校性纪念活动和圣诞节、复活节、万圣节，这些西方宗教节日同样被记录进了圣玛利亚女校的学校大事记里。甚至在学生社团音乐会，为保存国乐，得到音乐科主任梅锡祐女士的许可，组织了一个国乐会，使钢琴、小提琴等西洋乐器和二胡、笛子等中国乐器同时以袅袅之清音回旋于圣玛利亚女校校园上空。

五、师范科与实习小学

圣玛利亚女校师范科开办于1908年，学制两年，1910年有第一届毕业生4人，其姓名为陈丽贞、倪凤美、黄福娟、石赛荷。1924年学校开设实习小学，供师范科学生实习。1937年"八一三"战事爆发，学校搬离白利南路校址，实习小学停办。

说起开办实习小学的起因，在1931年的建校五十周年纪念册里，1931届邹月梧、顾玉娥，在"本校附设实习学校的概况"一文中这样记载："本校在西历一千九百二十五年才设了一个小小的实习学校，唯一的目的就是为师范生实习用的，因为教育这一科不

师范科实习小学（1935）

是徒尚空谈就能好的，必定要能实用教育的原理和方法教授学生，这才算是学教育的人呢。所以一方面要读书，一方面要实习，那么毕业以后服务社会自然会'得心应手'了。还有一层，就是梵皇渡这个地方，荒凉偏僻，附近人家的子女没有地方去读书，未免可惜，本校办了这个实习学校，也可以给他们有一个读书的机会。"

在这篇文章里，她们还描写了实习学校的环境和教学管理："实习学校附设在本校的后面，只有一间教室，未免狭窄，但是里面的设备倒还应有尽有，而且光线充足，空气流通，颇合卫生，教室的外面，有个小小的操场，秋千木马和其他游戏器具都还齐全。至于德育修养方面的工具，如格言挂图等类的东西，也还有些，这是设备方面的；再说功课方面，有国语、算术、习字、唱歌、游戏等科，和前期小学的程度相当，只有一个专任教员，管理一切，其余教员都是本校师范科的学生，因为这样可以给她们多得实习的机会。实习的时候，她们的教师都在那边旁听，倘有不对的地方，就在上教授法一课的时候纠正指示。庶几教学两方，均有利益，这是实习学校里面的大概情形。"

尽管实习学校条件还算不错，可初期招生还是遇到了问题，原因是周围农民和居民实在太贫困，每个来读书的学生需收四角钱学费，一些家长对小孩学习文化知识认识不足，以为与其花钱读书，不若到工场里做工，或在家帮同做事好。另一个原因是旧中国习俗向来重男轻女，认为女孩子本来就无需读书，现在还要花钱，更不值得。所以报名学生很少，后来通过到附近居民中做开导，学生渐渐多了起来。到1931年，学生已多到有两个班了，不得已将所有学生分做两班，一班上午上课，一班下午上课，每人每日只有半天读书机会，就是这样，失学儿童还是很多。曾有过一个意向，想将实习小学扩充成一所完全小学，但因经费原因没有实行。到1937年"八一三"淞沪抗战开始，学校撤离白利南路校址，搬到南京路大陆商场临时租借地上课，只有7间教室，也就无法再办师范科和实习小学了。

第四章　学生社团

圣玛利亚女校的学生在参加工作后，成为各行各业的生力军，能干，工作能力强，是社会对圣玛利亚学生的评价。这种能力的养成得益于学校诸多学生社团服务工作的锻炼。

圣玛利亚女校的学生社团最大的当数学生会，这是全校性的学生组织，会长由全校学生选出最具威望的学生担任，会长之外，有执行会议部，讨论需要议决的事项，执行会议部成员只是服务于全校学生，有重要的事还需通过全体学生大会讨论。

在学生会这个组织之下，另有清心会、国光会、体育会、音乐会、年刊部五个学生社团，分别从事各自职责范围里的工作。这些学生社团，对锻炼学生能力，联络同学感情起到了很好的作用。

一、学生会

最早的圣玛利亚学生会成立于1919年，因"五四"运动而成立。圣玛利亚多数学生虽出身上层家庭。但日益严重的民族危机，使整个民族经济走向崩溃，民不聊生，学生们对社会弊病深恶痛绝，开始产生了一种新的是非标准和价值观，孕育着强烈的革命热情和献身精神。

在1926年的《凤藻》中，1926届的倪征㺭在"圣玛利亚学生联合分会修改章程叙"中记载了这段校史："吾圣玛利亚之有学生会始于民国八年，当五四运动剧烈之时，全国同志组织学生联合总会于上海，吾校同人以为天下兴亡，匹夫有责，爱国举动，何让须眉，故亦尝奔走呼号，竭尽绵薄。"同一本《凤藻》中，1926届薛正在《圣玛利亚学生联合分会会务记》中也记载："圣玛利亚学生联合分会于1919年因五四运动而始成立，迄今七载。"

1919年，当"五四"怒潮席卷上海时，时任圣玛利亚女校学生会主席的俞庆棠积极响应，带领同学上街边宣传边募捐，将捐款支援五四爱国青年。其后又积极参与筹备在上海成立的全国学联，俞庆棠被选为上海学联代表，出席全国学生联合会议。圣玛利亚女校学生会成为全国学生联合会的一个分会。

在1920年《凤藻》上，我们发现了题为"圣玛利亚书院和学生运动"（St.Mary's and the Students' Movement）的一篇英文文章，这篇由1920届黄慧鹍记录的圣玛利亚女校学生会的成立和参加"五四"爱国运动的过程，生动还原了当年的场景。

"5月7日早上太阳还没有完全升起，我们正走向学校等待早晨学习生活的开始，一阵嘈杂的声音隔着围墙从圣约翰大学操场传来，这声音让我们惊讶了一个上午，到12点钟，当我们从教室推门出去，我们看到一张报纸的半个专刊，上面有做着深蓝的铅笔记号，贴在学校布告栏里，这张报纸告诉了我们最近北京的政局。

"那天下午，我们决定在学校成立一个组织，来维护和发展学生中的爱国情感。这时上海学生联合会已经成立了，但我们学校位于远离市中心的僻静地方，不想去参加外面的团体。我们在学校组织成功一个团体之后，将它称作圣玛利亚学生会。俞庆棠被选为主席，孙熙治为秘书。除了三个人之外，几乎所有学生都参加了学生会。

"我们集中所有的精力建设我们的学生会，但是我们被批评不参加市里的学生团体。于是我们立即选派了倪征琮和王绯霞作为学校代表到市学联，校长对我们选出的两位代表很满意，派车送她们进城去，为此我们非常感激。

"当代表们返回学校时，天已经黑了，她们带回来一大捆白布，因为学生联合会决定做在夏天流行带的白色网球帽，让学生们买这些帽子来抵制日本草帽。我们承诺完成五百顶帽子，他们要求我们在一天半内完成。由于这个原因，我们要求学校放假，学校同意了。

"晚上大约已经是八点半了，我们派出了三名工人到农村去找多个裁缝，让他们第二天一早到我们学校来。同时，所有学校里的女工都在忙着洗涤我们买来的白布，她们很奇怪为什么小姐们买来了那么多的布。在她们洗完之后，9点半的熄灯铃响了，但它很难使全体激动的学生们到床上睡觉。

"第二天早上，虽然我们没有课，可以睡得晚一点起来，但每一个人都比平时早起。

1919年5月学生会主席俞庆棠率领同学上街宣传声援北京"五四"爱国运动

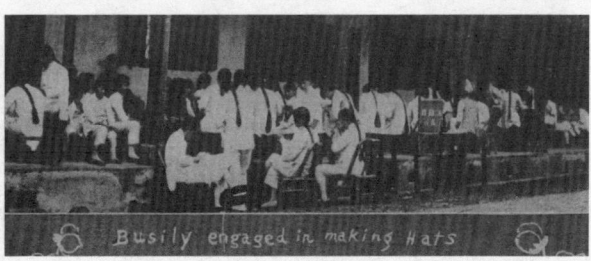

1919年5月圣玛利亚学生制作白布网球帽支援市学生联合会

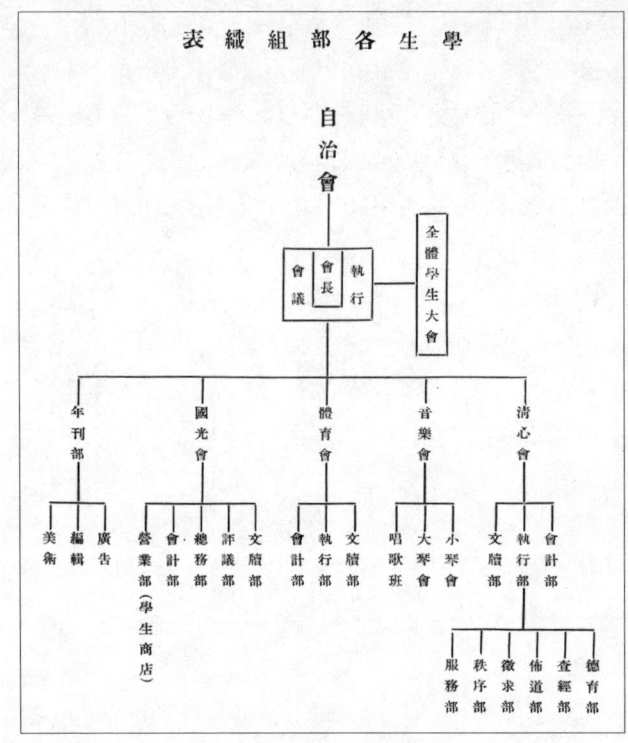

圣玛利亚学生会下属各部门

吃完早饭后,每个人都把针带到了科学楼。这是缝纫的最好地方,因为有一个很大的天井,围在三面的是七间教室,在一间教室里我们熨烫平整白布,在另一间教室里我们裁剪帽子,在最大的一间里,所有的书桌都被移动了,5到6台机器放在里面。一些女孩子坐在天井里,另一些在走廊阳台上,其他的在教室里。没有外国老师,但到处秩序井然——每个人都在安静地忙着。我们工作到晚上很晚,到星期六早上,所有的帽子都做好了,总共五百顶。两百顶供给我们自己学校的女孩子们。

"星期六是追悼郭钦光会议的第一天,他是自学生运动开始后第一个为国捐躯的学生。差不多所有圣玛利亚的学生都来了,只有极少数留在学校。站在广场上的有几千个不知姓名的学生,我们都有一个共同心愿,那就是学习烈士为祖国牺牲的高尚精神。

"星期一我们决定像平时一样读书,但传来一张纸条告诉我们,外面的学生已开始斗争了,所有的学校都行动起来了,学生联合会决定我们半天读书,拿出其余半天来奉献给我们的祖国。下午一点,我们全体开始制作手帕、钱包和饰带,用以出售以筹得一些经费,用这种方式来帮助学联。"

这就是1919年5月7日及其以后的几天里,圣玛利亚书院学生支援"五四"爱国青年的实际行动。文中提到了郭钦光的追悼会,关于这件事的详细情况,在1920年《凤藻》中,1920届的张继英在《一个纪念会》(*A Memorial Meeting*)一文中用英文这样记载:

1919年五四运动上海会场，圣玛利亚学生出席悼念北京大学学生郭钦光的追悼会　　1919年6月6日圣玛利亚学生会全体合影

"这是五月末的一个阴霾天气，太阳也因太过伤心而躲着不出来了。在一个公共广场上，上海82个学生团体的男孩和女孩们，在一位站在高台上的指挥命令下庄严地站成一条条优美的直线。会场上挂着一位勇敢年轻人的肖像，花圈和挽联簇拥着他。国旗、校旗和每个学生团体的纪念挽联在空中飘舞。每个学生都戴着网球帽，用以代替日本人的草帽和伞，组成了一道白色波浪。这是一个追悼会场，为了悼念一位勇敢的爱国者。郭钦光生前是北京大学学生。作为一名学生，他非常勤奋，作为一位公民，他非常爱国。他积极参加学生运动，在第一次示威游行中，不幸被警察打伤。虽然躺在病床上，但他仍渴望能爬起来再次斗争。然而他的伤越来越严重。一天，当他的朋友告诉他，一个卖国贼死了，他高兴得跳起来，激动得叫起来：'现在我死而无憾！'然后，他向后倒下死了。他的榜样证明了重要的一点，唤醒中国的民众，勇敢地站起来保卫自己的祖国。"

这次学生运动到6月初告一段落。在6月6日的学生会全体会议后，圣玛利亚的一批爱国学生将注意力集中到了为失学儿童办义务日校的工作。暑假里她们在几所每周上4天课的义务学校里当义务教师。暑假结束后，她们不甘于这种临时学校的形式，渴望有一所永久性的义务学校，于是用演出来筹措经费，"日间学校仅仅是暑期学校，我们希望有一个永久性的义务学校。我们在奥林匹克剧场演出赚得了1300美元，作为西门义务学校办学经费的一部分。"在1920年《凤藻》的"记事"里，1924届孙熙治记载："六月四日本校学生分会开跳舞会于 Olympic Theater（奥林匹克剧场），是日来宾计千余人，入场券售得墨银一千三百元，悉入大会，以为开办义务学校之费。"

随着俞庆棠离校留美，倪征琮被推举为学生会临时代理主席，倪征琮毕业后，1921届高君韦被选为学生会主席。

1921届的高君韦同样具有一颗爱国心，她在1920年的《凤藻》上发表了一篇向上海学生联合会提议学生应穿本国布制衣服的建议："拟向学生会联合会提议学生衣国布以示俭德议案。"她认为"五四"运动以后，学生的影响愈大，学生的责任愈重，社会各界莫不以学生为表率，在这种情况下，"仆愚以为学生联合会为上海学生之总机关，宜订严章，切戒奢侈，使学生平居均服国布。遇有宴会则以本国丝织品代之，既可以至民风于古朴，又可以阻金钱之外溢"。这位圣玛利亚女校的才女，毕业后留校任教两年，入沪江大学，一年后赴美留学，获文学士后到燕京大学任教，边工作边进修，本该在1929年获硕士学位，未料积劳成疾，于1928年冬患病，1929年1月去世。1929届学妹朱耀贞写了《高君韦传》，使我们得以知道这些情况。

高君韦离校后，学生会组织无形中消失了。1922年由教师顾怀琳（Gwendolin L. Cooper）和那敦（Margaret Norton）帮助组织了学生会，学生选举1923届杨瑞卿为主席。1923年又组织了一个新的全校性组织，起名为学生协进会。在1923年的《凤藻》中，1924届林敏筹在"本校大事记"中有如下记载："组织新会：由学生自动组织一学生协进会，宗旨为养成学生责任心及优美之校风。各会如清心会、体育会、社会服务会、音乐会，皆纳入协进会氛围内。"学生协进会1931年起改名"学生自治会"，是一个负责组织全校学生活动的强有力的组织。

爱国是圣玛利亚学生会一以贯之的传统。在1926年《凤藻》中，学生会主席、1927届林平卿记载了圣玛利亚女校学生为"五卅"惨案罢课一事："五卅罢课：六月二号为五卅惨案事，全校同学义愤填胸，学生联合会遂有紧急会议之召集，结果全体会宣告罢课，且一面临时募捐，以济死伤，一面组织团体，以谋进行，计共得银三百余元，共有委员团三十二组，事毕，全体离校。"在同一本年刊中，1926届薛正在"圣玛利亚学生联合分会会务记"中也记载："一九廿五年夏，五卅事起，本会特于上海设委员会，集资捐助工人，得一千四百余元。"

在1925年"五卅运动"中诞生了圣玛利亚女校的一个爱国团体"国光会"，它逐渐代替了学生会领导爱国活动方面的职能，而学生会的职能逐渐转为全校性的学生日常管

1926年圣玛利亚学生协进会合影　　　　学生自治会执行部（1933）

理工作,其宗旨在养成学生互助精神,培养良好的国民精神。

　　在1931年建校五十周年纪念册中,1933届王兰麟在《本校学生各种集会之概况》中向我们介绍了圣玛利亚学生自治会的概况。"自治会者,乃学生自治之结合也,全体学生均为会员,而负有赞助及改进本会之责任。"学生会设会长、副会长各一人,另有司库一人,管财务,书记一人,管文字记载。"任期一年,均由全体会员所选举。顾问一人,则函聘教员充任之。所以负指导学生之责,而利本会之进行也。每二周开大会一次,订于星期五午后三时三十分钟举行。全体会员,均须列席。所讨论者,皆系学生自治之事,尤以清洁卫生恭谨礼貌等为多。其有关学生事务,而欲请求于学校者,则须得大会过半数之通过,始能函达校长。要求一切,至琐碎事务,则由本会职员及各班班长所组织之委员会,讨论处理。而关系较大者,则非经大会议决不可也。"

　　在1939年《凤藻》上,学生会会长俞毓灵这样阐述学生自治会的职能："本会系以培养学生自治能力、公共道德、及服务精神为宗旨。以外并致力于全体同学之利益及幸福。本会会务之执行以执行委员会为主干,执行委员会由职员及各级代表组织而成。执行委员会照章每两星期开会一次。所有议决案概由各级代表转达各级同学共同推行之。"

　　在1930年《凤藻》中,1930届汪璞金在《本校最近之概况》中对于学生会职能作了更详细的阐述："协进会,为本校最重要之关键,宗旨在练习学生自治之精神,是会设立之规则数条,如有违犯,经将其姓名公布以儆,有犯二次者,则报知副校长,记过一次,同学中有不良分子。须由是会训斥。校中一切进行均由是会主动,故是会会长责任重大，每年放假时，选举职员，会长须由高中三年级同学中选任一人，职员有副会长一人，文牍一人，每月开会二次，各项进行由咨议部议决，然后由大会通过，咨议部会员即由是会议员与各级班长组织之，若学生有所要求，亦由是会作书转商校长。若饭堂草地之秩序，亦由该会主持，总之是会即全校之管理员也。"

每年学生会都有工作报告，将一年里所做工作向全校同学汇报。在1925年《凤藻》上，学生会主席薛正记载："欢迎新生，九月二十号（1924年），协进会开游艺会，并备茶点，欢迎新生。二月二十三号（1925年），晚七时，演剧欢迎新生，并设茶点。新旧同学，借此联络，为益不勘！"

在1933年的《凤藻》中，学生自治会主席朱梅先发布公告，称："在执行部外，又加请特别纠察员，帮同执行部职员，监视自修室，并注意课堂，草地，礼拜堂，及会场之整洁与秩序。"此外，"在本学期第一次全体常会时会举行一欢迎会，表示欢迎新先生，新同学及傅校长归来之热忱"。

1936年学生会主席丁元哲在年度汇报中叙述了自治会筹办"傅校长来华二十五周年纪念活动"的经过。"本年十一月二十二日，为吾校傅德先生来华二十五周年纪念。吾校教职员学生及历届毕业生，佥以傅校长耆年硕学，作育人才之功，既久且伟，爰发起举行庆祝，藉生贺忱。是日将校中健身房及膳堂悬灯结彩，装饰一新；因傅校长素崇简朴，不愿多事铺张，故同人等於筹备时初不令闻。""是日午间，学生自治会请傅校长，教职员及同盟会（校友会）职员聚餐。学生唱中西申祝之歌迎之，音节殊美。午后二时半，自治会请傅校长、教职员、毕业生与全体同学摄影。四时教职员与同盟会请傅校长，来宾及本会职员茶叙，聚谈甚欢。是日天气晴胜如春，颇足增人兴趣。夜八时，在草地开提灯会，灯式颇精，狮象鹿马，无奇不备，最后大放焰火，尤为灿烂可观，至十时半始散。"

1937年学生会主席袁葆禾在《自治会会讯》中汇报了"欢迎新同学"，"欢送梅锡祐小姐"和"添设拾遗部"三件事。"1936年秋季开学日来……职员于维持整理各处秩序外，又联合各团体，举行'欢迎新同学大会'于本校，节目精彩有趣，包括中英戏剧，音乐，滑稽，体育表演，茶点等等，是为本会新旧会员联欢之第一声。""秋季将告终了时，琴科主任梅锡祐小姐因病告退。梅小姐曾在校服务多年，于本校琴科方面尤有不可泯灭的功绩。平日与学生间感情极恰。此次为要表示一点我们对她的敬意和谢意起见，学生会特与全体教职员同学会发起举行欢送茶话会于本校西教职员住宅,邀请梅小姐一切中外友人。是日来宾百余,极一时之盛,欢叙之后,并摄影留念。""学生会平日工作,以养成学生自治能力,公共道德及服务合作精神为宗旨,此外并致力于谋学生公众利益及幸福。本年可告者,有拾遗部之添设及与此相等之工作。"

1926年,学生会开办了学生商店,提倡国货,同时也为了让学生学会经营管理和方便日常购买学习生活用品。在1926年的《凤藻》里,学生会主席林平卿记载了学生商店开幕一事:"本校学生联合会鉴于舶来品之充斥,校中及诸同学之昧于市价,特谋设立学生商店,以济此弊。筹备多日,始于十一月二十一号正式开幕,乃附属于学生联合会内,有基本金一百元,职员十余人,货物三十余种,当日来购买者拥挤异常,前途远大,未可限量也。"同时在1926年的"圣玛利亚学生联合分会会务记录"中,由1926届薛正记载:"提倡国货,本会视为急务,故于去冬开办学生商店,贸易时间,每星期六上午十时半至十二时。办事诸人,不辞艰辛,竭力经营,竟于两月内得子金三十元。兹因本校藏书室缺少中文书籍,故开常会时议定,将所得红利全行捐助。"

在1939年《凤藻》中,学生会主席俞毓灵的汇报中还提到虽然学校目前处于慈淑大楼狭窄的空间,但学生会的工作仍照常进行。"秋季将告终时,本会发起'难民儿童教育节约运动',承各师长之赞助,同学皆热心捐输,每月捐款计有三十元,悉数捐助难民教育以略尽国民之义务。"

可见圣玛利亚学生会的工作,大到组织全校性的综合娱乐活动,社会公益服务,小到检查教室、寝室清洁卫生及学生恭谨礼貌等行为规范及饭堂草地之秩序。学生们要独立处理这些大大小小的事情,培养了她们的公民责任心,组织管理能力和认真踏实的工作作风。

附:1919年至1940年学生会主席名单

1919年 俞庆棠(1919届)书记 倪征琼(1919届),后代理主席

1920年 高君韦(1921届)　　　1923年 林敏筹(1924届)

1921年学生会解散　　　　　　1924年 孙熙治(1924届)

1922年 杨瑞卿(1923届)　　　1925年 薛正(1926届)

1926年 林平卿（1927届）　　　1934年 胡瑞芝（1934届）
1927-1928 学校停办近二年　　1935年 沈丽五（1935届）
1929年 谭端（1929届）　　　1936年 丁元哲（1936届）
1930年 黄丽娟（1930届）　　1937年 袁葆禾（1937届）
1931年 陈渝生（1931届）　　1938年 张秀爱（1938届）
1932年 戴克范（1932届）　　1939年 俞毓灵（1939届）
1933年 朱梅先（1933届）　　1940年 沈爱珠（1940届）

二、国光会

"国光会"是圣玛利亚女中的学生爱国团体，成立于1918年，俞庆棠为主席。1919年参加了"五四"运动，1925年"五卅运动时加入上海学生会工作。抗战期间尤以进行抗日宣传、为抗日军队募捐为职责。龚澎、龚普生、邢凤宝等都曾担任过会长。龚澎从40年代起一直任周恩来翻译；新中国成立后龚普生和邢凤宝一直在外交部工作，被誉为"联合国问题专家"。她们在国光会的工作中锻炼了才干，成长为国家的栋梁之材。

在1933年的《凤藻》上，国光会会长，1933届龚维航（龚澎）这样叙述国光会成立的起因："在安乐之学校生活中，同学或孜孜于学业，或沉迷于课外游戏，对于国家之现状鲜能有切实明了之认识及兴趣者，爱国精神亦因此而不振。一九二五年同学有感于此，遂建议组织爱国团体以资激励，此国光会之所以由起也。"

国光会是一个学生爱国团体，和学生会一样，是全体学生参加的团体，职能是宣传爱国，从事与爱国有关的活动。

在1930年《凤藻》中，1930届汪璞金在《本校最近之概况》中这样叙述："国光会，宗旨在培养学生有爱国之精神，全校同学皆为会员，每月开会一次，进行一切，由评议部决议，然后由大会通过。若纪念国耻等事，由是会主持，校中商店亦由是会分出，所售皆国货，执役皆学生，借此实习商业，提倡国货，诚一举数得也，每星期经商一次，学生甚觉便利。"

在1931年圣玛利亚建校五十周年纪念册上，1933届王兰麟在《本校学生各种集会之概况》中也这样阐述国光会的基本情况："国光会者，学生爱国之结合也。全体学生皆属会员，亦犹会长书记等职员，各司其事，任期一年，与自治会同。每月开大会一次，由本会会员演讲我国近况，及各种实业情形，俾人人明了国事。本爱国之热情，谋将来之发展。所谓读书不忘救国，救国不忘读书者是也。大会以外又有评议会，会期不定。有紧要事件，则由会长召集之。而所谓评议会者，即本会职员及各班代表（评议员）所共同组织者也。本会又为谋学生之便利，及养成经商之本能起见，有学生商店之设。"

可见当国光会成立后，它替代了学生会的部分职能。和学生会相同，会员也是全体学生，只不过其职责在于宣讲时事形势，激发爱国热情，实践读书不忘救国。原学生会所经营之学生商店也移交国光会管理，所得盈利选购激发爱国热情的中文书籍，送图书馆供全校学生借阅。

1933年国光会会长龚维航在回顾和总结国光会工作时写道："五卅惨案时本会曾加入上海学生会工作，后以学生会解散，遂鲜与外界接触。惟于爱国工作未敢稍懈，九一八事变后为东北义勇军捐款，一夜得七百余元，全校同学只二百五十人，亦可见爱国之热诚。今年评议部以值此国难期间，爱国工作如宣传，演讲等等种类繁多，因建议分下列各部：(1) 宣传部，(2) 歌咏部（以熟练之调而合以有刺激性之文字，于开大会时歌之），(3) 纠察部，(4) 戏剧部，又自今年一月起同学提议每人日捐铜圆五枚，以积少成多之法聚集以捐东北义勇军，此举正在进行中。耶稣圣诞并有自由捐助者，去岁最后一次大会更有特别捐，得款六百余元，当即寄往东北矣。"

1936年的国光会鉴于我国方言多，各地因言语不通而彼此隔膜，被外国人视为"一盘散沙"而萌生办国语学校的想法，并立即付诸实践。1936年《凤藻》中，国光会会长陈素珍在工作总结中说："今春正式设立学校，加紧教学工作，定名为国光会附设国语夜校，正副校长及顾问，由大会选举之，教员由校长就国语纯粹并有相当研究者聘请之，正副校长，主理校务，教员主持日常课务，顾问专司指导，上课时间每星期二小时，由教员随时排定，一切办法，较前进步，甚望诸同学多多进学，勿辜负国光会设立之宗旨，共念统一国语，足以救之，奋力提倡，中华民族复兴有期矣。"

曾任国光会演讲部长的1935届校友罗秀贞，1936年从燕京大学写信告知学妹们北京"一二·九"运动的情况。她说："'一二·九'运动的意义，不在罢课或宣传，我们要以这次的救亡决心给全世界的帝国主义者一个惊心的警告，我们要以这次的行动，给全世界

 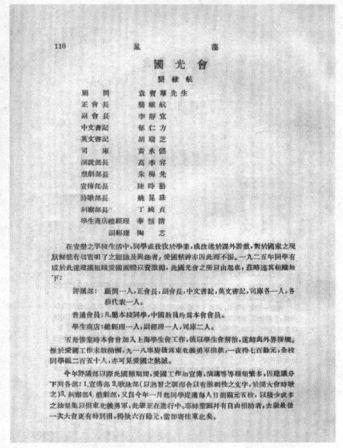

国光会评议部，左2龚维航、右2龚普生（1932）　　　　国光会告示（1933）

的弱小民族一种同情的援助及联络。'一二·九'运动的目标，不在请愿示威，我们要以最大的努力来推动一个全民族的解放运动。我们要在这种被压迫的生活下，找一条生存的出路！'一二·九'是个运动的起始，它要唤起全国的响应。"她的信深深震撼了学妹们。

1937年的国光会，会长为谢振，顾问为汪宏声先生，在汪先生指导下，办了《国光半月刊》，在1937年《凤藻》上，《国光会的工作》一文中记载"国光半月刊——国光会之附属刊物，为本会今年新创，目的在引起全体师生对于国粹文艺之兴趣并与爱好执笔者以练习机会。刊行以来，成绩颇不坏，若经济方面不发生困难，当努力续刊，不让流产。"此外1937年国光会还参与了"援绥运动"。1936年冬，绥远省主席、三十五军军长、爱国将领傅作义将军指挥部队，打败了日伪军对绥远的进犯，这就是令国人瞩目的绥远抗战。"绥远抗战"虽然在抗战史上规模并不算大，却引发了全国人民、海外华侨声势浩大的援绥抗日运动，因为它表达了亿万中国人民抗日的共同意志。圣玛利亚师生也加入了"援绥抗日"的队伍，在1937年的《凤藻》上，国光会会长谢振记载："援绥运动——当绥战消息播传全国时，各处空气大为震荡。同时，援绥声浪蜂起，吾校亦不甘后人，奋起参加援绥运动，除自制丝绵马甲外，更协力助资，共购得绒手套、毛袜、毛巾、牙刷、牙粉、药包等二千余件输往前方。当时救助精神之热忱，真有闲读非吾志，同心赴国难之慨！"

1937年"八一三"淞沪抗战开始后,圣玛利亚女校搬出了白利南路校址,借南京路大陆商场上课,条件艰苦,在这样的情况下,1938年的国光会做了大量战时劳军和救助难民的工作。1938年国光会中文书记凌励立记载了这一年国光会所做的工作:"本学期已做之工作:本会于国军未放弃上海时,曾举行劝募救国公债及募捐雨衣慰劳前方作战将士两运动,过后因时局之转变本会工作亦随趋重于救济难民及充实自身,计先后实行之事项有——

　　(一)国光会流通图书馆——由本会附设之国语学校负责管理。

　　(二)难民手艺品之推销——由本会所附设之学生商店负责主持。

　　(三)一分运动——每日由各会员于日常费用中俭省一分作为救济难民之用者。

　　(四)难民儿童营养调查工作——由各会员自愿服务而参加者。"

　　1937年下半年,从北京燕京大学毕业的1933届龚维航回到了母校任教历史学科,

学生自治会职员(1938)

国光会,地点大陆商场楼顶(1938)

学生自治会执行部成员(1939)

国光会顾问和评议员(1939)

并担任国光会演讲部、宣传部、国语学校顾问。她的到来为国光会工作增色不少。1938年初夏，她即离校从事抗日的工作。

到了1939年，在学校失去自己的校舍，国家处于民族危亡的情况下，国光会成了圣玛利亚女校不可缺少的最重要组织，使命更加重大。国光会会长吴华英在"九一八"纪念日，发起了第一次献金运动，两百个同学献了六十二元一角二分。在这一学期中又进行了一分捐款运动，即每人每天节省一分钱，用于捐助抗战和难民。以及新年献金运动。为了将募捐力量扩充到校外，又发起了一个"慈善音乐会"。在这学期推行节约运动，不着丝袜，不看电影等都包含在内。为了提高同学们对形势的认识，特订了五种刊物，放在图书室内。另外还参加了女青年会劳工部为工友服务的工作，把本来商店的经费，暂时作了工人的借款。学生商店在可能范围内极力推荐国货，并为同学代购国货及推销难民的生产品。到了第二学期，成立了一个"时事研究会"，每两星期举行一次，每次请对时事有研究的人来指导，并组织同学听讲。第二学期又发起了"救国储金"，同学自愿参加。捐款的用途，除了救济上海的难胞与工友外，并设法寄款至更需要帮助的地方。为了让同学们了解社会现实，国光会还发起了几次参观，如参观沙利文厂等。1939年的《国光会工作报告》洋洋洒洒写了两千字，概括了以上所做的这些工作。

1940年学校已迁移到圣约翰大学斐蔚堂，国光会的工作在1939年暑期就开始了。会长谢恩娟汇报中说，1939年的暑期中，感觉同学们团体生活缺乏，因此决定在兆丰公园举行纳凉会，借此增进同学间感情，纳凉会的集会是每星期一次，参加人数亦相当多。此外还举行了一次义卖，事前向同学募集书籍文具，以很低廉的价钱卖给同学，又把所

国光会主办夏令儿童义务小学

国光会（1941）

得款项全数捐出。开学后参观过一次申报馆,举行过一次初中国语演讲比赛,以提起同学们对国语的兴趣和研究。还举行过一次寒衣运动。因纸价暴涨,国光会开商店贱卖旧书文具,对同学帮助不小,又捐送书籍和订了几份日报、杂志给图书馆。

　　第二学期则做了三件事,(一)每天剪贴公布紧要时事;(二)公布一地图以示战事进展;(三)捐募马相伯教育基金。此外还举行了一次高中话剧竞赛,锦标为高三所得。

　　国光会每年的工作不同,不过总目的一致。国光会的爱国活动给予圣玛利亚学生以深刻教育。90多岁的1938届张祥保在回忆中提到,国光会号召我们捐款,但捐款的钱不能问家里要,要自己去糊纸盒,做手工挣钱来捐。这是实实在在的爱国主义教育。国光会诞生于反抗帝国主义列强的1925年,在拯救民族于危亡中成长。它将爱国思想牢牢地在圣玛利亚女校学生心头扎根。

附:1929–1940年国光会会长名单

1918年　俞庆棠(1919届)	1935年　甘贤贞(1935届)
1929年　张彩新(1929届)	1936年　陈素珍(1936届)
1930年　陈渝生(1931届)	1937年　谢振(1937届)
1931年　李桂仙(1931届)	1938年　胡金仙(1938届)
1932年　龚普生(1932届)	1939年　吴华英(1939届)
1933年　龚维航(1933届)	1940年　谢恩娟(1940届)
1934年　李静宜(1934届)	1941年　邢凤宝(1941届)

三、清心会

　　清心会是基督教徒和赞成基督教的圣玛利亚师生组成的社团。其成立宗旨在于联合教徒,增进友谊,传播教义和组织会员做一些慈善工作。

　　圣玛利亚女校清心会成立于1899年,由时任校长黄素娥主管。由于圣玛利亚女校是一所美国基督教圣公会办的学校,办校初衷即为传播基督教,因而清心会的成立顺理成章。但由于东西方文化冲突,基督教在中国的传播成效并不显著,而办学成果却日益彰显。在招收收费学生后,大量非基督徒家庭女孩入学,学校对学生是否信教并不干涉,

1919年清心会所办小圣玛利亚

1933年清心会全体成员

但规定所有学生必须参加晨祷、晚祷，每星期日要做礼拜，只有每月放假的那个星期日例外。一些笃信基督教的学生便参加了清心会，成为学校宗教活动的组织者和替主行善的志愿者。

在1931年建校五十周年纪念册上，1933届王兰麟在《本校学生各种集会之概况》中对清心会作如下之概括："清心会者，关于宗教之结合也。学生入会与否，悉听自愿。故会员仅百人。皆基督教徒及赞成圣教之宗旨者也。其目的在使一般信徒均能联合一体。以基督之为人以为人。以善行美德导引迷途者之归正道，散失者之归主也。一切职员与自治会同。惟本会之中又分六部，即德育部、查经部、佈道部、委员部、服务部、秩序部是也。部有部长，各司其职。每晚夜祷之首领，都由各部长分任。每星期晚，并有各部分聘名人讲演，以阐教义。而大会则一阅月一召集也。"

在1933年的《凤藻》上，1933届王兰麟对清心会的宗旨和各部委办的职责作了更详细的阐述："清心会之宗旨，乃助基督徒学生，使有坚固之信心，并感化非基督徒同学，俾在校养成高尚之志向及优美之品性。凡属基督徒教员学生，皆得为正式会员，有选举权与被选举权。若非基督徒，在校半年而有志入会者，经征求委办之介绍，亦得为本会之会员。

"本会组织：设会长、副会长、书记、司库各一人，顾问一人，由教职员任之，负指导忠告之责。以工作频繁，诚非三数人之力所能胜任，乃于职员外，设委办六人，其名称及职务如下：

1933唱诗班

1937年清心会顾问及职员

"德育委办：专司筹划关于宗教之进行，及整理会堂之事。

"查经委办：随时勉励学生在校研究圣经及守晨更等事。

"佈道委办：负管理主日学校之责任。

"秩序委办：招待本会会员及到会来宾，并编定开特别会时之秩序单。

"征求委办：负征求会员之责，兼查常会会员出席人数。

"服务委办：其任务在促进同学之友谊，及联络师生之感情。

"此外本会复于每星期日之夜，邀本埠名人讲演，宣佈福音，俾全体同学以深切了解基督之精神焉在。"

在1937年清心会工作报告中记载，清心会会员标识有两种："清心会扣针和清心会会员的志愿书；会员中有这两样东西的，别人就知道是属本会的了。"

综观清心会在学校里组织的活动，一般有如下几项：

（一）请宗教界人士来校演讲圣经教义。

（二）承担学校宗教节日，如复活节、万圣节、圣诞节等活动的组织工作。

（三）自筹经费办主日学校，在星期日组织邻近贫民子弟教他们读书认字做游戏。

（四）救济穷人，发起募金和捐募寒衣运动。募集冬衣送中华慈幼协会及女青年会。

在历年的《凤藻》年刊中我们看到了这样一些记载：

在1920年的《凤藻》中，由清心会秘书1920届桂质良用英文记载，清心会通过了一个决议，通过向学生售卖吃食的方式每年筹款180美元以作为给山西基督教传教妇女的薪水；每年清心会和圣孩会（虹霓团，学生舞蹈团队）从学生中募集100美元用来帮助"小圣玛利亚"办学。

在1922年的《凤藻》中，1924届林敏筹记载的"校闻"中，有如下内容：

"女布道之报告：十月十三日本公会女布道团假校中聚集所，报告一年来各处布道之情形，到者三百余人，校中因此停课一天。

"名人演讲：本学期自十月念八日起，每星期五晚八时，圣约翰戴先生（Mr.D.Roberts）来校演讲。

"十一月一日为诸圣节，本校同盟会于五日（星期六）下午时特就校中草场表演各种游戏，极有兴趣。

"社会服务会之竭诚：十二月十日，本校社会服务会开游艺会，计售票得洋八十七元九角，全数捐入小圣玛利亚，藉为挹注，不无小补。

"圣诞前一夕之庆祝：本学期耶稣圣诞，校中放假三天，悬灯结彩，极为热闹。先一夕（念四日）下午三时，依例演剧，晚餐后，举行提灯会，全体学生据树（Christmass Tree）右而歌，悠扬之声，灿烂之光，令人目迷色舞。"

在1924年的《凤藻》中1924届的孙熙治在"校闻"中也记载："来宾演讲：五月三号清心会特请范小姐演讲耶教与国家兴亡之关系。"

组织全校性的宗教节日活动，是清心会的一项重要工作。在1936年的《凤藻》上，1936年清心会会长，1936届欧家国在"清心会消息——庆祝圣诞"的报道中这样记载了1935年的圣诞节活动："一九三五年十二月廿四日上午十时半，圣诞节的空气已弥漫全校了。同学们都拿票子，争着到十二号、十三号、十四号三间课室里去钓价值两角的圣诞礼物——糖、手巾、玩物等等，非常高兴。

"下午两点半，同学、先生、同盟会会员和少数家长，都聚在健身房里一同参加，庆祝圣诞游艺，节目很多，有中文剧，唱歌，英文短剧，和实习小学的音乐队表演等，三时半始散会。

"晚七时半，本来有围圣诞树唱圣诞歌的，但因为天雨，便取消了。大家直接到礼拜堂里去做礼拜，学生表演救主出世的故事，唱诗班唱圣诞歌。来参加礼拜的，除全体师生外，有同盟会会员和郭主教等。

"这天校里各处布置得很美丽,这都是教职员和清心会的工作。虽然没有很多花花绿绿的东西,但是圣诞节的精神反而因此更能表现出来了。"

在 1937 年的《凤藻》上,清心会会长,1937 届杨蘅芳在工作报告中有这样一段:"耶稣圣诞节和复活节是圣校的两大节期,全校的人都能参加庆祝。圣诞节内本会收集书籍和旧衣服等,和设法服务人,赚钱捐助给贫穷人;做这些目的,是为了要别人跟我们同样的能快乐庆祝圣诞。主日学校,在这两节内亦有特别的庆祝礼拜,是由本会职员经营筹备一切。"

1938 年清心会"于去年圣诞节发起征募旧棉衣运动,成绩甚美满,今春又曾借座基督教女青年会开复活节庆祝大会,节目计有唱歌、游戏、寻蛋等等"。

1939 年的圣诞节,除了娱乐和庆祝之外,也增加了为难民儿童认捐的内容。"圣诞节:这位国际最大的一个节,为本会历届所尊重。崇拜、庆祝和服务为本会并重的三件事。全校同学热烈参加,认捐衣服、玩具和糖果等物。此外,又互相服务,节约救难。所得之物品和钱财都分送同仁难民医院,儿童难民所,慈幼协会,孤儿院,女青年会,盲童学校等。圣诞的前夜我们特借圣彼得堂举行礼拜及庆祝茶会,每级参加表演,当时欢声雷动,情绪之热烈,无以复加。"

可见集资济贫的慈善行为也是清心会的一项经常工作。自 1919 年《凤藻》创刊号起就有关于圣玛利亚学生为西北利亚难民捐助衣裤的记载,1919 届王绯霞在"记事"中记载:"一月六号,西比利亚难民待赈之报,自北传来,校中职员、教员及诸学生,各出旧衣捐助。更集款为购新料,每日体操时间,改令学生分制衣裤甫一星期,大事告成,即由红十字会特送灾区。计旧衣裤共三百件,新衣裤共四百六十一件,并有赈金一百六十四元六角二分。"在 1925 年的《凤藻》中 1926 届薛正记载了清心会为"小圣玛利亚"集资之事:"清心会之贩卖及游艺:五月十号,清心会因曹家渡小圣玛利亚缺少经费,特有贩卖及游艺之举,蒙诸教员及诸同学之热心资助,结果结三百余元,出于望外!"

1939 年的清心会曾对会员进行兴趣调查,调查结果,百分之六十的会员兴趣在服务和做慈善工作,其余百分之四十在于参加宗教性质之活动。可见清心会在慈善善举和培养会员服务社会方面起了积极作用。

1940 年清心会会长是 1940 届沈郁灵,她在工作报告中说:"因为想增加会员们的兴

二十世纪四十年代斐蔚堂时期清心会唱诗班，二排左4何义法、5朱其廉

趣，于是在二次开大会时请了郭秀梅女士及龚普生女士来演讲，龚女士尤其受同学们欢迎，她讲了些关于在荷兰开世界基督教学生会的新闻给我们听。为了同样的原因，查经股有过两次圣经游戏，并分送小小的奖品给成绩优良的人，以勉励同学们参加。圣诞节时，清心会的工作与去年相同，分服务、庆祝、崇拜三大部，今年十一月初时，我们在走廊中放了一只感谢箱，随先生及同学们自动的捐投。圣诞节前两天，把箱子打开，中间有六十七元三角三分。又经程慕娴——我们的一位老同学——的慷慨帮助，在圣诞节时替先生及同学们画卡片，得了六十五元八角，共计有一百三十三元一角三分。分别送到无锡、常熟、陕西等教区救济受难的同胞。还有经各级同学热心的帮助和合作，收集了许多衣服、玩具、果食及少数钱，分送到十余个慈善机关，如：同仁难民医院、信德社、盲童学校、慈幼协会等。

"圣诞前日上午九时三十分，我们借了圣约翰大学交谊厅开我们的游艺会，由各班分别担任一个三分钟的节目，末了有圣诞老人来分糖果，开完了游艺会就有Pageant礼拜，礼拜庄严动人，与往年有些不同。"

可见清心会的工作在战乱年代也与早期有较大不同，慈善救济工作占了重要位置。这些工作养成了学生的行善意识，锻炼了社会服务能力。

附：清心会会长名单

1919年之前均为外籍教师管理

1919-1920年黄福梅（教师）、秘书：桂质良（1920届）

1923年张纯玉（1923届）　　　　1931年王敏如（1932届）

1926年张汉英（1926届）　　　　1933年王兰麟（1933届）

1929年朱耀懿（1929届）　　　　1934年吴维俊（1934届）

1930年汤娟丽（1931届）　　　　1935年刘世英（1935届）

1936 年欧家国（1936 届）

1937 年杨蘅芳（1937 届）

1938 年金凤美（上学期）、宋云汀（下学期）（均 1938 届）

1939 年陆安文（1939 届）　　　1940 年沈郁灵（1940 届）

四、体育会

　　自 1916 年爱拉女士（Miss S. Oehler）来到圣玛利亚女校，提倡体育运动以来，体育便成为圣玛利亚女校学生一项重要活动。学生们对体育可以用酷爱来形容。每天下午放学后，运动场上便活跃着一群群热爱运动的学生，在 1952 届李玫和 1950 届赵玲的回忆中都对体育活动作了激情澎湃的描述，运动场上飞跃的身影，成功的吆喝，挥舞的垒球棒，是圣玛利亚女校每天傍晚操场上的一道靓丽风景线。1926 届薛正酷爱篮球，是校篮球队队长；1933 届龚澎是网球爱好者，曾获全校网球冠军，还曾是 1938 年的体育会指导老师。在 1940 年级史中 1940 届蔡小谢、王墨兰记载："本级中爱好体育的很多，像程慕兰、郑玉璇、沈郁灵等都是本级篮球代表队的中坚分子。在白利南路所过的五年生活中，曾连得两次垒球锦标，一次篮球锦标。"

　　爱拉女士给圣玛利亚女校的体育活动注入了一股新活力，她认为，运动于健身之大目的外，尚可养成团体生活之习惯与竞争奋斗之精神，决不可全无组织，乃设立运动会，每年举行运动会一次，以资奖励。圣玛利亚每个班都有自由结合的球队组织。垒球队是历年学生的首选，因可随时随地投球练习。垒球场上各个岗位可适合各人不同个性，又

圣玛利亚女校十九世纪体操服饰

圣玛利亚第二套体操服饰

圣玛利亚体育会Athietic Club　　　　　　　　1920年体育会成员

可通过默契增进同学间相互了解及友谊，是培养团队合作精神的良好途径。

体育已被教育家认为现代教育的一部分，圣玛利亚女校同学为了普及运动精神和促进运动兴趣，在爱拉女士指导下组织了一个体育会，其宗旨在于锻炼身体，享受健康。体育会的管理办法采用积分制，并非一加入体育会即成会员，要满一定积分才能成为会员，有了会员身份，即能在继续积分基础上获得体育会的奖品，有银针、金章、银盾等饰品。用这个办法鼓励同学坚持锻炼。

在1931年建校五十周年纪念册上，1933届的王兰麟在《本校学生各种集会之概况》中这样描述体育会："体育会者，讲求体育之结合也。由教员与学生共同组织之。其讲求体育之标准，为分数制，凡守本会一切会规，如餐后休息，开窗而眠，及遵守晨操者，每学期可得六十分。他如加入运动比赛者，亦可酌量增给。故初入会者，不得即为会员，而享有其权利，必俟积有百分后始能为正式之会员也。"

在1933《凤藻》中，体育会会长高季容的工作汇报中有："本会之宗旨在促进学生对于体育之注重，并使其有浓厚兴趣，俾得锻炼为强健之国民。凡全校各项运动如网球、篮球、田径赛，司令球，棒球，排球，高尔夫球，乒乓球，早操及各类游戏，均由本会担任指导及负责管理之责。为鼓励起见，本会每年给奖二次。学生运动成绩满一百分者给执照一张，得为本会会员；以后满四百分者给银别针一枚，八百分者给金牌一块，一千二百分给银盾一只。本会蒙各职员会员之努力合作，虽不敢自诩有何伟大建树，但觉精神焕发，日益精进，前途殆未可限量也。"

在1937年体育会会长沈爱丽的工作报告中，可知每年体育会的大致工作："本会所

圣玛利亚1920年代体操服

打高尔夫球（1920）

举办的事大概是这些：除掉每星期二次或三次的体操课外，体育会员及非会员都加入早操，每天下午四时半至五时是学校和体育会合作的课外运动（Play Hour）学校依了班次分为几队，轮流着打篮球、排球、垒球、乒乓、游戏，或练习田径赛；在草地适宜的时候同学也可以打网球。

"为了使同学明白各种游戏的规则起见，常有班队和个人间的竞赛。本学年的开始，我们有网球考试，结果有证明一年中同学球艺的进步，实很可观。十月初是轰动全校的运动会，节目中也包括田赛、径赛、平衡、木球、乒乓等。其中最精彩的，加入的人最踊跃的是乒乓赛。级队篮球赛在十二月中旬开始，分为初中高中两组，本年初中冠军为初三甲组，高中的锦标则为高三甲组所得。

"春季除排球和垒球比赛外，尚有 Play Day（游戏日）。本会邀请五、六女校的同学，作混合游戏或比赛，并预备节目或茶点，作为余兴。

"在和暖的日子，体育会照例举行野宴（Picnic）一次。

"一切体育会奖旗和金牌等，都在毕业会中由校长发给以资奖励。"

在1940年体育会工作报告里记载："本学年进行最大工作为早操，同学参加者有八十多人，虽冬日天气酷寒，参加者仍毫不畏缩，其精神殊属可佩。""十月二十一日本有野宴之举，奈天阴风猛，改在饭厅举行茶会。曾有多种游戏，兴趣颇浓。"

在1924年的《凤藻》上，1924届林飞卿在《本校运动会记》一文中，生动记述了一次全校运动会："十一月之八号为我校运动会开会之期，是日气候清明，日色和煦，啁啾小鸟，飒飒秋风，一若同表欢祝我校之盛典然。上午依例上课，下午一时全体师生环集于体育室之草场上，是处野荞初刈，新土方加，虽无碧茵遍地，浓荫蔽天，然而一望平旷，清凉夺目，亦不逊于旧校场之运动场也。场之四围，植短木数株，每株相距约码许，木端连以长绳，系成一圈，圈中即竞赛之场，圈外则黑椅密佈，列成数行，以供观者游息之用。运动各员皆衣蓝白制服，威风凛凛，勇气勐勐，大有不可一世之概。未几铃声三振，运动会于是开始焉，会中节目有跳高、掷球、独木行及赛跑数种，皆随学生任意所选择已之所长者充之，故比赛时几无上下，时或一人独胜，时忽数相等，时忽将胜而忽败，时忽将败而忽胜。各次胜负不可预决，迟速之差尤难判定，当此之时，众目凝视，呼吸屏息，如与竞者同决胜负。然每一赛毕辄闻拍手之声，赞叹之声，怜惜之声，同时并起。与赛者或垂首忧忧，或笑容可掬，或怒目横视，各种形容不堪缕述。适各赛竟毕，则由校长给奖，至奖品之多寡及价值之贵贱则依比赛之难易与胜负而判别其种类焉，余目及新生陆君获奖最多，在座诸宾莫不骇然。盖陆君素性静默寡言笑，自外评之一望而知其不长运动，今竟能为诸生冠，诚为意想所不及矣，斯时诸人多抚掌称贺，盖一以庆陆君之获胜，一以祝吾校运动之日进也。散会时，适五句钟予于课暇之余，特笔而出之，藉誌其盛况焉。"

在1926年的《凤藻》上，林平卿记载了一次师生篮球友谊赛："一月二十号，本校教员篮球队与学生篮球队在体育室作友谊之比赛，全体学生均往观焉，双方球员皆勇气百倍，惟教员篮球队乃临时组成，素少习练，是以结果为十二与四之比。学生篮球队大胜。"

十年后，1936年又有了一场师生篮球友谊赛，这次由1936届的戴闰雄写成了"体育会特记"：

"在大考开始后的第二天下午——1935年1月14日——我们的健身房里忽然挤满了人。大家嘻开着嘴巴，笑咪咪地等待着那盼望了好久的师生篮球友谊赛。

"四点钟铃声响后，学生们无意中瞥见几个须发全白的老人，从健身房的侧门慢慢地走进。这种如圣诞老人的老人，在这很紧张的时候出现，使学生们非常地惊奇，可是仔细地打量之后，大家都哗然大笑起来了。原来几个预备和学生们比球的先生，竟异想天开地化装成了许多老人，在震耳的笑声中，她们一拐一跌地在球场的四周走着。显示给学生们她们已过了青春，失了青年时的魄力。

"五分钟后几个惹人注目的老人忽然都变成了威风凛凛的运动健将，抖擞着精神预备和学生们一决雌雄。第二次叫子吹后，球赛就跟着开始了。

女子足球队(1921)

体育健身操(1923)

篮球会活动(1923)

网球会(1923)

跳山羊(1926)

百米赛跑(1926)

校篮球队,中抱篮球者为薛正队长(1926)

体育会活动(1933)

叠罗汉（1937）　　　骑马（1937）　　　垒球锦标队（1937）

 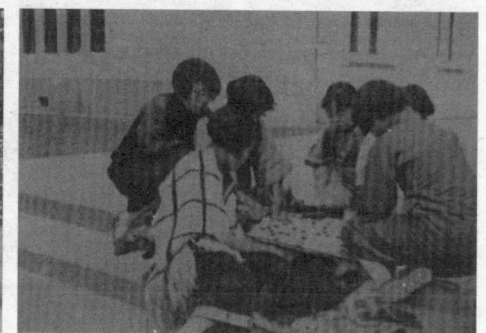

排球篮球锦标队（1938）　　　　　　下棋

"那天先生中比球的有庞小姐（Miss Bromily），马小姐（Miss Morris），胡惜苍，林韵笙，汤娟丽，金文娟和伍焕贞这几位先生。庞小姐身材极高，两手伸出来差不多可以及篮，所以球到她的手中没有一次是不掷中的。在第一半时，她一个儿独掷中五个，博得学生们掌声不绝。

"学生中那天比球的共分为两组，第一组有郑玉雯、俞毓灵、程慕兰、梁慧怡、梁静怡和郑玉璇，第二组有凌励立、张德怜、沈爱丽、朱耀明、吴华英和袁紫禾。这两组实力平均，球艺个个都很好，其中尤以郑玉雯、凌励立、梁慧怡、朱耀明和沈爱丽这几个人为最出色。

"裁判员这天特请的是顾小姐（Miss Cooper）。顾小姐在没有比球时客气地说自己不会做裁判员，可是做起来却是出人意外的好。

"四十分钟很快地就在笑声中，掌声中过去，球赛随着也告结束，那天打成的比分为四十对十八，先生大败。

"裁判员宣告比分后，健身房中挤满了的学生都涌出去了。大家仍旧嘻开着嘴巴，笑咪咪地走向宿舍中去。"

体育会经常组织学校内部和校际比赛，1935届孔宝定、陈善明在"1935级级史"中历数历年班级体育运动的辉煌成就："本级运动，初无籍名，自初一被选为大将球员，吾级不以班低年弱而气馁，毅然入场与高中组博战，厥后几经磨练，翌年即获全校大将球之冠军，继而网球优胜又获田径锦标，皆张君美丽陈君金燕等之功也。惟初三时篮球竞赛，往往功败垂成，至今惜之，高一以还，益自奋发，勤加训练，磨励以须，是年篮球锦标，果为所夺，扬眉吐气，壮志竟酬，积年宿耻，获雪于一旦，亦足快矣。不谓寒假期中，沪战顿发，因之级友星散者甚多，未几二组遂复合而为一，以至于今，然吾诸级友之精神，亦未尝以之而稍减，故能数年以来，乒乓冠军，银盾金牌均开吾校新纪录，今载排球、篮球优胜，他级莫敢撄戎锋，凡此种种亦足窥见本班奋勉之一斑矣。"

1940年的体育会工作报告中也有比赛的报道："十二月十二日篮球赛，球员由执行委员会就会员中选择，分黄白两队，聘德教授Mr. Tucher为公证人。教师组拉拉队助威，结果黄队以十六对十四胜。练习机会虽少，球艺仍很可观。前锋联络之传，尤为惊人。""参加圣约翰大学举行之Intramural Women's Sports Competition（校内女子体育比赛）。成绩如下：三月之篮球赛得冠军；四月之排球赛得亚军；五月之田径赛得分最多；垒球、网球赛尚未举行，然大有得总锦标之希望。"

会员因积极参加体育运动，获得纪念饰品的也颇多。1940年工作提要中记载："上学期终，会员因守会规及早操而得分者颇多，计得金牌者四人，银别针者十人，新会员五人。"这一奖励规则，使得体育会也成为一个颇受学生欢迎的社团。

附：部分体育会主席名单

1923年 江梅鹃（1923届）　　　1933年 高季容（1933届）
1926年 朱蕊莲（1927届）　　　1934年 汤烈娣（1934届）
1929年 夏蟠寿（1930届）　　　1935年 陈善明（1935届）
1930年 沈郁英（1931届）　　　1936年 戴闰雄（1936届）

1937年 沈爱丽（1937届）　　　1939年 钟其瑷（1939届）
1938年 张秀爱（1938届）　　　1940年 程慕兰（1940届）

五、音乐会

圣玛利亚女校琴科，自1903年梅锡祜女士（MIss M. S. Mitchell）来校后设立。

圣玛利亚女校特别重视音乐教学，音乐给学校带来愉悦的氛围、欢乐的环境，培养了学生高雅的素质。日常的教堂赞美诗，唱歌课，及学校组织的各种音乐会及讲座等，熏陶学生以终身受用的情趣。

音乐会有高级琴会和初级琴会，高级琴会的顾问1937年前一直是梅锡祜女士，梅锡祜女士是圣玛利亚女校琴科创办人，在圣玛利亚女校服务34年，因身体原因，于1937年1月26日回国。她是一位在音乐方面造诣颇深的琴科老师，不仅在美国佛兰斯莲大学获文学士学位，还曾在波士顿音乐专科大学肄业并留学法国巴黎、德国柏林专修音乐。音乐会组织全校的音乐会和舞蹈、演剧等文艺演出活动。

圣校设有钢琴专业，学费另加，当然不菲，凡享受减免学费的教会子弟学生，免收学琴费。初级班钢琴由校内教师担任。经音乐会上的演出考核后，升入高级班。则由校外名家来校兼职授课。钢琴专业毕业生的考核，邀请校外嘉宾来评审。及格者授予毕业证书，即具备担任音乐教师资格。

在1931年建校五十周年纪念册上，1933届王兰麟在"本校学生各种集会之概况"一文中，对琴会作如是之阐述："琴会者，研究奏琴之结合也。分高初二级，其组织与各会略同。凡三年级以上者，属高级琴会，不及三年级者，则为初级琴会之会员。惟初习琴者，不能即为正式会员，必俟有相当技能，始有入会之资格。而为初级琴会之会员

琴科主任梅锡祜和音乐室

1920年初级琴会

高级琴会（1920）

合唱团（1920）

初级琴会（1931）

高级琴会（1931）

也。其目的在练习学生之胆量，使于观众之前得无惧而施其技也。高级会期，于每月之第二星期六午后举行之，其第三星期六，乃初级琴会之期也。一学期内又开音乐大会一次，择其善者，各奏其技，各尽所长。则更含有比赛之意焉。"

圣玛利亚女校经常性的音乐活动，除了琴会外，还有歌咏团。1930年汪璞金在"本校最近之概况"中将两者的宗旨作了如下之比较：

"甲．音乐会，宗旨在研究音乐，操练弹琴。每月开会二次，学琴同学，可互相研究于一堂，亦美术之一种也。"

"乙．歌咏团，宗旨在研究诗歌高唱，每星期练习一次，若逢举行盛会，即全体上场歌唱。"

1924年4月13日出于保存国乐的爱国心，经音乐科主任梅女士同意，成立了"国乐会"旨在学习中国民族乐器，弘扬中国民族文化。在1924年的《凤藻》上，1924届孙熙治在"校闻"中记载："中国音乐会于四月十三日成立，会员共五十八人，每月会费一元，

琴科毕业生杨调芳、章德馨（1925） 　　　　琴科毕业生吴新珉（1926）

初级琴会（1933）　　　　　　　　高级琴会（1933）

琴科全体学生（1933）　　　　　　音乐会（1934）

唱诗班（1936）　　　　　　　　　琴　会（1936）

凡今乐古乐，无不咸备，琴瑟笙箫遂等，均由郑勤文先生一人担任。"

圣玛利亚女校每月有两场校内音乐会，一场由高级琴会演出，一场由初级琴会演出，都在星期六下午，不请外人，只限本校师生聆听。每学期有一次对外开放的大型音乐会，可以请家长和自己的亲朋好友来校聆听。有关这方面的记载很多。如1923年的"校闻"中记载："音乐集会：正月廿八号校中开音乐会，除学生抚琴唱歌外，有圣约翰大学罗培德教授及华克夫人四弦琴之合奏，来宾唱歌诸事，指法娴熟，音调悠扬，四座鼓掌不置。"1924年有："音乐聚会：一月十八日，校中开音乐会。"1925年由当年的学生会主席薛正在"校闻"中记载了三条音乐会的消息："音乐盛会：四月七号，晚八时，开音乐会，来客甚多，颇极一时之盛！琴科卒业：五月一号戴清秀女士卒业琴科，特开会致贺。音乐特奏：十一月二十五号晚，Mr.Dent钢琴独奏，泠泠一声，四座沉寂，悉为神往！"1926年"五月八号有春季音乐大会，钢琴迭奏。清歌绕梁，听者为之神往"。自1919年《凤藻》创刊始，音乐会一栏，均有校内音乐会和开放音乐会的英文节目单，有节目名称和演出者名单。1926年还出版了一本"校歌"，这本书收集了圣玛利亚校歌、级歌及学校中常唱的歌曲，内容丰富，价格低廉，每本售价三角，因而购买的同学十分踊跃。

此外，琴科毕业生毕业时，会开独奏音乐会。如1922年朱其廉从琴科毕业，在1922年的《凤藻》上，由1924届林敏筹记载："朱女士音乐毕业：朱其廉女士性娴雅，善钢琴，去岁已中英文毕业，兹届音乐毕业之期。校中于十一月念八日特开音乐会，嘉宾莅止，一聆高奏，咸赞美不置。"1929年何义法和沈秀芳琴科毕业，在1930年的《凤

琴科毕业生阮郁珍、谭惠君、葛秦生(1935)

琴科毕业生周秀娟(1937)

143

藻》上由 1930 届黄信德在"校闻——本校大事记"上记载："音乐毕业：四月二十八日，何义法女士（为本校琴师之一，载加练习）与沈秀芳女士同时毕业，并开吟诵音乐大会于体育室，钢琴迭奏，闻者悉为神往，是时花篮置列，皆为毕业者贺。"

1937 年圣玛利亚女校的琴科创始人，高级琴会顾问梅锡祜小姐由于健康原因要回国了。她在圣玛利亚女校任职 34 年，为圣玛利亚女校培养了几代琴科毕业生，并开创了学校音乐艺术教育的好传统。音乐会的学琴同学为了表示对她的惜别，特于她离校两星期前开了一个欢送茶话会，1937 年高级琴会会长李振瑛记录了这次茶话会。

"欢送琴科主任梅锡祜小姐（Miss Marion S. Mitchell）的茶话会"

"（琴会特记）"

"在我校服务了三十四年的琴科创办人梅锡祜小姐在一九三七年一月廿六日回国去了。从此我校中便少了一位白发苍苍，和蔼可亲的琴学教师了，令人感慨不已！

"我们学琴的同学，为了要表示对她惜别起见，于一月十一日下午五时，在健身房开了一个欢送会。同时邀请全体琴科先生，和另外几位帮助我们的先生来助兴。

"在我们高声欢呼中梅小姐欣欣地光临了。可怜，她因为患病新愈，已消瘦得多了。

"照例由高级琴会会长代表全体说了一些欢送词，以后便是一个短短的表演，名'梅小姐的老朋友'，是顾环琳小姐（Miss Cooper）编剧并导演的。每个节目的中间都夹着我们对梅小姐的欢呼（Cheer），这要感谢彭仙仙小姐（Miss Barnaby）的帮助。接着便是茶点。在吃茶点的时候，我们听着由留声机送来的美妙的音乐，和歌喉动人的八位的高唱，由何义法小姐领导。歌罢，各执玫瑰花一束送给梅小姐。末了，我们再有抽纸条游戏，每位必须依照所抽到的纸上指着要做的去做，便是先生们也不能破例。梅小姐讲了一只很有趣的笑话；周秀娟小姐，阮郁珍小姐钢琴合奏；郭夫人（朱其廉先生）也讲了几个滑稽的故事；何义法小姐、刁夫人（杨调芳先生）合唱；顾环琳小姐弹琴；彭仙仙小姐独舞；表情十足，令人捧腹，笑声满堂矣！先生们表演完毕，学生们也得抖起精神来玩一下，这便是双簧啦，求婚啦等等。没玩毕，吃晚餐钟已经打了，梅小姐起来表示谢意，我们便每人依次和她握别。在高声喝彩中她悄悄地去了，我们的欢送会也便完了。在我们的心中都含着一种莫名其妙的心意——大概就是李后主所谓'是离愁，别是一番滋味在心头'吧！"

舞 蹈（1919.5）

学生集体舞（1920）

中国古装戏剧演出（1920）

歌咏团（1933）

草地上的音乐会（1936）

校园交谊舞（1936）

演出扇子舞（1936）

歌咏团全体合影（1937）

对于琴科同学来说，这是一次感伤的离别。梅小姐回国后，琴科主任由郭朱其廉担任，她毕业于圣玛利亚女校琴科，在母校任职两年后赴美留学纽约朱丽亚音乐学院（Julliard），毕业后回国，到中西女中任教一年，1931年回母校任教。

组织歌咏活动也是音乐会的职责，在1923年的《凤藻》中，林敏筹记载了一次"圣歌夺标"活动："今岁圣诞节适当星期一，故于星期六晚演剧及集餐外，星期日复有圣诞歌诗之竞争，歌辞由每级自撰，谱入琴调，星期日下午在聚集所比赛，聘中外教员数

琴科毕业生赵庆闿（左）杨之会（右）和朱其廉老师（1946）

人为评判员，最优者奖锦旗一面。夺得此旗者为高级三年班，此亦圣诞节中之特色点缀也。""圣歌夺标"活动是圣诞节期间的班级歌咏比赛，要各班自己创作歌词的。"届时各班齐集，依次登台。琴声铿然，四座肃然，悠扬之歌，应声而起。或引吭长吟或低头轻唱，有如鸾凤之和，有如猿鹤之清，可以发扬蹈厉，可以荡气回肠，珠玉满天，韶护盈耳，入五都市，登百宝场。"夺得锦旗的高三年级歌词创作者为程婉贞、毛云琴、李志实、孙熙治四人。

歌咏活动在圣玛利亚女校也很有传统，有合唱团、唱诗班，更有让所有圣玛利亚人难以忘怀的"Step Singing"（阶梯歌咏活动），这是一项从上世纪20年代起就在圣玛利亚校园里开展的歌咏活动，所选歌曲表达了学生们对母校的热爱，又表达了高三毕业班对学妹们的临别嘱托和学妹们对学姐的祝福。整个活动用对歌形式，有唱校歌、级歌、也有自己的创作，曲调和歌词都很感人。

音乐会的活动，在大陆商场时期，由于条件限制，曾停止了两年，到了斐蔚堂以后即恢复活动。迁回白利南路校址后，由于朱其廉老师的有力组织，音乐会的活动又掀起了一个高潮，在校园东南角的音乐室里，美妙的琴声和歌声整天在空中萦绕。她于上世纪40年代培养出了一批音乐人才，如赵庆闿、赵启雄、朱雅芬、王本慎、杨之会、郭志嫱等，以后都从事音乐工作，并很有成就。

第五章 年刊

圣玛利亚女校的校刊英文名"PHOENIX",寓意"凤凰火中重生"。这是一个与火有关的美丽神话,传说中,凤凰是人世间幸福的使者,每五百年,它就要背负积累于人世间的所有不快和仇恨恩怨,投身于熊熊烈火中自焚,以生命和美丽的终结换取人世的祥和与幸福。同样在肉体经受了巨大痛苦和轮回后才能以更美好的躯体重生。在佛经中,被称为"涅磐",是佛教的最高境界。这段故事以及其比喻意义,记载在印度史诗《罗摩衍那》中。

校刊中文名"凤藻",意为华美的文词。在唐代诗人杨夔的《送张相公出征》诗中就有"挥毫飞凤藻,发匣吼龙泉"的五言对仗。在唐代诗人卢照邻的《释疾文·粤若》中也有"谒龙旂於武帐,挥凤藻於文昌。"李白的《夏日诸从弟登汝州龙兴阁序》中有"当挥尔凤藻,挹予霞觞。"。宋代司马光在《稷下赋》中写下了"惜夫美食华衣,高堂闲室,凤藻鸱义,豹文麕质"的美文。

可见无论英文名称"phoenix",还是中文名称"凤藻",都寄托了圣玛利亚师生对这本校刊的厚爱。在1920年的《凤藻》中,1920届张继英就用古英文写下了"致凤凰"的诗歌,歌颂和赞美凤凰的高洁和不朽。

To the phoenix
O! Phoenix! Hail to thee, our worthy friend;
As thou alightest' gain with gorgeous wing
And rediant light — from which the pure light springs—
Upon the Wu-t'ung. Thither thou didst bend.

Thy course to nest in branches that did tend.
Thy life with virtues bright and motto true,
With "Wisdom," "Righteousness," and love's bright hue,
Upon such virtues men's true lives depend.

So, Noble Type of Immortality,
As thou hast brought us myrrh and frankincense,
The symbols both of joy and peace so dear,

To everywhere take thy felicity
That thou be welcomed year by year, and hence
Forever spread the light thou findest here.
Tsang Kyi-ying

致凤凰
"喔，凤凰，我们可敬的朋友，我们为你欢呼。
当你用灿烂的翅膀发出最亮的光芒，
跳跃而出的纯洁的光，光芒四射。
在梧桐上，你弯下了腰。
你到树枝上巢穴栖息。
你的生命光明磊落，
'正义与智慧'和爱的明亮色调，
这些美德是人们生活的依靠。
你是不朽的高贵的典型，
你给我们带来了芬芳的没药和乳香。
快乐与和平是这样的宝贵，
到处充满着幸福。
你年年受欢迎，
永远传播你在这里找到的光芒。"

1919年，圣玛利亚女校年刊《凤藻》创刊，每年印行一次，由历届毕业班同学负责编辑出版，内容中英文兼有。《凤藻》出版干事在高中各班同学中竞选产生，也吸收低班同学参加。广告部干事则由筹募出版金额多少决定。《凤藻》至今已看到还留存的有，从1919年起至1926年每年一本，共8本。从1929年至1941年每年一本共13本，1943年一本是不完整的手抄本。现分别存放在上海档案馆、上海图书馆、上海第三女中档案室和台湾圣约翰科技大学上海圣约翰大学校史典藏暨研究中心。其中1927年、1928年

1920年《凤藻》封面　　1920年《凤藻》中文封面　　1936年《凤藻》封面　　1936年《凤藻》封底

1923年凤藻编辑部全体成员，立者右6为薛正　　1933年凤藻编辑部全体成员，右1站者为龚维航

近两年时间学校停办，没有出年刊。1943年之后的年刊没有见到过。

《凤藻》是学校生活的记载，正如1934年中文部总编李静宜在"卷头语"中所说："是在校同学目前的写照，已离校同学的回忆，将离校同学生命史中叫人留恋的一页。"

《凤藻》编辑部下属中文部、英文部、美术部、干事部，四个组，每组都聘请一两位老师任顾问，在中文部和英文部里各有一名学生担任总编辑和书记，此外还有若干学生担任编辑。在美术部里有一名学生担任主任，另有数名助员。干事部有一名学生担任总干事，另有若干名干事。1923年的中文总编是罗迟慧，美术编辑是薛正。有趣的是，若干年后薛正成为中西女中校长，而罗迟慧也从东吴大学毕业来到中西女中担任生物教师。而担任体育组记事的江梅鹃则从圣玛利亚女校图书馆来到中西女中图书馆任职。三位圣玛利亚校友又汇聚在一起。1926年的编辑部成员有俞大纲和俞大綵姐妹，分别担任

150

总编辑和英文编辑，薛正和朱蕊莲、张汉伦、吴新珉则为校中记事。1935年中文部主编为孔宝定，英文部书记为郭秀梅，两人后来均从事外语教学，郭秀梅还做了半年圣玛利亚女校校长，后到南京大学外语系任教。1937年中文部编辑有凌励立，虽然后来成了有成就的医生，晚年仍将对文学的爱好捡起，写了自传。但后来成了闻名作家的张爱玲却偏偏不在中文部而在美术部任干事，使我们得以看到"预言家"的漫画。英文部主编韦澄芬，被张爱玲在预言家漫画中描绘成杰出科学家，"澄芬氢"的发现者，后来成了美国华裔数学家，可见张爱玲对人的洞察力确实不一般。

每年的年刊编辑部成员都是毕业班学生唱主角，有时毕业班同学的文章在年刊里登载多了一些，引起低班同学不满。1936年在年刊尚未付印前有秦华莲同学对编辑部提出尖锐意见，有关毕业班和其他班用稿比例问题、选稿公正性问题、照片登载取向问题。而编辑部在收到这封批评信后也进行大讨论，以《凤藻》中英文编辑集体名义回了公开信，对秦文批评的三点进行了反驳，诚然出于少女的意气用事，从中倒也看出了她们的编辑意图："《凤藻》每个人都知道是本校的年刊，也便就是本校学生在校内每年活动的素描，它的目的诚然和女士所说的是使学生们有一个充分发挥的机会。而它的宗旨呢？却是追溯以往和意想将来，所以《凤藻》的内容大多是学生们过去的回忆，现实的写照，和将来的憧憬，我们假使仔细分析《凤藻》每一篇的内容就可得知它们都是不出以上三者之外的。

"毕业生在校的时期我想恐怕是比别的学生来得久吧，她们在校内所经历过的事，无庸说的也比别人多得多。受了校中师生们几年的训导和栽培，现在一旦要离开母校，离开一切曾同游戏，同读书的学友们，哪一个人能不感怀，不想把心中的依恋流露于笔墨之间呢？所以毕业班占《凤藻》的篇幅之多不是什么稀奇的事，也并不是编辑者的偏袒所造成，因为她们所写的大多数是关于几年来学校生活的回忆，或是校内各种新旧组织的检讨，这种材料却和《凤藻》的宗旨，并且对于一切熟悉本校内幕的人也最有帮助，所以能被编辑者的录取是意想中的事。……这种幽默的毕业生的特写，列年来仅占篇幅的百分之一，刊登上去后不但无损《凤藻》的精采，且还能增强读者的兴趣。

"对于《凤藻》材料的收集和稿件的取舍，我们相信以往的编辑诸人是很谨慎的，没有丝毫私心的，而我们自己也从不曾用不公正的眼光去省断，自内也很对得起校中的

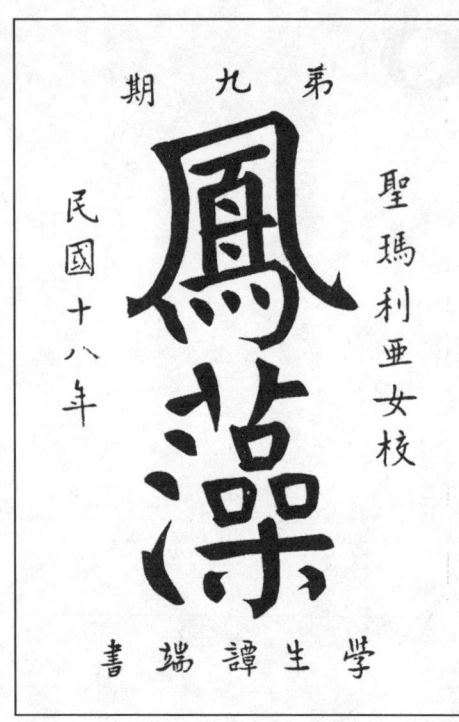

1929年《凤藻》上谭端的题字　　抗战时期物价飞涨，1939年《凤藻》上将赞助者名单公布

师友们。

"关于相片的收集，这一工作上我们以为简直是没有流弊发生的可能性，屡次《凤藻》上所登载的都是一切能显出我们在校内活动的情形的相片。"

从以上这些言辞较激烈的反驳话语中，可知《凤藻》编辑部的同学是如何认真工作的。

1935年的中文总编，1935届孔宝定对编辑工作作了如下告白：

"人生是个长途的旅行，我们这短短的几年中学生活，不过是旅途中的一段；但这一聚，我们以为是最乐意，最美满，最值得回忆的，我们不愿让它空过，而没有一点记录留下。

"这本小册子，就是这旅途里的一点记录。

"我们很惭愧，我们没有什么学识和才艺，因此这记录的文字，照片和图画都很粗浅简陋,不免贻笑大方。不过我们的目的,只是要留些痕迹,以便将来回忆的时候有所凭借;现在能在这短促的旅途里最后的几月间,完成了这本小册子,我们自己总是很高兴的。

"此外,对于供给我们稿件的同学们和指导我们的先生们,我们在此深表谢意。"

1938年学校处于大陆商场的艰难时期,年刊出版也遭遇前所未有的困难。困难之中,《凤藻》就像火中的凤凰那样,顽强地生存。

1938届中文主编张玉珊在绪言中说:"在此风云迭变之际,我们的《凤藻》能献列在诸君目前,未始不是一件可庆幸的事,但因环境关系,内容当然不能像以前一样的丰富,精彩,虽然可以说是迫于境遇,但我们终觉得很抱歉的。

"《凤藻》已有十数年的历史,它一向生长在花木葱翠的乐园里,没有听过马蹄的声音,

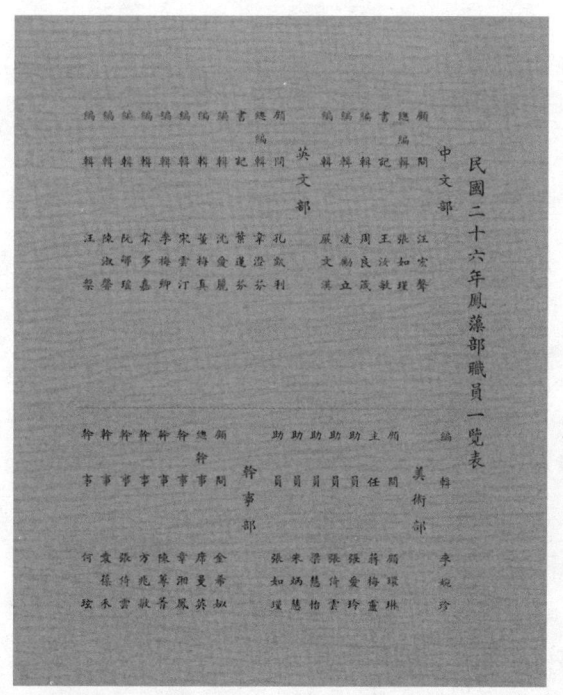

1937年凤藻编辑部成员名单,张爱玲为美术部助员

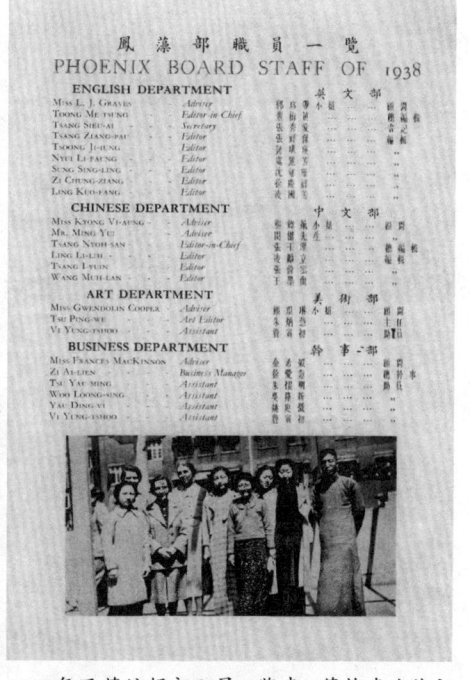

1938年凤藻编辑部职员一览表,董梅真为英文部总编,龚维航为中文部顾问

153

也没有见过干戈的影子，平安的生存着，现在我们更希望它永久平安地生存着。这固然不是最初的一期，但也不是最后的一期。我们祝福它在师长同学爱护之下，走向愉快的前程。"这一年的中文部顾问为龚维航和闵樾老师（闵绍樾），英文编辑有凌励立、张倚云、王墨兰。英文部主编董梅真，毕业于香港大学，后来是台湾圣约翰科技大学前身，新埔工专创办人之一。英文部书记张秀爱，似乎是一位与张爱玲很要好的朋友；编辑张祥保，后来是北京大学英语系教授；徐庆祥，后为美国康奈尔大学营养学博士。

　　1939年《凤藻》卷头语中，有这样一段话："在这特殊环境之下，我们这一年的工作，不能不感到许多不便的地方，然而靠了全体师生的合作与努力，我们试想维持着我校五十余年来致力教育的精神，除了许多绝对不可能的地方外，我们仍旧竭力继续着校内固有的课内外的各种活动，这一本册子就是我们一年来工作的一个报告。"也许是勉力维持不易，这一年中文部特别为全体捐助者列了一张清单，有69个单位、个人捐款，其中包括肺病疗养院、妇孺医院、新华影片公司等和5位个人。1940年的《凤藻》遭遇纸价飞涨，然而由于全校师生的努力，也终于出版了。

　　纵观《凤藻》的内容，大致有这样几类，一是议论文，有关于时事、政局、人生、妇女解放等方面，如1919年创刊号里就有好几篇关于妇女问题的，有俞庆棠的《大战后我国妇女应有之觉悟》，王绯霞的《对于欧美女子争得选举权与被选举权之观念》，黄孟如的《今日女子先应有之觉悟》。1921年有孙熙治的《敬告女同胞，宜注重体育》等。有关妇女解放问题的大都集中于早期，以后日本侵入，民族危机严重，在议论文中多出现有关爱国和抗日的内容，如1930年有左犹麟的《我的爱国谈》，1932年有丁婉贞的《日军侵占东省后国人应有的觉悟》，1933年有王兰麟的《论今日救国之切实方法》和周良箴的《国难声中青年应有的工作》，1937年有李珠英的《睡狮醒了》等。在1937年的论坛上还有2篇文章也引人注目，一篇是袁葆禾的《青年对于鲁迅先生应有的认识》这篇文章写于鲁迅先生逝世一年不到时间，作者对鲁迅先生认识有如此深度，足以证明圣玛利亚女校民主的校风。另一篇是张爱玲的《论卡通画之前途》则是关于艺术的评论文章，在这一期《凤藻》上，张爱玲作为美术编辑，画出了"预言家"的漫画，对全班35人中的33人作出了她们未来的预言，很是有趣。

　　二是学校生活，早期有"校闻"记录一学年学校中的大事，以后每年都有级史，记载毕业年级从进校一年开始到毕业那年班级里发生的值得记载在册的事件、人物，均具有史料参考价值。还有学校生活回忆的记叙文，均生动描述了当时当地的师生活动、美丽校园。在1931年建校五十周年纪念册上有"本校学生生活"（一）（二）（三）等篇，从学校的衣食住、读书、运动、娱乐、课堂上、课堂外、宿舍、图书馆、春季草地上的复习迎考到冬季打雪仗。无一不写到。

　　三是学生创作的文学作品，有诗歌、小说、散文、剧本、小品文等。早期的以古体诗歌为主，有五言律诗、七言律诗、各种词碑的填写，多以写景抒情为主。以后有新诗，1939年《凤藻》中，就有1942届汪槃写的新诗《凤》："象征着——自由、奋发、活泼、前进和刚强的精神。美丽的凤，就这样地生长在这安乐幽媚的境地里。"台湾诗人高准的母亲，1933届姚昆珠的诗歌也写得很漂亮，在1932年和1933年的《凤藻》上她就发表了《四时读书乐》七言长诗，卜算子、丑奴儿、忆江南、长相思：送春、春思、夜半等诗词，怪不得1933年国光会的诗歌部长是姚昆珠。旧体诗词里还有薛正写的爱国诗："夜冷灯昏风雨骤至纵笔写此百忧如结。"1921年，她看到军阀混战，国家遭受列强欺侮，忧心如焚，写下了爱国诗词："烈烈风声，入耳减我欢，推窗出探望，黑夜长漫漫。残灯闪案头，置书无心观，堂堂中夏国，祸乱起百端，强邻方宰割，内讧犹未安，伤哉一泓水，纷纷成波澜，我欲洗兵甲，揽彼甘露难，瞿然念来日，四顾摧心肝。"

　　在1937年的《凤藻》上，1941届初三的魏惟仪写下了以昭君出塞为题材的剧本《青塚》，剧中有这样的自白："汉家的朝野啊……你们醒来吧！你们可能听见这将死的女子为祖国的呼声！你们不要再作那提携、互助的美梦罢，要知道那面上带着哭容对你们讲亲善的，心里正在打算如何吃你们的肉，吮你们的血……天哪，这儿竟没有一个人，一只雁，一尾鱼能否传达我的意思……我的祖国我的故乡，我不能眼看你沦亡……汉人啊，起来吧，用你们的血洗去你们过去的耻辱……"这是初中生魏惟仪借昭君之口作出的抗日呐喊，表达了她在国家遭受日寇侵略的危难关头，以天下为己任的爱国之心。

　　小说中最有名的即张爱玲在12岁初一时写下的"不幸的她"，这篇张爱玲的处女作登载于1932年的《凤藻》上，其行文之老练，完全不像一个12岁小女孩，她的国文老师汪宏声早就看出了张爱玲这方面的才能，对她十分推崇。此外张爱玲的散文《迟暮》和《秋雨》分别刊载于1933年和1936年的《凤藻》上。在1934年的《凤藻》上，1938

届的初二学生张秀爱的小说"买卖",写了一个小女孩的悲惨人生,她的父亲为了还债不得不将她卖给王老爷家当丫头,骨肉分离。1935届张苹写了小说《九一八的一幕》,塑造了一位英雄般的青年,为了将日军制造"九一八事变"的消息传递出去,冒着生命危险坚持在邮局电报室发报,直至日军冲进来向他开枪。他的牺牲悲壮得震撼人心。圣玛利亚女校的学生能在那个年代写出这样的小说,足见她们对社会认识之深刻。

此外《凤藻》中每期还有学生的翻译作品,有将欧美的短篇翻译成中文的,也有将中国古典诗词翻译成英文的,用以锻炼英文应用能力。

《凤藻》的文章早期以英文为主,学校生活的记载大多在学生英文记事文章中反映,中文多为古典诗词和文言文文章。三十年代以后中文篇幅增加,且逐渐转为白话文。

重读《凤藻》,感受那个时代的风云,想象圣玛利亚女校的学生在那个年代怎样学习、游戏、生活,她们关心的问题,她们观察世界的角度,她们的成长轨迹,也是件有趣的事。

第六章 教 师

圣玛利亚女校早期的教师多是美国教会派来的美籍女教士，也有英国籍的，还有少数教中文班的中国教师。以后又将一些优秀的本校毕业生留校任教和担任学校各部门工作。到1930年代以后，中国教师逐渐增多。1937年"八一三"淞沪抗战爆发后，一部分外籍教师回国，1941年太平洋战争爆发后，留下的外籍教师被关进日军集中营，学校由中国教师管理和执教，通过熟人推荐，招聘了一些师范院校和大学毕业生来校任教。抗战胜利后，外籍教师中的一部分回到了学校，至1951年，中国抗议美国奥斯汀在联合国安理会发言中将美国教会办学说成对中国的恩赐，举行了声势浩大的示威游行，之后外籍教师被召回，学校全部由中国教师执教。

圣玛利亚女校自1881年创办始，至1952年由政府接管，与中西女中合并成立上海市第三女子中学止，前后共有8任校长：黄素娥（1881～1890）；孙罗以（1890～1920）；傅德（1920～1937）；金希妙（1937～1941）；顾怀琳（1941，代理校长）；陆朱兰贞（1942～1949）；洪德应（1949～1952.1）；郭秀梅（1952.2～1952.7）。

黄素娥（1858～1918）是美国基督教圣公会在华首位教徒和华人牧师黄光彩的大女儿，1876年即协助孙玛利（Miss N.C.Nelson）管理复开后的文纪女校。1881年文纪女校和俾文女校一部分合并成为圣玛利亚书院后，即协助女传教士文海莉（Ms. Henrietta Farris）管理学校工作，得到文海莉和圣公会其他传教士欣赏，两年后被任命为圣玛利亚书院校长（1881年实际主持管理学校工作）。在职期间她还主管被称为"梵皇渡玉成堂"的育婴堂工作。1890年，与圣约翰大学校长卜舫济结婚两年后辞去校长职务，专事相夫教子，并继续管理育婴堂并到教会医院帮助做护理工作。她性情娴淑，深受圣约翰大学师生尊敬。1918年5月11日病逝，她去世后，圣约翰大学师生集资修建一幢交谊楼纪念她。

孙罗以（Miss S. L. Dodson 1860～?），1888年来华，到圣玛利亚女校任教，1890年任校长，在位30年，1920年60岁时告老还乡。孙罗以任职期间，圣玛利亚女校进入了一个成熟的发展期，她为学校争取到丁玛丽纪念特别款，建造了新校舍"思丁堂"，扩大了办学规模。学制规范化后，1900年圣玛利亚书院有了第一个中学毕业生，招收非教徒家庭的收费学生，增加了学校办学经费，书院形成中文部、英文部、和音乐部三大部门。设立琴科，招收琴科学生；设立师范科，有了师范科毕业生。创办了图书馆，提倡体育运动。1920年4月1日回国。在1923年落成的圣玛利亚新校舍中，为纪念孙罗以校长的办学功劳，

 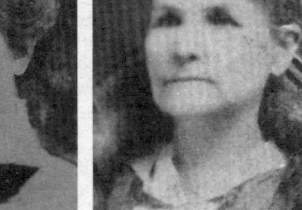  

黄素娥（1858~1918）　　孙罗以（1860~？）　　傅德　　金希姒

教学楼命名为"思孙堂"。

傅德（Miss Caroline A. Fullerton），1911年来华，毕业于美国米乃苏达大学，法学士，先任圣玛利亚女校英文部主任，1920年任圣玛利亚女校校长。任职期间完成了筹款在白利南路建造新校舍重任。1923年全校搬进了美丽的欧洲修道院格局的新校园。校名改为圣玛利亚女校。1924年完成由旧学制向中国政府颁布的新学制转变的过程。在傅德校长任上，1931年学校迎来了建校五十周年纪念活动。1935年全校师生为傅德校长庆祝来华二十五周年。1937年傅德校长以健康原因向教会提出辞去校长职务照准。

1937年接任校长的金希姒（F.D.Mackinnon）是美国佛来斯莲大学文学士和勃朗大学文学硕士，1930年来到圣玛利亚女校，任教英文、算术和西洋史，是1931年《凤藻》年刊英文部文学指导。她任校长的1937年至1941年正是圣玛利亚女校经历校园被占，全校师生拥挤在狭窄的大陆商场喧闹空间的困难时期，她率领全校师生共度难关。1939年9月回到圣约翰校园，1940年她回国考察，由顾怀琳接任代理校长。

顾怀琳（Miss Gwendolyn Loet, Cooper 1896~1982），1941年任代理校长，她是在抗战形势严峻，全校外籍教师均已回国的情况下，留守圣玛利亚女校，代行校长职责。1915年10月，她19岁那年来到圣玛利亚女校任教，任代理校长时已有25年教龄，是学生公认的最优雅，最受欢迎的教师之一。她来自英国，由于母亲是卜舫济第二任妻子，她为卜舫济的继女，因而得以留居圣约翰大学校园。她毕业于英国伦敦大学勃特女子学院，曾留学瑞士，又于1926年至1927年在美国芝加哥大学进修理学士。1937年至1938年在圣约翰大学兼任讲师。她是多才多艺的多面手，任教英文、法文、体育、科学、物理、

顾怀琳（1896-1982）　陆朱兰贞（1897-1949）　洪德应（1899-1987）　郭秀梅（1916-1995）

地理、唱歌等多学科。1941年太平洋战争爆发后，她也被日军关进了集中营，抗战胜利后才出来。她在圣玛利亚女中一直工作到1948年，在卜舫济去世一年后，陪同母亲一起回英国。在校任职时间长达33年。

陆朱兰贞（1897～1949.8），圣玛利亚1917届毕业生，美国密西根大学、哥伦比亚大学文学硕士。1923年留学回国后回母校任教，1927年学校停办期间到中西女中任教至1941年。1942年回圣玛利亚女校任校长直至1949年。太平洋战争爆发后，来自美国的经费完全中断，学校运行经费完全靠学费收入。战争期间物价飞涨，陆朱兰贞校长尽量缩减开支，勉力维持学校正常运转。1946年9月全校搬回整修一新的白利南路原校址，1947年陆朱兰贞校长完成了圣玛利亚女校在中国政府立案的工作，拓宽了学生升学渠道。

洪德应（1899～1987.4），毕业于美国宾州大学，获西方文学及神学双硕士学位，教授高中英语及宗教知识课等。1949年8月，陆朱兰贞校长突然离世，开学在即的圣玛利亚女校急需一位校长，当时任校董会董事长的欧伟国先生亲自上门聘请洪德应先生出任校长。虽然洪德应校长在任时间仅短短两年半，却是在新中国成立初的1949年秋至教会学校转制前夕的1952年春这一关键时间。他热爱学生，性格随和，和军管会派来的俞慧耕老师，教务主任闵绍樾老师配合默契，很好完成了新中国成立初期的学校转型工作。

郭秀梅（1916～1995），圣玛利亚女校1935届毕业生，1936年就读燕京大学，1942年毕业于圣约翰大学教育系，1950年哥伦比亚大学教育学院教育硕士。1951年秋回国后到圣玛利亚女校教英语，1952年2月至7月任圣玛利亚女校校长。在其任上，完成了圣玛利亚女校和中西女中的合并。合并后，调任上海市第二女中校长，1954年9月

英文主任郭璐珊　　中文教务主任陈鸿祥　　第二任中文教务主任汪宏声　　琴科主任梅锡祜

调南京大学外语系工作。

早期的圣玛利亚书院，因学生人数较少，管理工作较简单，校长即学校管理者。1900年前后，开始招收收费学生，教学趋于正规，学校设立中文部、英文部和音乐部，每个部门各有一名主任。

最早的音乐部主任为梅锡祜女士（Miss M. S. Mitchell），美国佛兰斯莲大学毕业，获文学士学位，受音乐科毕业证书及波士顿音乐专科大学肄业，并留学法国巴黎、德国柏林，专修音乐课程。1903年到圣玛利亚女校教授钢琴及音乐，任琴科主任。其学生中出了很多音乐人才，朱其廉即其中之一。朱其廉为梅锡祜的琴科学生，1921年圣玛利亚女校毕业后即留校任教音乐，1922年又获琴科毕业证书，之后赴美国纽约朱丽亚音乐学院（Julliard）学习，毕业回国后去中西女中任教一年，1931年回校任教。1937年梅锡祜回国后接任琴科主任一职。这两位为圣玛利亚女校的音乐艺术教育作出了很大贡献，虽然50年中琴科毕业生仅47名，但学琴的远不止这些，且营造了圣玛利亚女校校园音乐艺术的氛围，特别是令所有学生都难以忘怀的"Step Singing"阶梯歌咏活动，成为圣玛利亚女校最具特色的传统音乐活动。

最早的英文部主任为康女士（Miss Crummer），1906年来到圣玛利亚女校，担任英文部主任，当时学生英文程度还很浅，康女士采用形象生动的教学方法设法提高学生学习兴趣，使教会学校的声誉提高，吸引了不少上层家庭将女儿送来自愿付费读书。其后的英文部主任是傅德女士。1920年傅德任校长后，英文部主任为郭璐珊女士（Miss L. J. Grave），她毕业于美国加里福尼亚大学，为文学士。她自1908年来到学校直至太平洋战争爆发前才离开，任职33年。她创办了学校图书馆，将美国12年制基础教育的教材引

第二任琴科主任朱其廉　　教导主任闵绍樾　　训育主任袁葆群　　英文教员兼教务员郑慧君

进学校，形成了圣玛利亚女校英语教学的特色。

最早的中文教务主任是陈鸿祥，毕业于国立南京高等师范学校文史地部本科。1921年来圣玛利亚女校任中文教务主任后，着力整顿中文教学秩序。1923年他将学生按作文水平和大考成绩重新编班，分为十个年级，在初中四年、高中四年之上另设特级两年，毕业后另发中文特级毕业文凭。1924年产生了薛正、倪征𣌀、罗迟慧、孙熙治、胡敦五等第一批中文特级毕业生。陈鸿祥离任后，1936年到圣玛利亚女校任教高中国文的汪宏声任中文部教务主任，他上任后大幅增订课程，在图书馆添置大量书报杂志，奖励课外阅读，并发动出版小型刊物，题名《国光》，努力为学生争取用国文发表的机会与活动。他崇尚新文学，摒弃准八股，教学方法创新，允许学生自己命题作文，引导学生描景、绘物、叙事、抒情。他发现了当时高二学生张爱玲的写作才能，并将其作文作范文向学生分析，收到良好效果，不到一年圣校产生了浓厚的文艺氛围，国文不再是被轻视的功课了，学生作文也不再是准八股了，内容与形式都渐渐丰富起来了。学生还在校内组织剧团，数度举行盛大公演。

还有一位特殊的老师 Deaconess Evelyn M. Ashcroft，中文名许惠心，她是《圣经》、英文和家政课老师，教会女执事。让学生忘不了的是她的爱心及对行为规范的严格要求。她看到学生做错了事从不发火，而是和蔼地纠正，耐心地说服。"女孩必须注意仪态，要文雅、端庄；在安静的进行学习的思孙堂里是不许奔跑的。"她是美国加利福尼亚大学文学硕士，自1930年来到圣玛利亚女校，一直工作到1951年被教会召回。她在学生中有很多朋友，晚年一直保持联系，至1997年5月19日去世，寿高92岁。

1933年毕业于圣玛利亚女校的龚维航（龚澎），1937年从燕京大学毕业后回母校任教历史学科，并在多个学生社团担任顾问，在1938年《凤藻》年刊上留下了诸多身影。1938年春离校经香港赴延安。

1940年代以后随着外籍教师逐渐离校，中国校长组织了学校管理班子，闵绍樾为教务主任，协助校长管理学校教学工作；袁葆群为训育主任，管理学生工作。闵绍樾1935年东吴大学文学院教育系毕业，1936年到圣玛利亚女校任教国文、外国地理、公民等课程。袁葆群圣玛利亚女校1910年毕业，曾任江阴辅实中学英文教师，1920年回母校任教。1949年9月由军管会派毕业于圣约翰大学教育系的俞慧耕任政治教师，副教导主任，以落实解放后的学校思想政治教育和由旧学校向新学校转型的工作。此外在学校管理工作方面还有章德苑，她毕业于江苏省立第一女子师范，1920年来圣玛利亚女校担任中文教员兼宿舍管理，由于她严格而又认真，学生对她又怕又敬，其中发生过许多有趣的"猫捉老鼠"的故事。而管理学生学籍档案和教务工作的郑慧君却和章德苑恰好相反，1932年毕业于圣玛利亚女校，留校任教导处职员，她对学生十分友爱，当舍监时常为学生盖被子，学生毕业总会收到她送的小礼物。因此在毕业生中有很多朋友，学生也十分喜爱她。这几位老师都一直工作到1952年两校合并，进市三女中。

圣玛利亚女校的教师爱生敬业，给学生留下了深刻印象。数学教师陈德贞，是学生公认的既教得好，又十分严格的老师，很受学生尊敬。现为复旦大学物理化学专家，首席教授的高滋（1950届）回忆，高二时新中国成立了，她想今后要搞建设，想考交通大学，因为交通大学工科是强项，但圣玛利亚英语是强项，数学不是强项，要考上交大很难。陈德贞老师知道后，就对她说："不要紧，你只要刻苦，我给你补"。高滋说："我那时候经济条件也不好，我也没钱，老师完全是主动的，什么都不要你的，我每个礼拜天就到她家，然后她给我补课。"整整半年的补课使高滋考上了交通大学，她说："所以我是非常非常感谢这位陈老师，没有陈老师的鼓励和教育，我肯定考不取交大，也不会有今天。"

类似这样爱生敬业的老师在圣玛利亚女校很多，1952年初三石瑛回忆，刚进校时，英语跟不上，郑慧君、袁葆群两位老师用业余时间帮她补课。丁宝理、朱珍美老师的英语教学生动有趣，也给学生留下了深刻印象。对学习基础差的学生，安排小先生一对一帮助，让全班同学一齐进步。范敬敏老师每堂数学课都充分备课，一丝不苟讲解；刘葆宏老师的化学课；汝乃华、钟国端老师的物理课；罗迟慧、桂质良老师的生物课；冯锡良老师对英语的融会贯通，上课不看学生看黑板的讲课方式；李王豫孙老师历史课上讲到中华民族的屈辱史忍不住伤心落泪，都让学生有无尽的回味。

最让学生忘不了的是几位激情澎拜的音乐老师。学生们忘不了陈宗群老师指挥唱"解放区的天是明朗的天"的激情场面；忘不了何义法老师高声叫："椭圆型、椭圆型！"教我们如何唱美声唱法的执着和她那优雅的琴声；也忘不了杨嘉仁老师渊博的音乐知识和将音乐课上到让每个学生喜欢的新花样，他采用钢琴伴奏、即兴和声配音，自然流畅而情趣盎然。同学们在接受声乐培育的同时也在学习欣赏。这几位都是音乐大师，陈宗群老师后来是中央音乐学院教授，杨嘉仁老师后来是上海音乐学院指挥系主任，何义法老师随着圣玛利亚女校和中西女中合并进入新成立的上海市第三女子中学继续做她热爱的中学音乐教师。可惜的是这位从小不知父母是谁，教会养大的孤儿，"文革"初期为了人格尊严自尽。同样做出这种选择的还有杨嘉仁老师和时任上海音乐学院附中校长的其夫人程卓如。如此敬业爱生和有才华的老师这样凋谢，真是十分可惜。

随着新中国成立而来到圣玛利亚女中的有两位政治教师俞慧耕和刘昌玉。俞慧耕1948年毕业于圣约翰大学教育系，刘昌玉毕业于复旦大学新闻系。她们的到来为学校注入了一股清新空气，带来了全新观念。对学生中的思想问题，她们采取了非常耐心的引导、说服、教育的态度，带着浓浓的爱，循循善诱。圣玛利亚女中学生积极响应号召，参军参干，排练腰鼓，参加各种社会活动。

1950年由于外籍教师离校，学校按照需要招收了一批新教师，他们中有毕业于圣约翰大学的钟国端、毕业于上海美术专科学校的李家松、毕业于东南体专的陆羽、毕业于圣约翰大学教育系的徐祖颐、毕业于之江大学土木工程系的汝乃华、圣约翰大学英国文学系的刘天佑等，为圣玛利亚女校增添了一股新生力量。

有关这些教师的详细介绍和故事，在"师恩篇"中还会出现，学生们或其子女怀着敬仰和怀念的心情为我们讲述这些敬业爱岗教师的故事。

曾在圣玛利亚女校任职的中外教师名单见本书附录，限于资料来源，名单所列仅为主要教师和有资料记载的人员。

第七章 毕业生

圣玛利亚女校自 1900 年起始有正式毕业生，在 1931 年建校五十周年纪念册中记载："1900 年，校中行第一次正式毕业礼，毕业者仅朱静贞女士一人。之后年有毕业，迄于今日，计有八年制毕业生百人，师范毕业生十有七人，受执照者 208 人，初中毕业生 137 人，高中毕业生 145 人，中文特级毕业生 63 人，当时规定修学年限为八年，并扩充范围，征收学费，招收教会外学生，而一切课目，亦自此日臻于完备之境。"

由此可知，由于圣玛利亚女校严格的教学要求和考核制度，在三十年时间里，从这所学校取得高中毕业文凭的仅 145 人。虽然就读者不少，但一半以上都未取得毕业文凭。从现存上海市第三女子中学档案室的学生档案和上海市档案馆的《凤藻》及有关资料综合统计，自 1900 年至 1952 年圣玛利亚女校共有高中毕业生 750 人左右。有关名单见本书附录。此外还有 1952 年就读于圣玛利亚女校初一至高二的学生 434 人，这部分学生后来毕业于上海市第三女子中学。

另外自 1903 年起学校开设琴科，1903 年有第一位琴科学生朱琪贞，1908 年第一个琴科毕业生顾珩贞，至 1931 年有琴科毕业生 23 人，至 1952 年共有琴科毕业生 47 人。虽然毕业生不多，但每年学琴的不少。在 1931 年建校五十周年纪念册"圣玛利亚女校校史"中记载："自琴科设立后，首先学习者为朱琪贞、顾珩贞二人。之后年有毕业，迄今正式毕业者已达 23 人。近则学者更众，每学年有 85 至 120 人之多。"

1908 年开设两年制师范科，1910 年有了第一届毕业生 4 人，据 1931 年统计，之前共有师范毕业生 17 人，以后师范科成为高中的一个选科，便不再另有师范毕业生了。

纵观圣玛利亚女校自 1881 年至 1952 年 71 年的历史，在毕业生中，尤其在教育、外事、医学、文学、音乐、艺术、科技、建筑等各行各业出了不少人才，可谓桃李芬芳，硕果累累。下面简述我们知道的各领域毕业生代表。

早期的圣玛利亚女校开设师范科，给予学生到实习小学实践的机会，对教育人才的培养和激励学生立志终身从教影响极大。1919 届俞庆棠、1926 届薛正、1951 届杨之岭都对实习小学的实践印象深刻。俞庆棠推行民众教育，要让读不起书的失学儿童、青年、成人都接受基础教育，被誉为民众教育之母。薛正终身从事女子教育，她说："一个人能力再大也是有限的，毕其一生对国家的贡献也是微乎其微的，而通过教育可以培养出成千上万有用的人，他们的能力加起来对国家的贡献就大了。"当她任中西女中校长时，

1900年第一届毕业生朱静贞　1906年毕业生龚定英、顾珩贞　1910届毕业生　1911年毕业生

也在学校建立了一所义务小学，接受附近贫苦家庭孩子入学。杨之岭在中学读书时常将"星期日学校"的孩子带回家，帮他们洗脸洗手，教认字。激发了她对教育的热爱，以后她选择师范专业，从事比较教育研究，做出了成绩。从大学教育到幼儿教育，圣玛利亚女校毕业生中教育人才遍地开花。1926届俞大纲是英语教育专家，1935届郭秀梅，留学归国后先任中学校长，后任大学教授。同样1935届的陈善明留学归国后任中福会幼儿园首任园长，为新中国的孩子们营造了一个快乐的幼儿园。1938届张祥保1942年到1946年在中西女中教英文，1946年后到北京大学英语系，出版了三套大学英语专业教材。1949届汝洁任上海音乐学院附中校长，为培养音乐人才呕心沥血；1952届沈慧俐身为航空发动机方面的科研人员，为了帮助贫困失学女孩圆上学梦，克服了常人难以想象的困难，办起了不收费的民办大学，二十年中改变了数千女孩的命运。她为此鞠躬尽瘁，死而后已。而1952年高二的娄丽娜则担任长春师范学院院长，做着培养教师的工作。

　　圣玛利亚女校成功的英语教学和优雅气质的培养使一些校友成为杰出的外交人才和外事工作者。

　　1932届龚普生和1933届龚澎便是其中杰出的代表。龚普生，新中国成立后任国际司副司长，被誉为"联合国问题专家"。龚维航（龚澎）1938年春赴延安，历任《新华日报》记者、中共驻重庆代表秘书等职。解放初任外交部情报司司长。二次日内瓦会议期间，担任中国代表团首席发言人。多次随同周恩来、陈毅出访，誉称"才女"外交家。此外还有1941届邢泽曾任中国人民对外友好协会理事，中国驻智利大使馆一等秘书和联合国新闻部新闻处处长。还有一个有趣现象是这三位外交官校友间的关系，龚澎、龚普生是姐妹俩；邢泽和龚澎同是圣玛利亚校友，都当过国光会会长，上世纪50年代，韩

1914届汪如英

1916届毕业生

1919届右起王绯霞、俞庆棠、叶吉谋

素音到中国,周总理很重视这位有爱国感情的英籍华裔女作家,要找一位接待人员,龚澎推荐了邢泽。事实证明,邢泽不辱使命,特别在"文革"期间,在邢泽联络、陪同下,韩素音在新疆、西藏等地访问、调查。她的名字在韩素音的自传体小说《吾室双门》一书中140多处提及。龚澎信任邢泽也许缘于都是圣玛利亚校友的关系。另一位在外交部工作的校友是1948届的赵凤凤,她是美国作家安娜·路易斯·斯特朗的秘书兼翻译,在斯特朗身边工作了12年。斯特朗赞赏其为人着想的工作作风。

另有一批校友在外文期刊、词典和图书编辑工作方面做出了成绩。

1945届应曼蓉,北京外国语学院教授,为1978年版的我国第一部《汉英词典》副主编;1947届吴其慧担任新华社大型综合性对外英文刊物 New China Quarterly(《新中国季刊》)副总编;1948届董蔚君,人民教育出版社英文主编,编写了许多中学英语教材、教学辅导书、练习册、挂图、磁带、简笔画,抄写本和幻灯片,还在暑假期间进行全国各地中学教师培训工作。

圣玛利亚毕业生中,医学人才可谓最多。

1920届桂质良是我国最早的女性精神病学专家。鲜为人知的是她在大学最早学的竟是文学。和鲁迅相反,由于看到当时贫苦百姓因缺医少药而失去生命,她改学医学,又因看到一些人因精神疾病而被家人和社会鄙弃,处境更悲惨,而此时的中国有关精神疾病的防治几乎为零,于是研究精神病学。她的两个女儿都学医,大女儿闻玉平为天津铁路医院口腔科主任医师;小女儿闻玉梅为中国工程院院士、复旦大学上海医学院教授、病原微生物研究所顾问,教育部、卫生部医学分子病毒学开放实验室学委会原主任。她为继承母亲遗志和实现中国医学赶超国际一流水平做出了贡献。

1921届毕业生　　　　1926届毕业生，右站立第1人为薛正　　　学生合影（1927）

　　1925届章德馨是上海交通大学医学院病理生理学教研室的创始人；同样从事病理生理学研究工作的还有1938届的凌励立和1948届的徐智。凌励立曾任妇产科医师及圣约翰大学医学院病理科讲师。1952年院系调整进入第二医学院病理解剖教研室，1983～1985年在美国纽约关节病医院骨科研究所研究骨科病理。她还是文学爱好者，将自己的一生写成了自传，其中不乏对人生的真知灼见。徐智是香港大学细胞病理学实验室创办人，同时是香港大学病理科高级临床讲师并荣获"英国皇家病理学院院士"的殊荣。

　　1935届的葛秦生是协和医院妇产科生殖内分泌与不育教授，我国生殖医学奠基人。她和林巧稚大夫一起工作了40年，不仅继承了林教授的医德医风，也圆满完成了1956年起林教授交给她专攻妇科生殖内分泌专业的嘱托。同样从事妇产科专业的还有1937届的张佩珠和陈美朴，这两位同班同学又同在上海的中国福利会国际和平妇幼保健院工作，分任正副院长。张佩珠曾荣获全国五一劳动奖章、中国福利会妇幼事业樟树奖。陈美朴今年97岁，她带出了一代又一代年轻医生，至今仍有年轻人会前去请教。

　　张佩珠的妹妹，1945届的张佩瑛也是一位医生，她是著名儿童保健专家，山西省妇幼儿童医院主任医师，是国务院授予的"全国少年儿童先进工作者"。另一位有成就的儿科医生是1952年高一的林其珊。改革开放后获得出国留学机会，学成回国后率先在我国应用彩色多普勒超声心动图评价小儿先心病，开启了小儿先心病治疗的金色大门。她在这方面的研究获得了国家科技成果二等奖。

　　1941届葛成筠和1952届王丽天都是有成就的眼科医生。葛成筠是上海市同仁医院眼科主任，上海市第七、八届人民代表，全国三八红旗手、上海市劳动模范。王丽天是上海第二医科大学附属新华医院教授，长期从事白内障人工晶体、眼底荧光血管造影等临床研究，曾荣获国家、上海市科技进步二等、三等奖，全国中华医学会眼科学会奖；

1932届毕业生，前左2龚普生

全国、上海市残疾人三项康复先进个人奖。

1951届王爱霞是中国艾滋病防治专家，发现了我国第一例艾滋病人，并在预防医院内部感染问题上做了提前20年的准备，当2003年SARS爆发时，正是由于其远见，协和医院打了漂亮的阻击战。为此她获得北京协和医院杰出贡献奖和中央保健工作特殊贡献奖。

重视科学研究的圣玛利亚女校也涌现了一批科学人才。

被张爱玲预言为杰出科学家的韦澄芬以后确实走了科学之路。1937届韦澄芬的成才之路并非一条直线，她在圣约翰大学成为英文系文学士，之后前往美国进修。又在哈佛大学Radcliffe学院获得英文哲学博士学位。之后又在密执安州立大学获得数学硕士学位，然后在东密执安大学出任数理统计教授，直至1984年退休。她曾任美国数学学会密执安分会主席、理事长，荣获美国数学学会"突出贡献奖"，被列入《美国妇女名人录》、《美国科学界名人》、《国际人名词典》等。1977年她出版了《优化素在经济学而后商业的应用》，其成就最终定格在数学。

1950届高滋是复旦大学化学系教授，1998年9月当选复旦大学首席教授。其主要研究方向是多相催化和新催化材料，研究成果获国家自然科学二等奖、国家发明四等奖、国家教委科技进步二等奖、上海市科技进步一等奖。她还担任国内多种学术期刊编审工

1936届毕业生

1937届毕业生，后排左起第4人为张爱玲

作和上海市化学化工学会名誉理事长，第三世界女科学家协会会员，至今仍活跃在国际国内学术界。

1950届徐信为华东师范大学生物系教授，为我国发育生物学研究开创者。发育生物学即研究生物成长过程的一门学科。从儿时兴趣出发，又结合自己的绘画兴趣，徐信对发育生物学研究投入了全副精力，并编写了教材。中国动物学会为表彰她对动物学事业的发展做出的贡献，特为她颁发了荣誉证书。这是在她退休17年后得到的特别的荣誉。

1952年高二张存默为祖国的航天事业做出了贡献。她在航天部材料研究所工作，从事"难溶金属的高温防涂层应用于高空发动机"课题。她研制出的涂层抗氧化温度已超过美国研制的涂层。该成果一直沿用在目前发射卫星神州飞船、嫦娥系列等型号上，并用于民用产品，延长电极使用寿命。获航天部授予科技进步一等奖。

1952年初一徐乃珩从事城市水污染处理的研究工作，包括城市生活污水和工业废水的处理及利用技术。水污染物排放总量控制中的监测技术，防治水污染的技术政策研究，国家环境标准修订工作管理规定等。这些研究成果将落实到生产中或被政府部门贯彻执行。徐乃珩参加和负责的研究课题，分获北京市环境保护局、北京市市政管理委员会、北京市科学技术委员会、北京市人民政府、国家科学技术委员会颁发的科学技术成果奖证书。

圣玛利亚女校音乐艺术的氛围，造就了音乐艺术人才辈出。

1944届董爱琳是著名女中音歌唱家、声乐教育家。曾于1953年在第四届世界青年联欢与学生联欢节中获得国际声乐比赛奖。

1939届毕业生

1940届毕业生

　　1946届赵庆闻和1951届赵启雄是两朵音乐艺术姐妹花，赵庆闻是中央音乐学院歌剧系声乐伴奏老师，其学生有些在国际上得奖，有些是歌剧院独唱演员，有些是音乐院校教授。赵启雄为其小妹妹，中央歌剧院音乐指导，担任声乐系钢琴伴奏工作。近年来先后配译了唐尼采蒂的《唐·帕斯夸勒》中译名《骗婚记》、《军团的女儿》、《拉美莫尔的露其亚》，罗西尼的《塞尔维亚理发师》，威尔第的《游吟诗人》等五部歌剧本，有些已发行海外。

　　1946届朱雅芬是沈阳音乐学院前钢琴系主任，郎朗的启蒙老师。上世纪90年代应邀到美国好几个音乐学院讲学及演奏，介绍中国的钢琴教育。近年不断应邀到各地举办大师班及教师培训班。朱雅芬入选1994年由美国传记研究院列入《5000世界名人录》，2002年入选英国剑桥世界传记中心《2000位20世纪杰出音乐家》。

　　1947届林王本慎是钢琴奇才，在美国名声很响。她的音乐具有诗意和深刻内涵，火花四射和动感。《纽约时报》说："她展示了奇妙的才能，她的有亲和力的充满热情的表达培养了你对于她所赠送的礼物的耐心。"她是有建树的表演者和高明的教师，在美国到处巡游，以各种形式被邀请。虽然评论家们总是对其莫扎特和肖邦作品演奏进行评论，然而林夫人安排的保留节目内容却十分宽泛，包括巴赫等十位作曲家的作品和中国民歌。林夫人的音乐以特别的和唯一的方式升华了人类的精神。她的音乐语言也被听众感受和理解，他们一遍又一遍回味和欣赏她的高雅音乐带来的快乐和美妙。

　　除了音乐艺术，在京剧、芭蕾和动漫电影翻译方面，圣玛利亚也出了几位大师级校友。

　　1952届李世济是著名京剧艺术表演家，程派艺术传人，国家一级演员。前中国京剧

1945届毕业照

1946届毕业生

一团团长，中国文联副主席，第五、六、七、八、九届全国政协委员，现任第十届全国政协常务委员。

1952届李葵是古典芭蕾艺术家，1978年赴美开办古典芭蕾舞学校，在伊州香槟地区芭蕾舞蹈圈内盛名，伊州 The News Gazette 采访，NBC 电视台专程拍片转播报导，自1988年起传记被列入 Edition of Who's Who in American 名人录中数次。

1952年初三邹灵是资深影视片翻译家，参与译制的《神探亨特》、《大饭店》、《成长的烦恼》、《最后的黑手党家族》等几十部影视剧，风靡一时。她翻译的动画片《变形金刚》、《太空堡垒》等颇获好评。她是《变形金刚》首席翻译。整个95集动画大部分是她翻译的，在擎天柱、威震天、补天士、惊破天这些人名的翻译上堪称一绝。《成长的烦恼》获1995年第一届中国广播电视学会电视译制节目一等奖。其他如《大饭店》《伊丽莎白－泰勒传》、《天使爱心》、《黑后的黑手党家族》、《叶卡捷琳娜女皇》也获得了二、三等奖。

在圣玛利亚女校毕业生中还有三位颇有成就的建筑师，她们是1950届朱亚新，1952届李玫和1952年初二的曾点。

朱亚新是同济大学建筑系、建筑设计研究院教授，因创建上海小面积独门独户住宅，台阶式多层高密度住宅等项目获多项奖励。1982年后，应邀在澳大利亚、美国等地进行有关中国园林的讲学、著书和设计，赴美后出版了一部《中国园林》的著作。

李玫是上海民用建筑设计院高级工程师，曾参加设计闵行一条街、国际妇婴保健院、苏州友谊厅大厦家俱设计、上海体育馆观众大厅座椅和贵宾区家俱设计等。1988年调入上海市投资信托公司，在上投房地产公司任总工程师，参与房地产开发工作和评定设计

1950届毕业照

1951届毕业照

工作。1991年列入《世界妇女名人录》。国家一级注册建筑师,上海市注册咨询专家。

  曾点在清华大学建筑系读书时师从著名建筑大师梁思成先生,八十年代自费赴美留学,后在旧金山MBT建筑事务所工作,开始了在美国的设计生涯。2008年5月,四川汶川大地震,她帮助灾区完成了一座绿色小学的设计,此工程在2011年五月份的美国建筑师杂志上发表。退休后她发挥自己多方面的艺术才华,开个人独唱音乐会,出版个人画册,暑期去奥地利维也纳讲学并教水彩以弘扬中华文化艺术。

  1945届刘锦銮是香港企业家,为纪念英年早逝的长子欧阳曦之,她设立"曦之教育基金",她每年拿出100万人民币资助教育事业,多年来已在中国农大资助学生1300余人次。此外她还在云南建立了5所希望小学。

  圣玛利亚女校最著名的毕业生为张爱玲。这位少女时代十分瘦小、孤独的女孩,在初一时即显出其写作才华,在校刊《凤藻》上发表了处女作《不幸的她》,语文教师汪宏声欣赏其写作才华,然而她却在汪宏声老师主办的《国光》刊物上投了篇嘲笑两位男教师的打油诗,弄得教师告状到校长室,惜才的汪宏声先生只得自己向两人道歉,免了张爱玲受罚。张爱玲并非恶作剧,只是观察力强,描写生动,年轻单纯而无世故之心。

  回看名人的成长之路,虽不无挫折,然定有一位或几位楷模或引路人。圣玛利亚女校71年历史决不仅只几位成功人士,由于信息限制,一些校友的成就我们尚未了解。圣玛利亚每位校友都做出了成绩,圣玛利亚为学生打下了一生成功的基础。

第八章 结 束

全国解放后,1950年随着朝鲜战争爆发,中美关系迅速恶化,政治上向苏联一边倒。新中国首任教育部长马叙伦贯彻最高指示,收回教育主权,不再允许外国在中国办学。1952年随着大学院系调整,教会大学被取消,各学科被调整到相应的公立大学。同时教会中学也由地方政府接管,合并,成立新的学校。

由美国圣公会1881年建立的圣玛利亚女校和由美国南卫理公会1892年建立的中西女中在1952年7月5日合并,成立新的学校——上海市第三女子中学。

1952年7月5日早上,圣玛利亚女校的学生在操场上整好队,由校长郭秀梅和副教导主任俞慧耕等教师带领走出校门,走向江苏路上的中西女中。当走过校门时,校长郭秀梅摘下了墙上挂着的圣玛利亚女中校牌,将它轻轻放进了传达室。这里以后就是上海纺织高等专科学校了。学生们在中西女中校门口,受到了中西同学的欢迎。此前,中西女中校门墙上的长方形校牌已摘下,挂上了上海市第三女子中学的长条形校牌。圣玛利亚女中的师生到了,大礼堂里即将举行合并接管和上海市第三女子中学成立大会。

大礼堂布置得庄严美丽,主席台前沿簇拥着一圈盆景鲜花,将会场点缀得生机勃勃。上海市教育局副局长杭苇到场宣布上海市第三女子中学成立。宣布覃英为校长,薛正为副校长。圣玛利亚女校原校长郭秀梅调上海市第二女子中学任校长。共青团上海市委代表陈一心到会祝贺。会上原中西女中校长薛正、原圣玛利亚女中教师代表俞慧耕、圣玛利亚女中学生代表娄丽娜、少先队员代表先后发言,表示拥护政府接管和两校合并,祝贺上海市第三女子中学成立。下午毕业典礼,中西女中1952届的2个班和圣玛利亚女中1952届改成了上海市第三女子中学1952届1、2、3班,作为两校合并后第一届毕业生,

师生代表去校门口挂新校牌

1952年7月5日上海市第三女子中学成立,原中西女中同学到校门口迎接圣玛利亚女中同学

市三女中成立大会上（右起圣玛利亚女中校长郭秀梅，中西女中校长薛正，教育局长杭苇）　　1952年7月5日合并接管会上圣玛利亚教师俞慧耕发言

在大礼堂台阶上站成4排，照了毕业照。集体照后，圣玛利亚女校1952届同学又在校园里照了一些照片。有着71年历史的圣玛利亚女校就此融入市三女中的历史。

圣玛利亚美丽的校园1952年9月后成为上海纺织高等专科学校校舍，一部分图书资料搬到了市三女中，大部分外文资料调拨给上海外国语学院，其他仪器、设备、课桌椅等，也都经政府统一调拨，有的归入市三女中，有的调拨给其他学校。圣玛利亚校友怀念母校，每年都会约定一个日子去母校校舍聚会，纺专热情接待，校友们又像回到家一样感到温暖。

2004年的某一天，突然得知圣玛利亚校园即将被拆除，房产开发商要将此地建造成商业大厦。圣玛利亚校友得知此消息后心急如焚，奔走相告。她们联名致函上海市城市规划管理局申请作为"优秀历史建筑"给予保护，然而仅只有教堂和钟楼作为保护建筑孤零零留存下来。一幢幢精致的两层楼中西合璧建筑在推土机、土方车、大吊车来回奔忙中被推倒，成为一片废墟。校友们自此从真正意义上告别母校。

一些老校友从海外、从外地回到上海，专门去看被拆掉建筑的老校址，心中万分难受，感到无助和无奈，眼看少年时期欢乐的校园被吞没，不禁伤心落泪。圣玛利亚女校消失了，这是一个无法挽回的文化损失。

圣玛利亚校园是一个整体建筑艺术品，虽面积不大，但设计合理，结构精致，是属在国内外皆少见的建筑群范例，她的整体拆毁，实是上海城市遗产保护的一个损失。

附：原圣玛利亚女校校舍建筑群[①]

原圣玛利亚女校校舍建筑群建成于1923年，座落上海西区白利南路65号（当时编号），最后改为长宁路1187号。校区占地65亩余。1952年后，历经上海纺织工业学校、华东纺织工学院分校等辗转使用，最后作为东华大学纺织学院长宁分校校址。后经置换作为开发房地产之用。

原圣玛利亚女校（以下称圣校）校园空间艺术效果优美。建筑风格统一协调，国内少有，即使在国外亦不多见。曾经生活其中的师生，包括后来的使用学校，甚至来访者，皆有难以忘怀的追忆。以上海同类校舍建筑群为例，如原圣约翰大学及原中西女校等校舍建筑风格各异，在总体布局方面缺乏明确按使用功能分区作统一有序的规划。因之，圣玛利女校校舍建筑群是属国内优秀历史文化建筑群的珍稀范例。

总体规划

圣校校园总体规划采用纵横轴线对称的传统布局。校园四周建有黄色围墙。正门朝北、面向白利南路，其规模及设计朴实无华。校舍建筑以两层楼为主，仅以高耸教堂钟楼为建筑群制高点。

进入正门，前庭右侧设门房及供工友日夜守候的值班室。迎面有凹字形教学楼，思孙堂（Dodson Hall）隔庭呈现，其背面向南。健身房兼礼堂在南北向主轴线上与教学楼遥遥相对。体育馆南临运动场，有400米跑道等完善体育设施及一座小山丘。东西轴线上有傍有钟楼的教堂，诸圣堂与食堂、宿舍楼对峙。校园西南角有设备齐全的科学实验楼，格致楼。校园东北南有音乐楼。楼上设音乐大教室。楼下设小琴房多间，供学生个别练琴之用。教学楼与体育馆及音乐楼，相互距离较远，并以转折小院的布置。三者同时上课，互不干扰。

黄色围墙内的独立建筑：在东北角有卫生所附隔离病房，西北角有外籍教师及校长的联立式住宅楼。在校园东北首、大围墙外建有男教师眷属宿舍。男老师出入校园必须经过学校大门。

各教学楼、生活楼及教堂等皆设有拱形沿廊，并以柱廊互相联接，使校内日常活动，

[①] 圣玛利亚1950届校友朱亚新关于圣玛利女校原校址变迁的阐述

被开发商拆除主要建筑后留下的圣玛利亚女校标志性建筑钟楼

免受雨淋日晒之虞；同时，将校园中央围成一片宽广大草坪，是师生们日常聚会的场所，也是毕业生梦牵情系的美好景境。两幢宿舍楼外各有庭院，设有院门。有利于安全及对学生的生活管理。在下午规定游乐及体育活动时间，宿舍院门及教室皆予关闭，使学生能智育、体育均衡发展。校园中大、小庭院相组合，大院敞而不旷，小庭幽雅多姿。总之，校园建筑是按其使用功能，教育制度要求经过设计者深思熟虑统一规划的。当前许多校园建筑，精致讲究，但往往相对位置欠妥，甚至需要安宁的教室却贴临喧闹的体育场地等情况，往往由于校舍是遂步扩建，缺乏统一规划之结果。

建筑风格

圣校校园中各幢建筑，因使用功能不同，其体量及造型各异，却统一采用黄墙，四坡红瓦屋面，棕褐色门窗。建筑外墙嵌有少量方形绿色小花瓷饰。庭院围墙有瓷制绿色竹杆形漏花窗作为点缀，使校园建筑具有中国色彩的地中海建筑风格。曾有人形

仅剩一个挂着优秀历史建筑标牌的钟楼和教堂

容教堂具有"罗马风"。此外，极少附加的装饰。连所有门窗周边亦未加设线脚，仅教学楼 Dodson Hall 因为面对学校正门而设有门框，作为重点修饰。如此，整个建筑群以个体简洁朴素，整体和谐优美，尺度宜人取胜。

校园绿化

校园绿化，基本以疏漏的树木点缀为主，有利各幢建筑通风采光及遮阳，日常绿化养护工作更为简便节约。所择栽的花木，具呈四季园景的变异。相比日下流行的精种密植的绿化倾向，圣校的绿化，在初次投资，日常维护保养及通风采光等实用价值方面亦是范例。

小结

如此整体风格式样的统一，朴实无华的历史建筑群，实属罕见。固然，建筑创作的风格可以不同，但这种简朴而优美的设计思路值得学习。如今，具有高度整一性美学特点的建筑群，只剩下一幢被妄加改建而失去原有美好比例的教堂，其价值仅可作为圣玛利亚女校曾经存在的地标而已！

第九章　校友会

校友会概述

圣玛利亚最早的校友会称同门会,1914年成立,1908届兼1910届师范毕业生黄福娟为同门会首任会长。1921年成立了无锡圣玛利亚校友分会,杨德宝夫人为会长,倪荣常为书记。潘女士为司库,并摄影纪念。1923年《凤藻》上记载,无锡分会有三十余名会员,每年举行两次常会,暑假期间在无锡开会讨论分会一切事务,并举行娱乐活动。

在1930年的《凤藻》中,有1925届但家璠记载"圣玛利亚同学会大事记",可从中了解早期同学会的一些情况。

同学会每年开会两次,为招邀到多数会员,采取两项措施,一是重新修订同学录,更新通信地址,使通知投递无误;二选举居住于本埠与本埠附近的同学为职员,以便随时召集会议。同学会曾为建造健身房募集建房款,现将建房多余款改存四行储蓄银行定期,以备不时之需要。1930年夏,会长郭朱其廉离沪赴美,由杨瑞卿继任会长,吴淑娟任副会长。

同乐会为同学会会员聚首娱乐之唯一机关,1930年5月18日下午二时半借虹桥路南圃花园举行春季同乐会,到会会员百余人,有儿童唱歌及幻术等余兴,至夕阳西下,方散。

同学会每年夏季有欢迎毕业生入会的活动。1930年"特宴新会员于海军青年会,到宾主四十八人,首唱会歌,次钢琴独奏,继由会长致欢迎词,毕业级长致答词,觥筹交错,洵称盛会"。1931年同门会会长为金毛云琴。

1933年薛正从燕京大学毕业后到中西女中任教务主任,同时担任圣玛利亚女校同学

同学会第一次活动(1914)

无锡校友会,右第4人为1926届薛正(1922)

会会长。。上世纪七十年代末，薛正校长应旅美校友邀请访美，回国后即建议成立上海中西、圣玛利亚、市三女中同学会，以凝聚海内外校友力量。1982年上海中西、圣玛利亚、市三女中同学会成立，圣玛利亚1952届董蔚玲等参加筹备工作，程芍华等十位圣玛利亚校友为理事，一直至今。

1987年上海纺织高等专科学校校友会圣玛利亚分会成立。据1950届徐信回忆

校友会理事（1930）

成立经过："自从圣玛利亚和中西合并成立市三女中后，每年校友会在11月份举行。市三女中校址是前中西女中校址，圣玛利亚校友在参加了市三女中校友会后往往要再回到长宁路上海纺织高等专科学校母校校址看看，说明校友们对母校怀有深厚感情。

"1987年我找到纺织高等专科学校校长，向校长介绍圣玛利亚概况，并提出参加纺织高等专科学校校友会，成立圣玛利亚分会的要求，当即得到校长的同意。从1987年起校友会每年就在纺织高等专科学校举行。圣玛利亚校友会分会主要负责人是葛成筠和凌励立，另外孙瑷璐、徐信、程芍华参加理事工作。

校友会联谊（1931）

 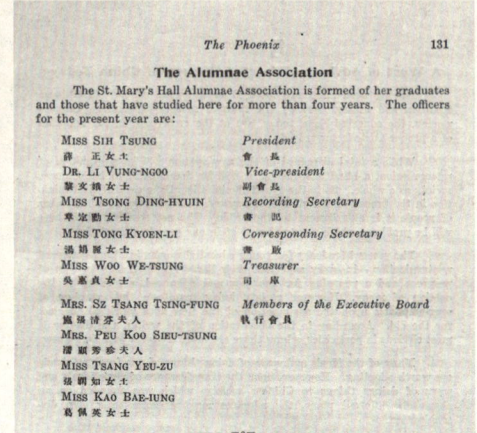

1933年校友会理事（左1为薛正）　　　　　　1933年校友会理事名单

校友会请前届毕业生茶会　　　　　　1987年11月校友纪念建校105周年在市三女中植树

"圣玛利亚校友会分会成立后，除每年举办校友会外，1992年10月在母校举办圣玛利亚一百十周年校庆，参加者近二百位国内外校友，中午举行了聚餐，当时有校友主动上台表演节目。1993年出版了圣玛利亚509名校友通讯录，境内342人记录了地址、电话，境外167人记录了城市。

"圣玛利亚女校进门就可见阳光客厅，阳光客厅前的台阶上放着一台阳光时针（注：日晷），解放后阳光时针遭到破坏，而灰色水泥柱座被丢在墙边，柱座上刻有1931年的字迹。校友会分会成立后，我就请地理研究所专家设计重建恢复原状。"

20世纪90年代起，圣玛利亚校友分别参加各地圣约翰校友会，参加圣约翰大学各

1992年圣玛利亚1941届前校友在原校址。前左3为1933届刘曾艇，后排左起葛成筠、蔡小谢、程芳华。后面是恢复的日晷。

1992年10月校友在长宁路校址

1992年110周年校庆圣玛利亚校友在母校原址合影

1992年校庆日圣玛利亚校友唱歌

届校友世界联谊会等活动，在《约友》通讯撰文。该26个校友会分布于世界各地。

2004年，1950届朱亚新设计了圣玛利亚校友会会徽，上海和北京的校友每年挂起圣玛利亚校友会旗帜欢聚。

1948届、1952届和1952年初中毕业生，纪念毕业五十周年和六十周年，制作了毕业纪念册和录象光盘。

北京校友常和高龄学长联系。请她们口述和撰写回忆，用车接送她们参加校友活动，组织生日看望、节日聚会，经常和她们通信。张瑞云保留了孔宝定2006年到2011年五年中给她的39封信103页和4篇回忆稿33页的手稿，这些信和稿件中，充满了孔宝定

20世纪90年代，徐信请华东师大地理研究所专家设计修复的日晷

1998年12月旅美圣玛利亚各届校友在洛杉矶庆祝圣诞节

1999年温哥华第四届圣约翰大学全球联谊会圣玛利亚校友

2012年北京圣约翰校友会年会后的集体舞

2006年9月北京校友看望老校友。左起张祥保、孔宝定、朱文倩、俞慧耕、葛秦生、张瑞云、刁蓓华

对同学和母校的情意。

2012年校友们又联合编制了圣玛利亚400位校友的通讯录，分地区和年级排序，记载了电话和邮址。多年没有联系的很多老同学通过通讯录取得了联系。

下面辑录几篇校友写的回忆文章。

同窗余情六十载,友谊延绵两世纪

1948届 徐智

从预科到毕业,在 St.Mary's Hall (SMH) 受了七年德、智、体并重的教育。像一个雕塑定了型,不再变质变形。在我一生中,无论生活还是事业等各方面,母校的教育,让我终身受惠。我要感谢我的父母,把我送入这校风正派的学府,为我人生起步,打下了良好基础。身为一个圣玛利亚人(St.Mary's Girl),我引以为荣,也是我终身的骄傲。

失落——友情再续

回顾1948年毕业后,同学们"各奔前程",进了不同大学,不同专科,有的去了外地、国外、或从事工作。后来因院系调整和时代变迁,与同学们几乎没有联系,这是一段同窗失落的时期。直到1967年我到了香港,才和在香港的同学重逢。记得第一次约

1992年徐智回母校在钟楼前留影

1948年1948届同学

1992年11位48届同学在母校校园相聚,左起唐少梅、徐智、蒋郇芳、魏美瑾、姚惠娟、董蔚君、江天筠、李德、孙树莹、韩罗以、沈郇望

会在半岛酒店，一进Lobby，虽然相隔19年，但老同学（谢家骏、唐少梅、孙树莹、吴汉莲和来自美国的蒋珠珠等）的貌形没什么改变，只是汉莲比在校时瘦了很多，我未能认出。但不久，少梅、汉莲就移居美国。在香港来往最多的算家骏了。其次，珠珠因商务，每年必有两次来港，我们也必会找机会相聚。值得一提的是1972-1973年，我在纽约进修，人地生疏的我，蒙少梅、珠珠和其他几位SMH校友（唐小腴等）热情关怀招待，经常邀我到府上作客，品尝拿手好菜，或一起逛公司，使我身在他乡而无孤单寂寞之感。少梅的先夫沈鹤书经常开车接送或带我游览。回顾那一年同窗的温情真是难以忘却，至今仍铭感于心。

在中国经济开放后，去国内旅游机会大增。如1992年，在上海举行第二届约大全球联谊大会，SMH48届参加的有11人之多（唐少梅、蒋郁芳、魏美瑾、姚惠娟、董蔚君、江天筠、李德、孙树莹、韩罗以、沈郁望和本人）。1999年在温哥华举行第四届约大联谊会，我级也有9名同学（美瑾、汉莲、郁望来自加州，志娟来自巴西，蔚君、凤凤来自北京，加上温哥华的卢洁冰、蔡志伟和本人）。为了不耽误参加大会，48届的小型聚会只能约在早餐。虽然相聚那么短暂，但同感共情的友谊把我们凝集在一起。可喜的是，自我移居温哥华，竟有同窗家骏、志伟、洁冰为伴。

网络传友情

Email真是一个伟大发明，把地球上的距离大大缩短了。近年来，和惠娟、天筠、汉莲e-mail来往较多。2007年又和树莹通上了，她非常勤力发送，我们称为"AAA e-mailer"。最近，志娟也接上了，她的通讯简短爽朗，也是"AAA"。有一次，天筠（澳洲的上午）志娟（巴西的晚上）和我（温哥华的下午），三人在网上免费聊天，真是"远在天边，近在眼前"的亲切感。希望日后有更多网络传讯，以此交流见闻，相互关怀，延续友情。

金禧——钻石禧——2009相约在上海

记得1998年，为了我们的毕业金禧，由北京的级友发起在北京有三天庆祝活动。我和蔡志伟首先报名参加，约定10月15日10时在天安门广场集合。除北京的6位级友（姚惠娟、赵凤凤、刘华芬、董蔚君、顾美诚、应曼华）外，还有来自澳洲的江天筠和天津

1998年毕业50周年，在赵凤凤家吃蛋糕，后排左起赵凤凤、刘华芬、徐智、江天筠、顾美诚、姚惠娟；前排左起应曼华、董蔚君、蔡志伟、蒋郇芳

1998年登长城，后排徐智、赵凤凤、顾美诚、蒋郇芳、董蔚君；前排姚惠娟、蔡志伟、江天筠

的蒋郇芳。到了广场，老远就有级友向我们挥手招呼，心中感到一股暖流，说不出的高兴，大家像一群小鸭吱吱喳喳相互寒暄，摄影留念。中午在天安门广场附近的"仿膳"午宴。侍应穿着宫廷服装，菜肴非常有特色。下午在凤凤家举行会议，唱class song，再由惠娟宣读各地同学来信及贺词，思念与温情，百感交集。茶点有毕业五十大庆蛋糕。是日夜恰好是蔚君68岁生日（泄密了）。她还即席写了三言诗，真是才女。次日在颐和园游览并picnic。第三天，郇芳借来了大巴士，载了一团8人（应曼华、刘华芬未去），浩浩荡荡勇闯慕田峪长城，大家都登上了长城，当了"好汉"。现在回顾，真是勇气可嘉。拉杂写来，也算给未能参加的同学一个迟来10年的汇报吧。

我们的钻石禧，因2008年的奥运，延到2009年。借上海举办第八届约大全球联谊大会东风一并举行。引用北京奥运会主题曲："我和你"里几句贴切的歌词："我和你，心连心，永远一家人……为梦想，千里行……。来吧，朋友……"相约在上海！我们已失去了母校，失去了校园，但不能再丢失在上世纪结下的同窗情，让它在21世纪继续延伸壮大吧！

2008 写于温哥华

从同学相聚说起

1948 届 蒋郇芳[①]

2008年是我们班同学毕业60年的喜庆年。本着今年各地48届同学以小单位庆祝的计划，我作为在天津唯一的同学一直盼望参加北京同学10月份举行的庆祝活动。感谢上帝赐予我们福份，今年5月我和现住北京的董蔚君与现旅居加拿大温哥华的徐智都因探亲到了上海。我们和现住上海的李德和韩罗以两同学取得了联系，决定在5月12日相聚庆祝我们的佳节。就这样我们四个老同学（很遗憾，罗以因行动不便未能参加）在上海长宁区中山公园（即我们都熟悉的原兆丰公园）前门内右侧新建的御花园酒店里见面欢聚了。

5月上海的气候温润。那天阳光温煦，舒和的南风阵阵吹着。公园内绿草如茵。老树新木郁郁葱葱，到处成荫。公园大门外面花朵灿烂开放着，园内更是繁花似锦。小桥湖水依然存在。上午11时我们见面时真有亲人相遇的喜悦。年近80高龄的我们真是人老心不老，人人精神矍铄，意气风发。李德还是满头乌发。不远万里而来的徐智穿了一身漂亮休闲装，背了一架照相机更是潇洒神气。董蔚君本来在班上个子较小，现在已是一位福态的老学者。我虽然瘦些，但还能自由行动。我们被安排在酒店三楼一个安静角落里就餐。三个多小时里我们边品尝小吃点心边谈笑叙说近况。徐智给我们看了她和俞大夫、他们当科学家的儿子、儿媳与两个美丽大方的孙女和活泼可爱的孙子的全家福照片及家庭像册，好福气的她仍是一副病理学专家姿态。李德仍是文文静静地告诉我们她的曾外孙女已开始认真学习英语了。董蔚君也是子孙多多，她自己还在发挥余热，编写

蒋郇芳（1930~2013），2008年此文写于天津。

2004年姚惠娟 蒋郁芳 徐智 李德 唐少梅 韩罗以在上海　　2008年5月12日徐智 董蔚君 蒋郁芳 李德在上海

英语教材。我真诚地希望她们和所有老同学有时间来天津一游,来我家住几天。

　　下午两点多钟,我们离开酒店时请服务员和游人给我们四人合影留念。当他们得知我们是庆祝高中毕业60周年佳节时,都向我们祝贺并表示了羡慕的心情。

　　我们都热切期待分散在世界各地的48届同学明年春天能再一次来上海庆祝我们毕业61周年的佳节。

　　这次难忘聚会使我回忆起很多中学时代的美好生活。当去年我在上海亲眼看到母校的校舍被拆时心中万分难受。我永远不会忘记母校中外教师们严谨的教学作风和活跃的教学方法。我们这些圣玛利亚人受到了先进的双语教育。学校的教育是全面的,培养学生做人做事都有规矩、有爱心、和谐互助。双语(中英语)教育培养出的人才提高了祖国的国际地位。我作为一个普通中学英语教师,也为祖国培养了一些有用人才,至今还受到学生的尊敬。在母校我们还受到了体和美的教育,打篮球、游泳、骑自行车、野餐等给我们的身体健康打下了基础。每学期举行的音乐会,让我学会并参加钢琴演出,提高了音乐修养。每年的 Step Singing 和 Miss 何的音乐课更提高了我们每人的歌唱水平。每次小教堂里的歌唱赞美圣诗更大大地教育了我们怎么做人。我爱我们穿紫色旗袍的48届同学们,我爱我们的母校。

记上海圣玛利亚同学会标识设计

1950 届 朱亚新

圣玛利亚女中在上海的校友们于 2004 年 5 月 21 日假座长乐路"平湖秋月"茶室举行联欢午餐会。会前，程芍华老学长及李玫责成我为母校设计一个标识，作为聚会时摄影留念的点缀。我欣然接受了这个光荣任务。

为构思这个标识，我首先想到如何与圣约翰大学（也是我求学的母校）校徽相配，因为两个学校在我心目中犹如亲密的兄妹。在台湾新埔就有以 St. John's St. Mary's 联合命名的高等技术学院。在美国旧金山湾区每年举行五次学校联合聚会活动，聚会时唱完约大校歌后，便由我校校友合唱 "To St. Mary's" 校歌，另外逐年修订校友通讯录。

约大有校徽制作的各种纪念品，开会时又有蓝底印有白色校徽的校旗，鉴于圣玛利亚同学都爱唱的一首 "White and Blue" 歌，足以代表母校的校色，我便选择白底蓝字的设计。如此，两校的标识既配合又有对比。由于时间紧迫，设计连制作只有几天时间，标识的形状及图案布局就决定参照约大校徽，如此则图像亦可更加相配了。

标识的内容主要是中、英文校名和母校创建年份 1881。

约大校徽上的背景装饰，采用了校园中匍伏舒展在草坪上大樟树的叶子，那是约大校友们念念不忘的校景。我们的标识以什么为背景呢？什么是我们追思母校校园生活最为深刻而又易于表达的景象呢？回忆当年在 Dodson Hall 的 Sun Parlor 前的台阶及室外楼梯上所举行代代相传的节目 Step Singing（全校欢送毕业班）的情景：当时高、低班级各就各位，凭借阶梯踏步的高低，每人都有"看人"及"被看到"的视线保证，便于低班同学寻找所仰慕高班中的楷模，高班同学也能看到低班中天真可爱的小朋友。还记得

上海圣玛利亚女校标识

朱亚新（右2）在上海同学会年会上解释同学会会旗

未毕业时，大家盼望早日随着班级逐年上升，自己班级在阶梯的位置也可逐年上移。但是，最后真的踏上中央平台时，却已是毕业在即。每星期排练时，就不免产生行将离别母校的伤感。及至最后举行正式毕业歌咏欢送仪式时，各班同学穿上各种不同级色的旗袍，毕业班则穿上犹如新娘的白旗袍，再加上胸花，那时各人的心情更不用说了。谁能忘怀 Step Singing 在母校生活中绚丽动人的一幕呢！因此，我就采用了有一本歌谱在上、下设代表阶梯的横线条，组成标识的背景装饰图案。

　　这次为联欢会做的是一幅六十厘米宽、九十厘米高的版面，带到会场，受到同学们的认可和喜爱。如有其他地区同学会需要标识应景，上海同学会可提供小样资料，便于放大应用。其他地区如有相应标识，亦请交流。

2011年圣约翰世界联谊会上的圣玛利亚校友

1950届 沈桓

2011年圣约翰大学第九届世界校友联谊会上,圣玛利亚女中海内外校友近50人欢聚一堂,怀念母校对自己的培育以及自己在母校度过的美好时光和同学之间的深厚情谊。

10月15日上午,许多校友早早来到会场,寻找自己班级的同学,找到了就热情拥抱,跳呀,笑呀,拍照留念,就像60年前的年轻人一样。午餐后,校友们陆续来到女中活动室。大家高兴的是52届校友京剧表演艺术家李世济同学坐着轮椅来了!她原先要在联谊会献唱,后因骨折外出困难,没能来参加大会,同学们要去看望她,她坚持15日下午来看望大家。她一到活动室,就被50、51、52届和1952年还在圣玛利亚的低班同学围住,大家热情地与她交谈并抢着与她合影留念。她把印有她演唱《锁麟囊》剧照的茶杯送给同学们,李玫还不辞辛苦带回上海送给上海同学。一会儿,长期坐轮椅的刁蓓华也来了,同学们围着两辆轮椅聊个没完。她们行动不便却坚持来见老同学,令同学们感动。

另一个令大家兴奋的是见到了毕业后没见过面的娄丽娜。她在长春,身体不好,这次由孙子陪同来京与大家相聚。她是圣玛利亚女中团支部书记,所以50、51、52届以及低班同

沈桓(右1)

1950级同学：(自左至右)前排 李婉娴 邵儒珍 李瑞 朱亚新 后排 苏尚烨 奚家骅 沈桓 邵莉楣　　同学们和李世济合影

学都跟她很熟，见到她都十分亲切。沈玉芝同学身体不好，没来参加大会，但为了和娄丽娜见面，专门来到圣玛利亚活动室。两人相见，万分激动。娄丽娜从北京师范大学中文系毕业后一直从事教育工作，很有成就。她送给同学们接受记者采访的光盘，内谈及她退休后创办英华语言学院（民办）的过程，她为什么要办这学院，她的教学方法和效果等等。记者也采访了她的同事和学生。他们深情地谈到她的人品和人格力量。

　　1950届的北京同学高兴地见到了从上海来的朱亚新和从南京来的苏尚烨。她们8人围坐一桌畅谈了一下午。51届的北京同学期望与南京的叶美娜相见，但十分遗憾她最后因病不能前来。同学们遥祝她早日康复，来日相见。广东的赵琳琳原已报名，不知什么原因没有来，大家都很牵挂她。52届的郭志娥从美国来，她说在香港的姐姐志婉（44届）原先报名来联谊会，没有来成，想送同学们她唱歌的光盘，以后寄过来（现已寄来，分送北京和上海校友会、两个校友会合唱团和圣玛利亚同学）。吴景瑜从加拿大来，刁美华从香港来。上海的李玫还带来了郭静之为圣玛利亚130周年而制作的20只丝网纱小兔送给北京同学。北京同学十分感谢上海同学的深情厚意。韦尚群同学原居香港现定居上海，也从上海来了。52届有11位同学参加，是校友与会最多的一届。

　　1952年还在圣玛利亚的低年级同学（高二到初一共5个年级）也来得十分踊跃。北京同学见到了多年不见的来自澳大利亚的袁琼瑛、来自美国的伍美月、来自香港的王汝彤和董碧云。董碧云带来了歌曲光盘送给有兴趣的同学。还有来自南京的朱家祯、吴麟凤、黄月英、邵绡红，来自哈尔滨的郑天真和来自上海的徐乃玎、陆素定、尹惠华。大家感

高年级同学

低年级同学

到这次相见的机会真是难得，因此都特别高兴。

高班同学由于年龄关系到会较少。赵庆闰（46 届）与两位妹妹 48 届的赵凤凤和 51 届的赵启雄一起来了（她们三姐妹常常是一起参加北京圣玛利亚聚会）。从美国来的有范娟华（宾州）和朱雅兰、沈郁望（北加州），澳大利亚来的朱雅美、赵玲，上海来的石美莲。能见到这么多圣玛利亚校友，她们十分高兴。48 届的 5 个北京同学与 4 个海外校友江天筠（澳大利亚）、蔡志伟（加拿大）、吴汉莲（北加州）、徐智（加拿大）及来自天津的蒋郁芳，除 15 日欢聚外，还在 10 月 20 日中午在大鸭梨烤鸭店聚餐（加上 4 位姑爷），畅谈参加联谊会的感想，过得十分愉快。

由于圣玛利亚校友许多同时是约大或约园子弟，因此她们在女中和自己所在系及约园子弟的活动室之间两面跑。48 届的姚惠娟（北京校友会合唱团团长）从化学系活动室来到圣玛利亚活动室后，带领大家高唱校歌和 Step Singing 歌曲，激发起大家对母校的无限眷恋之情，使同学团聚进入高潮。

校友们热情交谈到 4∶45，然后一起去港澳中心附近的沪江香满楼酒家共进晚餐，由北京校友作东请外地校友，共 5 桌，基本上按年级入座。大家再次畅谈，同学们感到尽管各年级自己拍了不少照片，但非常遗憾没有一张集体照留念，美中不足！餐后，大家恋恋不舍地告别，互相祝愿身体健康、生活幸福、期望有机会再相见！（2011 年 10 月）

（沈桓：原《光明日报》国际部主任编辑，1987 年退休）

上海圣玛利亚校友二十一世纪活动综述

李玫、王志慧、莫慰芳

上海圣玛利亚同学进入新世纪以来越来越显得年轻有活力了，几乎每年都举行一次聚会，印象较深的有这样几次活动。

2005年在"平湖秋月"的第二次聚会活动出席人数有八十多人，大家见面互祝身体健康，祝愿大家年年相聚，家家幸福，天天开心。

奇怪的是，小时候，高班学长像大人，低班同学像小人，现在大小差距拉平了，都成了祖母、外婆。不过只要聚在一起，都会童心大发，都像小人一样。

这次聚餐，SMH戒指同大家见面了，150只戒指还不够分，还要添制。戒指要感谢崇敏、慕英提供实样，经陈英、漪芬、邹灵的努力，及时加工完成。

2004年5月21日上海圣玛利亚校友在平湖秋月聚会

杨大同保存的上海校友定制的校戒

这次聚餐，SMH新校旗高高挂起，这要谢谢圣约翰侯乾康的大力帮助，为女中找到加工单位及时制成的。

2007年的一次在延安中路梅园邨举行，这是自2004年以来，第四次聚会。出席人数也有80余人，最年长者为38届学长，九十岁高龄。最年幼者是57届校友。这次聚会主题：通过交换礼物，要结识收受自己礼物的校友，还要认识送给自己礼物的校友。此外，要认识为每次大聚会热心出力的校友，认识之后，彼此的距离就更近了。

这次欢聚还有一个"忆母校"活动。一部分校友在过去一年中写了有关忆母校文稿，回忆当年在母校受教育的种种情景。正是在母校的教导下，形成了每个校友的价值观、人生观、生活方式、工作能力、奉献社会、奉献时代。1945届刘锦銮（Helen Auyang）特地在信中表示自己愿为恢复母校捐献100万美元。虽然她的真诚义举，由于众所周知的原因不可能办到，而她的心意，感染了每位校友。三个小时返老还童的欢聚给每位出席的校友无限愉悦。

2009年，继圣约翰第八届World Reunion闭幕后，圣玛利亚部分校友在5月20日中午，假市政协餐厅举行联谊大聚会，出席人数大大超过预订的10桌座位数，最挤的一桌坐了48届14位校友。年逾90的程芍华（39届）一让再让，把自己的座位让给来自远方的校友，自己插坐入57届餐桌，与她们同欢乐。在人群中有我们的四位老师，他们是当年青年教师俞慧耕、刘葆宏、徐祖颐和范敬敏。邹灵（1952年初三）请她们一一起立与大家见面后，姚惠娟（48届）带领全体唱歌。接着俞慧耕讲话，再一次动员大家出席两年后在北京举办的圣约翰第9届世界联谊会。

各个班，姐姐班，妹妹班，还有当年的要好朋友……相见分外亲切，说不完的甜蜜回忆，讲不尽的别后光景，话匣子又刹车失灵，气氛异常热烈，以致原先要进行的美东盛智英（51届）、吴汉莲（48届）等的健美舞，以及由范崇敏（51届）提供的Step Songs复印件，由姚慧娟指挥的Step Singing都被挤掉了。

尽管餐厅里还坐着几位"明星"，她们是赵凤凤（48届，安娜·路易斯·斯特朗的终身秘书长）、闻玉梅（51届，院士）、沈桓（50届，光明日报主任编辑）、汝洁（49届，上音附中校长）、朱亚新（50届，教授，资深高级建筑师）、孙宜宜（1952年高二，杭州市建设系统先进工作者，结构专家）等，此时此刻均已不重要，重要的是我们都是 Girls of St.Mary's，都是母校培育成长起来的社会健康细胞,当大家相聚一起,以崇敬心情,带着各自毕生的硕果,一起怀念母校的抚育熏陶,共享欢聚的乐趣。餐毕,大家纷纷站到由朱亚新（50届）设计的新校旗 White and Blue 前摄影留念。

到2011年圣玛利亚女中同学一年一度大团圆已办了七年。这年4月23日中午在"沈家鱼头王"办起了第八次大团圆,七桌师生出席了活动,其中包括三位老师刘葆宏、徐祖颐、范敬敏和五位41届前的老学长及1952年初一最低的末班同学。大家一齐高唱中英文校歌。母校更使自己拥有了独特的气质和自信姿态,与众不同的穿着表现了自己爱的倾向和生活趣味。只要有一群同学聚集在马路上,老师便能轻易识别出"这是我的学生"。至今大家仍保留这与众不同的特质,它已成了大家共有的生活方式、生活取向。大家一起回忆母校成功的教学,培育了一届届优秀人才。

每当大家忆及这些硕果和自己勤奋努力为国家社会贡献自己所能时,都会滋生一种"未敢自渺小"之感,都会对母校对老师产生敬仰之感。而今大家步入老年了,我们还在为国为家努力贡献,将母校给予的教诲传给自己的下代,有的更是将自己的孙女、外孙女考回市三女中接受当年自己接受的严格教育,望她们成才。

参加上海市三女中同学会举办的周年庆祝活动也是校友们的聚会活动。2008年11月2日1948届在沪校友和正在上海探亲的董蔚君、江天筠和姚惠娟相约前往江苏路市三女中。小礼堂内座无虚席,沸沸扬扬挤满了同学,从很远处就能听到传来的欢笑声、喧闹声。

大会约在9时半开始。时任校长、书记、校友会长及48、58、68、78这四届校友代表相继发言,深情表达祝贺、感谢、怀念之情。令我们吃惊的是78届代表竟是个男生,原来,市三曾一度男女同校。

余兴节目一开始,董蔚君、江天筠和姚惠娟仨连同47届的石美莲学姐上台演唱了我们的级歌,赢得全场热烈掌声。

会后,我们被邀入贵宾室休息。母校校友会干事程芍华、石美莲、李玫等成为我们的"客人",愉快分享了大会赠予的奶油蛋糕。蔚君还带回了一块给她在养老院居住的102高寿的母亲。然后,干事们又作东,招待我们在愚园路上的名餐馆享受了别具风格的午餐。

 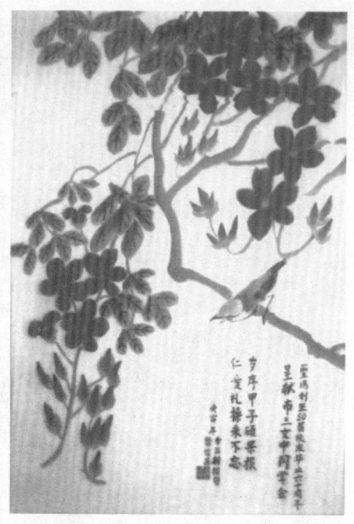

2009年5月圣玛利亚52届同学和班主任俞慧耕老师　　2010年50届毕业60周年，徐信画朱亚新书，赠市三女中画作

　　2010年是50届校友毕业60周年，11月7日上海市三女中校友会举行周年纪念活动。50届高滋、朱亚新、莫慰芳、吴云凤、徐信等五人代表St. Mary Hall 50届出席。大会给来宾发蓝色佩带，书有感恩使生活更美好——40-50届中西女中、圣玛利亚女中、市三女中同学会字样的挂件。

　　同学高滋是身兼多职的忙人，那天早早来到市三，正在海阔天空高论着，右边沙发旁站着徐信，她正在向人们介绍一幅鸟语花香的彩色画，画间文字是朱亚新撰句，"岁序甲子，硕果报，诚爱廉操永不忘"。经徐信的一画一字，真是一幅美丽的挂图。落笔是50届全体学生，赠给大会的礼品。

　　向前看，人生充满着期待和希望，我们盼着每年的大聚会交流佳音。

2010~2013年圣玛利亚在京校友活动综述

董蔚君、沈桓、张瑞云

近年来一年一度的圣玛利亚女中在京校友聚会都在朱文佼家华侨公寓院内举行。校友们年纪都渐渐大了，喜欢安静地相聚，在温馨的"家"的环境中互相交流，于是朱文佼家宽敞的环境便成了我们聚会的好地方。

每年聚会的日子，文佼和文情姐妹俩，还有其弟弟、弟媳一早就忙开了，为大家准备茶水和丰富美味的小食品。在树荫下摆放桌椅，在篮球架上挂上圣玛利亚女校旗帜。

2010年的主题是联络友谊，并准备2011年圣约翰大学全球联谊会在北京召开。

5月30日天气晴朗，气候适宜。到场校友年龄最大的85岁，最小的69岁。35级95岁的孔宝定校友本想让女儿陪同前来，但女儿考虑到路途遥远，怕她身体吃不消，所以没陪她来。但她在电话中表示欢迎校友们到她家聚会。从44届到52届共到了27位校友，大家在树荫下的圆桌旁欢聚一堂。朱文情复印了圣玛利亚女中北京校友名单（有编号，写明年级和电话号码），到会校友人手一份，大家依次作了自我介绍。这样一来，原先高低班同学认识了，对上了号，感到非常亲切。从自我介绍中我们看到校友们离退休前都是国家建设的生力军，有的现在还在发挥余热。

约大北京校友会常务副会长俞慧耕老师也到会与同学们叙谈。她介绍了明年在京召开的第九届世界校友联谊会的安排，动员大家积极参会，积极参加合唱三首歌曲。校友们谈论第九届联谊会的接待问题，有的校友自告奋勇要求参加接待工作，令负责联谊会接待工作的朱文情十分感动。

中午时分，朱文佼的弟弟为大家拍摄"全家福"。活动结束大家依依不舍告别，叮

2010年5月30日 朱文佼院子里

咛各自多保重，下次聚会再见。

2011年的聚会安排在在国际母亲节前夕的5月7日。这一天到了25人。这一年也是圣玛利亚女子中学成立130周年，又临召开圣约翰大学第九届世界校友联谊会前夕，大家更怀念母校对我们的教诲和培育，回忆我们幸福欢乐的中学年代。

朱文佼老伴是约中的陈君石，虽忙于工作，中午也来照应大家。很多同学也带来了许多糖果和点心。文佼妹妹文倩是圣约翰大学北京校友会理事、副会长。她主持聚会，向大家一一介绍25位同学和来宾。

各届中参加人数最多的是48届，有赵风风、姚惠娟、顾美诚和董蔚君四位。

51届参加的有赵启雄、董悦和汤铀射三人。52届刁蓓华、朱文佼和张瑞云由86岁的班主任俞慧耕带领参加。俞老师乘了15小时飞机，凌晨1点刚从美国回家，9点就赶来会场，会后又和同学聚谈，晚7点才回家。大家佩服她的精神和对约大校友会工作的热忱。

赵启雄为大家切自制蛋糕　　　　　　　　　1935届97岁孔宝定来了

应曼蓉、吴其慧和董蔚君三位是觉民小学、圣玛利亚女中和圣约翰大学三校同学。顾美诚、姚惠娟、赵竹佩和朱雅芬四位是圣玛利亚女中和圣约翰大学两校同学。她们前后同学十多年，联系和友谊持续到今天，实属可贵。

姐妹三人同来的是46届赵庆闻、48届赵凤凤和51届赵启雄。启雄请大家品尝她刚做的热蛋糕。我们可以数出许多家庭，姐妹几个都是圣玛利亚同学，还有母女同是圣玛利亚校友。一个孩子上了圣玛利亚，其他孩子也慕名而来。

低年级有52年初二的朱烨、初一的徐乃珩和王裕弘。裕弘年龄最小，也已七十岁了。李婉娴腰腿有病，走路疼痛，上下出租车困难，就拄了拐杖乘公共汽车到会。她说参加同学活动很开心，只要可能就来。她已报名参加圣约翰大学第九届世界校友联谊会，希望和海内外的各地同学碰头。

李薇的老伴章继高、病愈不久的朱文倩的老伴蔡芝青也都陪同到会，杨大风推着轮椅照顾老伴刁蓓华参加聚会，亮出了一道伉俪情深的风景线。

35届老学长，97岁的孔宝定由女儿蒋彦红陪同，从东四环外的天鹅湾赶来，她热情邀请大家到她家聚谈吃饭。（她报了名参加10月份圣约翰联谊会，想不到7月突发心脏病去世）。

张瑞云介绍近日看望老学长的情况：94岁35届葛秦生摔跤脑梗后走路困难，可脑子清楚，每天起床坐轮椅，可以外出晒太阳，她记得同学的名字和2002年回上海参加圣玛利亚校庆活动。94岁38届张祥保北京没有亲人，近年美国和北京两地跑。去年回国

2013年6月16日北京校友在朱文佼家，二排右4张祥保

想在北京找到合适的养老院，不成后再去美国，原想今年五月再回来，但在美国摔跤骨裂，令大家思念。

会议齐唱校歌，姚惠娟读了上海校友来信，信中介绍4月份圣玛利亚上海校友聚会的盛况，60多位上海校友和范敬敏、徐祖颐（约大教育系51届）及刘葆宏三位圣玛利亚老师到会。上海圣约翰大学校友会副会长、圣玛利亚52届李玫介绍圣玛利亚校友的成就，个个都对社会做出了贡献。

俞慧耕介绍圣约翰大学第九届世界校友联谊会准备情况。我们大家对这次联谊会也抱着热望，渴望着在联谊会上和各地的约友相逢。并表示我们是约友的小妹妹，是最年轻最有精力的一批，要争取做联谊会的志愿者。邵儒珍当场响应：我们一定支持联谊会工作，校友会指向哪里我们就打到那里，表示愿意共同努力把联谊会办好。

到会的北京约园子弟朱雅芬、顾美诚、赵竹佩、刁蓓华和张瑞云，热情期待在联谊

北京圣玛利亚校友参加2013年9月28日圣约翰年会

会上和少时的小伙伴相聚,共同回忆父辈和我们在约园里成长的快乐时光。她们商定了10月15日晚由北京约园子弟在香满楼请各地约园子弟聚餐,当日马上发出邀请。

2013年6月16日,圣玛利亚同学在朱文佼家聚会。27位同学(接近北京63位同学半数)从四面八方赶来相聚。李世济等6人不能参加,打电话向大家问好。圣约翰大学校友会合唱团也在这天活动,虽然天气预报中午有雨,还是另有4位非圣玛利亚的合唱队员也参加了。文佼侄媳为大家服务,徐乃珩丈夫搬来了设备给大家摄影和录像。住在美国和上海的50届同学朱亚新,在2012年通讯录基础上重新排列,加同学英文名字,配祝词、校歌等,印制成精致的浅蓝(校色)小本,送给北京同学。聚会在歌声中开始,朱文倩主持,合唱团长姚惠娟钢琴伴奏,大家高唱当时在校时的歌曲,好像回到了那个年轻时代。

27位同学都讲了话,作自我介绍,并谈了在校时印象深刻的事。

96岁高龄的38届张祥保,不久前从美国归来,她讲了见到同学们的快乐心情。

市三女中陈瑾瑜给北京校友发来一封信,报告了《追忆圣玛利亚女校》一书编写工作的进展情况,欢迎大家投稿。上海第三女中学生为编写《圣玛利亚校史》,打算采访十位北京校友,其中有88岁的俞慧耕老师,她们将采访她终身从事教育事业的事迹,为此她带来了著作《音乐——神圣的魅力》。此书是她退休后创办音乐学院培智学校的经验总结。当场就有两位同学约好要借书回家阅读。

47届吴其慧同学讲述了她就读圣玛利亚时,正逢战乱,办学困难。但即使在艰难条件下,学校坚持英语教学,力求取得较高的教学质量,对她一生有重要影响。她写了八千多字的《忆抗战后期的圣玛利亚》,是对母校的怀念和感恩。

48届董蔚君同学谈了她自己曾当过工农兵和商,最后是编书匠,出版了系列英语教科书,越编越起劲。她表示希望自己能活到百岁,干到百岁。

聚会两个多小时,大家有说不完的话。相约明年五月最后的星期天再碰头。

寻觅母校历史传承的足迹

1948届 徐智

2013年10月底,我去台北参加圣约翰大学台湾校友会举办的第十届世界校友联谊会。事先听说台湾圣约翰科技大学(前身为新埔工专)有许多圣玛利亚女校的历史传承及文物,我在大会开幕前抽出一天去参观采访。

我于10月29日清晨5:30从温哥华抵台北机场,由周朝木校友(新埔工专第四届)专程来机场接我。8时许抵圆山饭店。9:30在颜雪慧董事陪同下,开始寻访。为了减轻我步行劳累,又请彭永薰校友(新埔工专第二届)驱车全程陪同。

施约瑟路

进入圣约翰科技大学校门,前行不远,即见横行的"施约瑟路",位于圣公楼(行政大楼)前。施约瑟(Samuel Isaac Joseph Schereschewsky)是犹太裔立陶宛人,1859年来中国传教,1876年任中国教区主教。他学识广博,能讲13种语言,读20多国文字,创办了圣约翰书院,又创办了圣玛利亚书院。46年前在台北淡水,圣约翰大学及圣玛利亚校友兴建新埔工专时(英文校名 St. John's and St. Mary's Institute of Technology)以第一条阔行大道来纪念他,是最恰当不过的。

圣玛利亚路

从施约瑟路向前有两条平行大道,左侧是"圣约翰大道",右侧是"圣玛利亚路",象征着施约瑟创办的两所学府。"圣玛利亚路"两边有两排高大榕树,粗壮的树干像一队卫士夹道守护着这条路,上面的枝干向中央交叉成荫,形成一条弧形林荫大道,深不可测。只见远处出口,露出一点天空及阳光。谅这林荫四季常青,冬暖夏凉,在林荫下

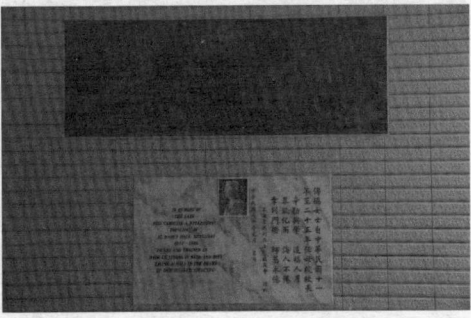

(上)榕树绿荫下的圣玛利亚路（左下）施约瑟路（右下）傅德堂傅德女士纪念铭牌

漫步，犹如置身童话世界。大自然的美，令人惊叹，让人心醉。记得2004年，台湾召开圣约翰大学第六届世界校友联谊会，我初次踏上这"圣玛利亚路"，心中无比兴奋。啊，这里还有以母校命名的大道！时隔9年，榕树更见壮大，树叶更加茂盛，已相互交织成荫，像玛利亚儿女的友情，交织融合在一起，永不凋谢，直到永恒。在上海，母校原址已成一片废墟，令人心碎之日，重游"圣玛利亚路"，岂不对母校更加怀缅。听说有可能上海复建圣玛利亚旧址，希望能够实现。

电子工程馆（圣玛利亚楼）

圣玛利亚楼横匾

百龄亭又称圣玛利亚亭

兰贞馆小白宫

傅德楼纪念铭

1973 年兴建的工业工程馆也称"圣玛利亚楼"，后改名为"傅德楼"，以纪念圣玛利亚第三任校长傅德女士（Catherine Fullerton）。2008 年因建筑陈旧而拆除，并在原址重建了"教学大楼"，又称"舜文楼"。但保存了"傅德楼"之纪念铭，镶嵌在新楼左侧墙上。傅德任圣玛利亚女校校长长达 17 年（1920～1937），1923 年她将圣玛利亚书院搬出圣约翰大学校址，迁入白利南路新校址，命名为"圣玛利亚女子学校"，树立了母校新的里程碑。

圣玛利亚楼

沿圣玛利亚路向前行到尾端，左侧有幢五层高大楼，正门有大幅横匾，有金色大字"圣玛利亚楼"。此楼 1985 年兴建，供电子工程系教学和实验之用。

兰贞馆——小白宫

从"圣玛利亚楼"向右侧步行，到达一处环境非常幽静，不见行人或车辆，但见一幢外形朴实的白色平房，四面有白砖围墙，墙内有几棵大树点缀着，也没有任何标志，"兰贞馆"俗称"小白宫"（当年圣约翰大学校长楼称白宫），是校长官邸，经过特许我入内参观。白宫前有一小院庭，右侧还有一鱼塘，内有几条金鱼，另有些盆载小松柏，布置小巧玲珑。进入白宫，大门右面墙上见到了"兰贞馆"的铭刻。

"兰贞馆"是1967年新埔工专创校时，中华圣公会朱友渔主教及其子朱罗伯牧师及家属共同捐款，为纪念朱主教胞妹朱兰贞而兴建的一座校长宿舍，朱兰贞任圣玛利亚校长八年（1942～1949），正是我就读母校时的校长，今日能一睹"兰贞馆"风采实在庆幸。

六十年代圣约翰圣玛利亚校友为新埔工专在淡水镇公所购地，前排左起：周惠珠董事（新埔工专董事，1939届）、吴舜文校长、俞董梅真董事（1938届）、徐柏园中央银行总裁、陈汉清董事、沈魏惟仪董事（1941届）、盛钟源董事（1940届）、严家昌董事；后排左2谢震约大校友会会长、左5沈祖海董事、左7朱集美（1946届）、左8朱倚天董事

百龄亭

最后要提的与纪念圣玛利亚有关的是"百龄亭"，位于正对校门的圣公楼左侧，四根大红圆柱，典型的中式亭阁，写的是"圣玛利亚校友会敬建"因而又称"圣玛利亚亭"。

此次赴会另有一件庆幸事，在惜别晚会竟见到了台湾圣玛利亚魏惟仪学长（1941届），她身穿宝兰色旗袍套装，雍容华贵，我赶快召集在座来自四大洲的14位圣玛利亚同学和魏学长、辜严倬云董事长来张大合照，真是难得的机会。

1949年前后来台的圣玛利亚校友达百人，来台校友常固定聚会，并于1953年成立在台圣玛利亚校友会，校友会成立后便主动与台湾圣公会联系，在台湾圣公会主教吉尔

2013年10月31日15位圣玛利亚校友参加圣约翰大学第十届世界校友联谊会

生(The Rt. Rev. Charles P. Gilson)安排下,与圣约翰大学校友协力合作,协助教会共同创办了新埔工专(新埔为当地地名,台湾校友1915届郑绣菱、1921届梁就光、1927届谭祥和俞大綵、1938届董梅真、1939届盛钟庆,都是参与兴建新埔工专的圣玛利亚校友,以后的1939届周惠珠、1940届盛钟源、1941届魏惟仪和刘葛璇、1946届朱集美等也参与出力。现在这些校友有的仙逝,有的移居海外,留在台湾的已经很少。魏惟仪学长今年已95岁高龄,是到会校友中最高寿的,真是千里有缘来相会。

10月31日我参加了在图书资讯大楼6层的圣约翰大学校史典藏暨研究中心揭幕式。该中心陈列了许多圣玛利亚照片和资料,还有几十位圣玛利亚校友口述历史的视频。

以上所述是这几天里寻访到的对母校的纪念点滴,母校的历史功绩将永远留在我们心中,不会忘却。正如圣玛利亚校歌所说:

"Never shall our hearts forget thee dear St.Mary's Hall"

(本文大部分照片由台湾圣约翰科技大学提供)

附 录

圣玛利亚女中校史

1938届 凌励立

圣玛利亚女中1952年7月和中西女中合并以来，就成为上海市第三女子中学的一部分，圣玛利亚女中的校史也就是上海市第三女子中学校史的一部分。

圣玛利亚女中原名圣玛利亚书院（St. Mary's Hall），成立并命名于1881年。它和1879年创立的圣约翰大学共同组成美国圣公会上海施主教（Schereschewsky）在梵皇渡（今万航渡路）建立的教会教育中心。圣玛利亚书院前身是1851年创立的上海第一所寄宿女校文纪女校（Emma Jones School）和1861年创立的俾文女校（Bridgman Girl School）。1881年两校合并。如按文纪建校年份计算，圣玛利亚的历史当追溯至151年前。

圣玛利亚女中初建时，学生仅有28人。一则因仅对教徒开放，二则因当时女子读书的人数极少，即使不收学费。学习内容十分简单，仅修中文、圣经、女红及英文。首任校长是黄素娥（圣约翰大学校长卜舫济夫人）。

第二任校长为孙罗以（S.L.Dodson），任职长达30年（1890—1920）。1900年举行了第一次正式毕业典礼，毕业生仅朱静贞一人。从1900年起学校有较大发展：校舍扩充；开始接受教外学生并征收学费；科目日臻完备并开始形成中西合璧特色（Anglo-Chinese）；设立英文部、中文部和音乐部，并以英文部为重点。1908年添设师范科，并于1924年设实习小学，至1937年"八一三"抗日战争时停办。

学校校风正统保守，校规谨严，学生全部寄宿，每月诋能回家一次。英语和琴科均为办学重点，在当时被视为培养女子成材的理想学校，除上海外，还吸引了外省有产阶级家庭女子入学。由于学生增多，1920年在白利南路（今长宁路）购地70亩，建立封闭的西班牙式新校舍。包括教学楼、理科楼、体育馆、音乐楼、学生宿舍、中外籍教师宿舍、医院、膳堂等十一处建筑，典雅、朴实、幽静，具有独特的建筑风格。这美丽的校园和办学的严谨风格协调一致，至今仍是在那里就读过的校友梦迥情系的地方。解放后虽成为上海纺织专科学校校址，但大致上保持原有风貌，在解放前建立的上海的中学中颇具特色。1923年7月，学校脱离圣约翰大学内的校址，正式迁入白利南路。

第三任校长为傅德女士（C.A.Fullenton），她任校长17年（1920—1937）。1924年改12年旧学制为教育部之三三新制，并有预备科二年。尽管如此，由于英文部和中文部课程各有相对的独立性，又由于偏重英文科目，数、理、世界史地全属英文部并用英文课本讲授，故对学生英文水平要求甚高。初入学时，有些学生中英文课程可在不同年级，如中文在高年级而英文在低年级。

学校重视学生德、智、体的全面发展，例如下午四时后关闭课室和宿舍，要求学生进行体育锻炼。圣玛利亚女中办学的特色是严格训练，培养守纪观念、坚定信念和坚强性格；要求学生忠诚、诚实、认真、踏实，对自己严格要求，对他人友爱关心。

1937年金希姒（F.D.Mackinnon）接任第四任校长。当时学生为308人。由于抗日战争日趋剧烈，在沪西无法开课，于1937年在圣约翰大学协助下，借南京路大陆商场临时上课。1939年在梵皇渡圣约翰大学校园内建校舍，取名斐蔚堂（Grave's Hall），但学生全为走读。1941年美国政府劝告旅华美国人撤退回国，圣玛利亚所有外籍教师均离校返美，仅留顾怀琳女士（G.L.Cooper）任代理校长。1942年由中国人陆朱兰贞女士任校长。抗战胜利后，学校重新迁回白利南路校址。1949年至1952年由圣公会洪应德任校长。1952年郭秀梅女士任校长。1952年7月与中西女中并校，校址设在原中西女中，圣玛利亚校址作上海纺织工业专科学校。

圣玛利亚和中西虽分属基督教不同宗派，办学也各具特色，但当年同为上海著名女校，不乏校际交流。更值得庆幸的是圣玛利亚1926年的毕业生薛正先生，以后多年任中西校长之职，又成为市三女中的终身名誉校长。在她漫长而又富有成果的教学生涯中，身受和目睹三校历经的沧桑。她是旧中国的圣玛利亚和中西汇合成新中国的市三女中这一历史长河的最有代表性的见证人。

（1991年初稿，修改于2002年）

青年对于鲁迅先生应有的认识

1937届 袁葆禾

这位现代中国大文豪——鲁迅先生——不用我多介绍,他在文化界上思想界上所遗留的工作和影响是永不会受忽视的。他的死讯也不只是中国文坛上的一种不可挽救的损失而已,而在世界上也缺少了一位英勇的,不断与封建势力作战的将士。不但他于整个文化史上是如此;而他和我们青年中的一层密切的关系,尤其不可埋没。可以说于近代作家中,再没有另外一个,如鲁迅先生这般爱护青年的了。他曾说过:"中国青年负担的繁重,数倍于别国青年。"因为一切改革社会,打倒旧势力的责任都在他们身上。何以他会说这话?因为他看重青年是社会的主干,深信将来社会如要得前进,必需一般青年们的努力。有人说鲁迅先生自己也是个"老孩子",这是说他人一年年会老,可是在精神上,他永远有孩子一般的热情。他就是用了这一片热情,和他有力与正确的见解,处处来引导,鼓励青年人。在他的著作里,有许多是指引青年应该如何生活,如何活动的。虽是如此,他却从不摆出"我是青年导师"的架子,或是板起脸来教训青年。

我们应该怎样认识他呢?概括地说,可以分为两点。第一是他战斗的精神。鲁迅先生有的是一种积极的不妥协的精神;他反抗压迫,暴露虚伪:攻击一切旧势力的余孽。当他看清了种种弱点时,就奋力搏击,非到这弱点完全暴露,引起了普遍社会注意,他不甘休。他自己说:对他看不过的东西他是要"一口咬住不放的",这种"一口咬住不放"的精神,正是青年应该学习的。他曾说:青年应向的目标是———一要生存、二要温饱、三要发展。有敢来阻碍这三事的,无论是谁,青年都得反抗扑灭他。可是他后面又加解释说,所谓生存,并不是苟活;所谓温饱,也不是奢侈;所谓发展,更不是放纵。

总之，青年要的是有自由的向上的活动力，活动有错，也不要紧，可以再来，祇有半死半活的贪生怕死，才是完全失错的。虽然青年又须记住：鲁迅先生是主张有准备有预定计划而进攻的，他反对冒险轻进，"一口咬住不放"，不祇是在进攻时是如此，而于研究，于观察时，也得如此。无论问题大小，须用全力研究，研究透彻了再发言。于是有了准备，就不怕敌人回击。

第二是他战斗的方法，特点当然是他的讽刺和幽默，可是他的讽刺和幽默，并不是软性，而是一种有力的写实。有人不是说过，他是个旁观者，站在路旁边看人来去，他祇是冷冷静静地不做声，偶尔地对你望一眼，可是这一眼就使你明白他知道你的也许比你自己知道得更清楚些。例如常听人说杭州雷锋塔倒了，最多不过慨叹少了个古迹，而鲁迅却用巧妙的手段，将中国人的笼统主义，十全主义痛切地说了一下。他说：中国有许多人都患了这种"十景病"，随便什么，总喜凑满十样，如点心有十样景，菜要有十大碗，甚至阴间阎王那里也有十大殿。宣布起人的罪状来，有了九条，也总不甘心，非得凑满十大罪不可。所以听说雷锋塔倒了，许多人都叹息，"西湖十景这可缺了一景了呀"！像这样的文章是不得不引诱人读下去，而受着刺激，来深深思索一下的。鲁迅先生非但和青年说明了问题的现实性，他而且使青年知道怎样去分析现实，和怎样去奋斗将来。

正如，茅盾先生所说："如果我们仅仅把他当做民族文化史上的'伟人'来研究，他在地下一定要说我们'太乏'；我们必须认明：他是'民族解放斗争的象征'，他是'中国民族有前途的明显的保证'。"鲁迅先生虽死了，那一班被他看重的青年们，应怎样记住他战斗的精神，和他战斗的方法，以及他对青年们的一片希望，而共同背负起这改革社会的使命来！

（原载1937年《凤藻》）

论卡通画之前途

1937 届 张爱玲

卡通画这名词，在中国只有十年以下的历史。但是大概没有一个爱看电影的人不知道华德狄斯耐的"米老鼠"吧？——"卡通"（Cartoon）的原有的意义包括一切单幅讽刺漫画，时事漫画，人生漫画，连续漫画等。可是我在这里要谈的卡通是专指映在银幕上的那种活动映画。

卡通画的事业现在可以算很光明灿烂了，画片除了配音之外，又加上绚烂的色彩；米老鼠的画像成为圣诞的商店里最好的点缀；有许多观众上电影院去专为看米老鼠。可是，让我们试问大多数的观众们，卡通画在他们心目究竟占着一个什么地位？听听他们的回答吧！"卡通是电影院在映完新闻片之后，放映正片之前，占去一段时间的娱乐，特为孩子们预备的。它负着取悦孩子们的使命。所以它必须要滑稽突梯，想入非非，我们不要它长，因为画出来的人物多看了要头晕。我们很赞成狄斯耐先生把许多名闻世界的古老的童话搬上银幕，因为孩子们比较喜欢看活动的映画，不爱看书本中的呆板的插画。"那些好莱坞的卡通画家竭力想迎合观众的心理，提高他们的作品号召力，于是他们排了队出发去搜寻有趣的童话，神话。滑稽的传说，如《玻璃鞋》《小红风帽》之类，都是最可珍贵的材料。不过，近来这材料渐成缺乏，卡通画家们正感到无路可走的彷徨的苦闷。我们可以看见，在最近上映的几张卡通中，制作者们不得不借助美妙的音乐的伴奏来强调画面的动作，补救画面的空虚，结果轻重倒置，图画倒成了附庸在音乐之下的次要品了。即使古老的仙人故事的题材不缺乏，即使观众对于陈旧的米老鼠不感到厌倦，难道我们把这惊人的二十世纪美术新发明——卡通画——用来代替儿童故事的插画，就以为满足了吗？

　　决不，卡通画有它的新前途的。有一片广漠的丰肥的新园地在等候着卡通画家的开垦。未来的卡通画决不仅仅是取悦儿童的无意识的娱乐。未来的卡通画能够反映真实的人生，发扬天才的思想，介绍伟大的探险新闻，灌输有趣味的学识。比如说，"历史"它就能供给卡通数不尽的伟大美丽的故事。这些诗一样的故事，成年地堆在图书馆里渐渐地被人们遗忘了，死去了；只有在读历史的小学生的幻想中，它们有时暂时苏醒了片刻。卡通画的价值，为什么比陈列在精美的展览会博物院里的古典的杰作伟大呢？就是因为它是属于广大的热情的群众的。它能够把那些死去了的伟大的故事重新活生生地带到群众的面前。一个好的历史卡通必须使读过历史的和未读过历史的人全懂得，而且必须引起他们的兴趣。将来，当卡通画达到它艺术的顶峰的时候，现在的这种滑稽的神话式的卡通，并不会消灭，可是它只能在整个卡通界中占着小小的一席地，"聊备一格"而已。

　　我真是高兴，当我幻想到未来，连大世界，天韵楼都放着美丽的艺术的结晶——科学卡通，历史卡通，文学卡通的时候。

　　也许有人会怀疑。然而不看见电影的榜样吗？电影在新发明时代，不是同样被认为是引儿童发笑的东西吗？然而现在有些影片的严肃的态度却可以做学校里课本的补助品了。并且有些电影的艺术价值是公认为足以永垂不朽的。卡通的价值决不在电影之下。如果电影是文学的小妹妹，那么卡通便是二十世纪女神新赐予文艺的另一个玉雪可爱的小妹妹了。我们应当用全力去培植它，给人类的艺术发达史上再添上灿烂光明的一页。

（原载 1937 年《凤藻》）

希望于母校同学的一二

1932届 龚普生

在大地上，不论是在法西斯统治下的国家，或比较自由的土地，有着整千整万最优秀的青年呐喊着保卫民主的呼声。国社党虽然统治了德国并用着集中营的禁锢或国外的放逐以压逼人民的自由，但是至今留在德国的学生，却从没有放弃争取民主和自由的机会。不谈他们那些秘密进行反纳粹的工作在公开活动，德国学生都用着每一可能方法建立保卫民主的堡垒，像对目前的欧战吧，当然正面的拒绝参加战争是不可能的，于是学生便反面地提出要求延长受教育时间，因为只有这样才能不致把他们自己作为帝国主义战争的炮灰，在课程上，学生们热烈地表示了对自然科学的兴趣，这样他可以不听那一套纳粹的政治滥调，或受一些荒谬民族论的影响，即使有一线的机会，德国学生不会放弃了为仅存的自由作斗争。

再看英国，说起来它虽然是比较民主的国家，但是实际情形显然离民有民治民享的社会还差得很远很远呢，政治是被少数资产阶级分子操纵，失业、贫穷成为国内无法消除的问题，大学教育机会也只限于少数人享受。处处都表现出社会的不均。处在这样的环境下英国的青年学生怎样呢？他们并没有因为特殊优越的地位，躲在象牙塔内专从书本内找出路，而一致团结起来，组织统一的全英学联，一方面促进他们自身生活的改善，如要求改良课程，使能实用，大学设免费学额，以便利清寒学生，毕业后的保障等。另一方面却积极地援助着世界的自由解放运动。他们对中国的抗战的宣传及捐输工作都很使人值得注意的。我们常常听到有不少学生为着奔走学运，甚至牺牲学业。什么力量在推动着这些学生前进呢？没有别的，那就是他们对自由平等的爱护，他们对民主的要求。

以上简略所提的德国及英国学生活动只是举例而已,因为不论在哪一个国家,只要有学生存在的,学运都在蓬勃的生长,它不是毫无目的乱动而是朝着民主的大道迈进。

　　生长在保卫、争取民主战争中的中国学生,当然不愿在这世界青年前进的队伍中落后,我们要使我们的生活,我们的学习内容能配合时代需要。躲闭在象牙塔内,逃避现实的新式书呆已不时髦了。只有从集体生活中才能学习、锻炼,使书本的知识不成为死的教条,而成为生活、工作的指南。在圣玛利亚的同学应该庆幸,因为母校一向有着多样的课外团体,可以让我们工作。为什么我们不积极努力充实它们的内容,成为我们圣玛利亚同学认识现实,保卫民主及争取民主的堡垒呢?

(原载1940年《凤藻》)

《凤藻》诗歌十首

木兰从军（1919）
倪征琮

披上戎衣跨马行，黄河万里赋长征。
何当夺得胭脂塞，长使天骄识姓名。

踢球（1919）
韩闰纯

东西界线画鸿沟，劲敌何来比赛铸。
一击独占优胜势，翻腾日月渺神州。

校中杂咏（1919）
毛云琴

良宵秉烛苦攻书，罗列琅琊万卷余。
诵引韩芬忧尽释，几忘夜漏滴徐徐。

闻莺（1919）
桂质良

一年春到客心惊，闲步园中看晓莺。
巧舌悲鸣花影下，声声激起故乡情。

寄怀旧同学（1919）
王绯霞

瑶琴一曲订知音，风雨磋磨感昔今。
回忆当年诗酒会，梦中犹是说题襟。

忆友（1919）
俞庆棠

骊歌一曲忽三年，落月停云万感牵。
忆昔研经曾几日，如今劳燕各天边。
宜家宜室意如何，旧雨当年抛弃多。
鸿雁九秋无处寄，迢迢恍若隔天河。

题灾黎号寒图（1921）
薛 正

去年苦旱今年苦兵，流离万里百死一生，
　仆仆长途胡为乎，愿乞餕余疗饥躯，
　十人掉首九不顾，仰面号天泪无数，
吁嗟乎，今之达官多财路，慎莫近将逢彼怒。

女侠秋瑾墓（1922）
杨恩裕

葬得西湖骨亦香，千年坟近岳家王。
丰碑矗立青无恙，拜向秋风吊国殇。

观棋（1924）
吴新珉

鱼龙演陈列纵横，南北争分黑白明。
扰扰乾坤群逐鹿，有谁收拾此残枰。

吊黄花冈七十二先烈（1929）
龚普生

东望洋城一片黄，孤松凛凛益凄凉。
满腔热血埋青冢，千载人人姓自香。

姚昆珠诗歌

台湾著名爱国诗人高准的母亲姚昆珠是圣玛利亚女校1933届学生,在校期间常为《凤藻》校刊撰稿,写诗。她有优良的国学基础。高准幼年多病,母亲常在他病床前选取《古文观止》及唐诗中脍炙人口的名篇为他授读,并娓娓讲述《精忠说岳》等书,爱国的思想从小埋藏在高准的心中。高准的写诗才能遗传于他的母亲。姚昆珠在中学时代就写下了许多优美的诗歌和文章。以下诗歌选自1932年《凤藻》。

四时读书乐(1932)

艳阳天气日初长,满院东风蝶粉香。柳絮扑帘声细细,梅花弄影绘纱窗。
芸编检展吟难已,架上鹦儿学语忙。每得书中精旨义,豁然明我寸心地。
读书之乐乐无量,日坐书斋懒理妆。
绿满阶前草似烟,榴花滴血熟梅天。一窗荷影疏帘静,半架残书任意研。
真趣俱从吟诵得,分阴莫负日如年。鸣蝉振翼在嘉木,短啸长歌如伴读。
读书之乐乐悠然,草压池塘忆惠连。
白雁成行写碧天,黄花零乱带轻烟。天然画幅窗前展,省却孤人买画钱。
书卷任风开复掩,高吟击节碎瑶钿。书中历历尽珠玉,镇日披陈看不足。
读书之乐乐天边,哲理精言可悟禅。
轻帷销雾博山温,斜倚熏笼懒掩门。雀舌烹成诗意熟,冰封紫砚断吟魂。

蠹鱼蚀字银叉拨，每检图书月色昏。隽语惊人横锦幅，琳琅满目不胜读。
读书之乐乐难言，两袖墨香半洒痕。

卜算子　秋夜（1932）
帷似玉钩悬，云似纱帷卷。小院沉沉夜漏深，絮絮虫声软。
翠袖怯轻风，独步苔纹浅。露滴愁颜犹未知，疑是啼痕泫。

丑奴儿　月下（1932）
孤灯如豆芸昏候，雁唳长空。月冷梧桐，只影伶俜翡翠栊。
朱兰倚编愁如织，独立迎风绿发蓬蓬，秋水伊人想象中。

忆江南（1932）
月似剪柳弱不禁抽。断落残丝飞不起。多情不愿逐波流，江畔换行舟。

凤

1942届 初三 汪槃

那是一个安乐幽媚的境地。
那儿有，灿烂的，活泼的，溪流。
映着晶莹的阳光，闪烁着黄金般的鳞甲。
她灵巧地打着漩涡，圆圆地，深深地，好像小孩唇边的笑靥。
她轻轻地抚摸着两岸的小圆石，潺潺地，汩汩地，似乎是一曲有节奏的仙乐。

那儿也有雄伟的，嶙峋的山岭。
山腰间的云霭，时疏时密，不像桃红，不像鹅黄，
也不像乳白，是天然的各色的配合。
她使你捉摸不到他的高下。
马蓼，紫荆，藤萝……
青葱的叶和鲜红的花，
密密地，娇弱地，蔓绕着。
古柏，苍松，翠竹，
高傲地，英秀地，挺立着。
显示着百折不挠的气概。

这是一个安乐幽媚的境地，美丽的凤就生长在这里。

她长满着丰艳的羽毛，金黄中夹着玉绿，
玉绿中夹着鲜红，鲜红中藏着浅紫，
浅紫中还带着深青，有些蓝，又有些褐。

她翩翩地飞舞着，她婉婉地飞舞着，
她逍遥地栖息在这个安乐幽媚的境地里。

有时她发出一声二声的长鸣，
不是粗鲁也不是软弱，是婉转的，纯洁的，
和谐的，温柔的，神秘的鸣声。
象征着——自由、奋发、活泼，前进和刚强的精神。
美丽的凤，就这样地生长在这安乐幽媚的境地里。

然而黑暗之神，总不容世界上剩余一块清净的乐土。
这个安乐幽媚的境地，也终于变迁了！

溪流中，已不是清澈的流水了，
黑黝黝的，混浊浊的，发出一阵阵溃烂的气味。

山岭上，一堆堆干枯的藤萝，没有丝毫的油油的绿意，满山长出了许多刺手的野荆，松柏也见得枯萎了，虎狼野犬乱跑，耳朵里只可以听到冷风的狂号。残酷、凄凉、萧条！安乐幽媚的境地再往哪里去找？

美丽的凤呢？也改变了！她已经失去了活泼愉快的心情，再唱不出温柔悦耳的声调。她凄厉地长鸣着，她悲壮地长鸣着，过去的安乐幽媚的境地再也不能找到，未来的安乐幽媚的境地将在焦土中，靠自力再造！

（原载 1939 年《凤藻》）

不幸的她

1937届 初一 张爱玲

秋天的晴空,展开一片清艳的蓝色,洗净了云翳,在长天的尽处,绵延着无边的碧水。那起伏的海潮,好像美人的柔胸在蓝绸中呼吸一般,摩荡出洪大而温柔的波声。几只洁白的海鸥,活泼地在水面上飞翔。在这壮丽的风景中,有一只小船慢慢的棹浆而来,船中坐着两个活泼的女孩子,她们才十岁光景,袒着胸,穿着紧紧的小游泳衣服,赤着四条粉腿,又常放在船沿上,让浪花来吻她们的脚。像这样大胆的举动,她俩一点儿也不怕,只紧紧的抱着,偎着,谈笑着,游戏着,她俩的眼珠中流露出生命的天真的沈挚的爱的光来。

她俩就住在海滨,是 M 小学的一对亲密的同学。这两朵含苞的花是差不多浸在蔚蓝的水中生长的。今天,恐怕是个假期,所以划到海心游乐的吧!

"雍姊!你快看这丝海草,不是像你那管草哨子一样吗?拾它起来,我吹给你听!"她一面说,一面弯转了腰,伏在船沿上去把手探到水里。

雍姊忙着拦她:"仔细点!跌下去不是玩的。你不看见浪很大吗?"她不言语了,只紧紧在雍姊的怀里,显出依傍的神气。

夜幕渐渐罩下来,那一抹奇妙的红霞,照耀得海上金波似的。在那照彻海底的光明中,她俩唱着柔美的歌儿,慢慢地摇回家去。

暮色渐渐黯淡了,渐渐消失了她俩的影子。

五年之后,雍的爱友父亲死了,她母亲带她到上海去依靠她的姨母,她俩就在热烈的依恋中流泪离别了。

在繁华的生活中又过去了几年，她渐渐的大了，像一朵盛开的玫瑰一样，她在高中毕了业，过着奢华的生活，城市的繁荣，使她脑中的雍姊和海中的游泳渐渐的模糊了。

　　她二十一岁，她母亲已经衰老，忽然昏悖地将她许聘给一个纨绔子弟！她触起愤怒烦恨的心曲，毅然的拒绝她，并且怒气冲冲的数说了她一顿，把她母亲气得晕了过去，她是一个孤傲爱自由的人，所以她要求自立——打破腐败的积习——她要维持一生的快乐，只能咬紧了牙齿，忍住了泪痕，悄悄地离开了她的母亲。

　　漂泊了几年，由故友口中知道母亲死了。在彷徨中，忽然接到了儿时伴侣雍姊的消息，惹流了许多感激、伤心、欣喜的眼泪。雍姊师范学校毕业后，在商界服务了几年，便和一个旧友结了婚，现在已有一个美丽活泼的女孩子，正和她十年前一样，在海滨度着快乐的生活。

　　几度通信后，雍姊明了了她的环境，便邀她来暂住，她想了一下，就写信去答允了。

　　她急急的乘船回来，见着了儿时的故乡，天光海色，心里蕴蓄已久的悲愁喜乐都涌上来，一阵心酸，溶化在热泪里流了出来。和雍姊别久了，初见时竟不知是悲是喜。雍姊倒依然是那种镇静柔和的态度，只略憔悴些。

　　"你真瘦了！"这是雍姊的低语。

　　她心里突突的跳着，瞧见雍姊的丈夫和女儿和蔼的招待。总觉怔怔忡忡的难过。

　　一星期过去，她忽然秘密地走了，留了个纸条替雍姊写着："我不忍看了你的快乐，更形我的凄清！"

　　"别了！人生聚散，本是常事，无论怎样，我俩总有蕴着泪珠撒手的一日！"

　　她坐在船头上望着那蓝天和碧海，呆呆的出神。

　　波涛中映出她的破碎的身影——啊！清瘦的——她长吁了一声！"一切如十年前一样——人却两样的！雍姊！她是依旧！我呢？怎么改得这样快！——只有我不幸！"

　　暮色渐浓了，新月微微的升在空中。她只是细细的在脑中寻绎她童年的快乐，她耳边仿佛还缭绕着从前的歌声呢！

（原载 1932 年《凤藻》）

迟 暮

1937 届 初二 张爱玲

多事的东风，又冉冉地来到人间，桃花支不住红艳的酡颜而醉倚在封姨的臂弯里，柳丝乘着风力，俯了腰肢，搔着行人的头发，成团的柳絮，好像春神足下坠下来的一朵朵的轻云，结了队儿，模仿着二月间漫天六出轻清的春雪，飞入了处处簾栊。细草芊芊的绿茵上，沾濡了清明的酒气，遗下了游人的屐痕车迹。一切都兴奋到了极点，大概有些狂乱了吧？在这缤纷繁华目不暇接的春天！

只有一个孤独的影子，她，倚在栏杆上；她的眼，才从青春之梦里醒过来的眼，还带着些朦胧睡意，望着这发狂似的世界,茫然地像不解这人生的谜。她是时代的落伍者了，在青年的温馨的世界中，她在无形中已被摈弃了。她再没有这资格，心情来追随那站立时代前面的人们了！在甜梦初醒的时候，她所有的唯有空虚，怅惘；怅惘自己黄金时代的遗失。

咳！苍苍者天，既已给与人们的生命，赋予人们创造社会的青红，怎么又吝啬地只给我们仅仅十余年最可贵的稍纵即逝的创造时代呢？这样看起来，反而是朝生暮死的蝴蝶最可羡了。它们在短短一年里尽情的酣足的在花间飞舞，一旦春尽花残，便爽爽快快的殉这春光化去，好像它们一生只是为了酣舞与享乐而来的，倒要痛快些。像人类呢，青春如流水一般的长逝之后，数十载风雨绵绵的灰色生活又将怎样度过？

她，不自觉地已经坠入了暮年人的园地里，当一种暗示发现时，使人如何的难堪！而且，电影似的人生，又怎样能挣扎？尤其是她，十年前痛恨老年人的她！她曾经在海外壮游，在崇山峻岭上长啸，在冻港内滑冰，在广座里高谈。但现在呢？往事悠悠，当年的豪举都如烟云一般霏霏然的消散了，寻不着一点痕迹，她也惟有付之一叹，青年的容颜，盛气，都渐渐的消磨去了。她怕见旧时的挚友。她改变了的容貌，气质，无非添加他们或她们的惊异和窃议罢了。为了躲避，才来到这幽僻的一隅，而花、鸟、风、日，还要逗引她愁烦。她开始诅咒这逼人太甚的春光了。……

　　灯光绿黯黯的，更显出夜半的苍凉。在暗室的一隅，发出一声声凄切凝重的声音，和着轻轻的喃喃的模模糊糊的诵经声，"黄卷青灯，美人迟暮，千古一辙"。她心里千回百转的想接着，一滴冷的泪珠流到冷的嘴唇上，封住了想说话而又说不出的颤动着的口。

（原载 1933 年《凤藻》）

九一八的一幕

1935届 张苹

一

玲秋已在沈阳电报局服务了五年了。可怜她在十九岁高中毕了业,便被生活逼着去投考电报局。她一向是个小心谨慎的孩子,后来又因老母的供养,幼弟的教育,都由她一人负担,所以她便勤苦异常。

在这五年中,她已被升到头等报员了;她这一百多元的薪俸,除了她自己在沈阳很俭省的用度外,便一齐寄给家中。

她的母亲住在家乡,弟弟在上海某大学读书,因为金钱的缺乏,就把他们三人全都分开了!

从沈阳回南方一次,路费也要五六十元,在玲秋这种紧缩的用度中,实在没有这多余的钱,可以回南省亲;所以她到了东北,简直没有回去过一次!

初到沈阳时,她住在一个女子公寓;后来稍微熟悉,她便分租了人家一间小房住着。每日公余,自己整整房间,洗洗衣服,一日三餐,完全自理,所以日中倒也没有什么空闲寂寞的时间;只是晚饭过后,对着孤灯一盏,想着自己一个单身弱女,飘零在外,不能在老母膝下,娱其晚年,不能与幼弟同堂,携手欢笑,那凄凉情绪,便慢慢地向她袭来!

二

现在又是秋凉九月,今天是九月十七日,玲秋的第二十四周岁生日,一年中难得有几个快乐的日子,自己生日,也该趁此寻些快乐;所以她在局中回来时,一路买了几样水果，少许糖果，和几样烧鸡咸蛋类的熟菜，预备回去享用；一时高兴，便约了倪铭到她家中来叙叙。

她到沈阳的第一年便认识了倪铭，铭也是个南方人，所以对玲秋的一切似乎要比别人多表些同情；他自己也是远离家乡的，所以很能体贴玲秋凄凉的思亲情绪；玲秋也因他是南方人，又是老职员，所以时常去请教；于是两人便渐渐地互相引为知己。后来玲秋升了级，他们两人同桌办公，玲秋收报，倪铭发报。这样五年下来他两人更加莫逆了。

玲秋拿着许多食物，一进门，便看见一封信和一个包，便急急的拆信，原来是弟弟来贺生日的，她看了又看，觉得五年不见的弟弟天天在进步，不多几时，也可以分她的肩负了！

那包裹是母亲由家里寄来的，内中还有一张母亲亲笔的字条，上面写着说："玲儿，今将棉衣赶就寄汝，至迟在汝生辰可到，惟五年不唔未知可合身否？目下秋收甚忙，收获如何，以后再告，有空望即来信。此问

　　近好　　　　　　　　母字"

秋玲把棉衣捧在手里，心里觉着一种奇异的感觉，呆了一忽，她快快把新棉袍换上，走到镜前看看，觉得十分合适，只是镜中的人影，已不是五年前不懂世故，稚气未脱之玲秋了。现在的玲秋，已被五年的重负，压得稚气全消，成为一个老练的社会女子了！

她看了自己的变迁，便想到家人的变迁：弟弟一定是长得和成人一般了，老母的斑斑白发，一定已萧萧满头！啊！什么时候再可和他们相聚呢？！她的泪又不能止的来了！

轻轻的敲门声，把她的愁思打断，她赶去开门，原来是铭来了。

"我来得太早了吧？"他看见玲秋勉强的笑容，台上未解的大包小包，和床上散乱的衣服，和这整洁简单的房间反映着，觉得奇怪。

"不，不，不早。"

玲秋看看表，已六点半了。这杂乱的思想，竟攫取了一小时。

"请坐，请坐。"

她继续着说，一面把衣服摺起。

"我还是第一次到府上来呢！"

铭一面在台旁凳上坐下，一面说着，他奇怪玲秋怎变得这般快，请他时那般高兴，现在却现出那么两样的态度！什么事使她不高兴？莫非是……？他不好问。

"呀，不敢当！"

玲秋已把衣服摺好，回到台边摺信。

"这算什么府上呢！"玲秋继续说。

铭这才看出她的泪痕，又看到了台上的空包裹，并立即猜透了她的心思："这可怜的孩子，又在想家了！"他这般想着，不觉生出了一番同情怜惜之心，但他不会说什么安慰话，只好把台上的纸包一个个解开。

他俩忙了一会，晚饭竟预备好了，大家也饥饿极了，坐下来便吃饭，竟和兄妹一般，毫不客气。晚饭时，倪铭说了不少笑话，玲秋的乡愁，无形消灭。

晚饭后，两人把东西收拾好，大家才坐下，预备谈谈。

什么东西都沉寂着，他俩也都沉寂着。

"玲秋"，铭打破了沉寂"这五年来，我们的友谊可以使我们互相了解了吧？"

"……"

"你知道我是很爽直的，你要原谅我。"

"……"她把头稍抬了抬，表示她的静默，并不是怪他的意思。

"我……我们合作吧……你冷静平顺的性情，可以陶冶我过于刚勇的本性，我俩可以互相调剂和慰藉我们在外枯燥的生活……或者，我们可以回到南方去，和家人住在一起，我们可以到家乡另谋生活。"

讨厌的静默，又袭了来！

"铭！"玲秋的头，仍旧低着，"让我考虑一下吧。"

现在他俩都已埋入深深的思潮中了，玲秋不知怎样好，倪铭也觉得不知可说什么，于是他告辞了。

三

倪铭走后，玲秋仍呆呆地坐着，深深地埋在思潮里。

在这静静的深夜，忽起了隐约的人声，这声音慢慢地响起来，竟夺去了玲秋可贵的思潮，她惊奇了。她屏息听了一会，她辨清这是多人的足步声，步法并且很整齐，不一会，这声音突然噪杂起来，接着便是枪声两响，她更惊讶了。在这深深的晚上，怎会有起枪声来了，她看看表，已三点钟，捕盗吧，不像。那两声枪声后面，便是不断的喊声和连续的机关枪，这声音越来越大，附近的人家都已惊起了。

玲秋不能再听，刚站起来，想去开房门打听，房门上已有了很大的敲门声，接着便听见房东急切的声音："赵小姐，快起来！大概是打仗了！快预备逃走！"

玲秋慌了，她不知如何才好，逃走，怎样逃？向哪里去？跟谁走？她没有主意，只在房中乱转，房门上又有了敲门声，房门一开，倪铭进来了。呀，玲秋心定得多了。

"玲秋，日兵进了沈阳，快预备，我们应该做事了！"

玲秋呆望着他，不知要说什么。铭看她这样发起急来。

"怎样？不是犹豫的时期呀！"

"铭，我不知怎样好！我……我……必须你的帮助。"

"好，你既信任我，我很荣幸，跟我来吧。"回身欲走。

"我们逃到哪里去呢？"玲秋焦急了，把他拉住，急切的问。

"逃，不，我们到电报局去。"

"到电报局去！"

"是的，我听见枪声，由宿舍直到电报局访问，不料同事都已走光了，在这紧要关头，怎能放弃电报局，断送救援来源！所以我来叫你同去工作。"

"倪铭，在这种危急的时候，你还不逃命？！日人捉去，你还有不杀之理吗？"

"呀，玲秋，我们是国家的公务员，我们要临危不变，才是尽职。这是我们尽国民义务的良机，我要去把日人罪状宣布给全国同胞。玲秋，你快跟我去奋斗！"

"铭呀，你刚才问我的事，我已决定了，我们不如就此回南，重建我们的新生活吧！"

倪铭呆了一呆忽而冷笑道："赵小姐，你决定得太晚了，现在的铭，不是你的，也不是我的，是我们国家的了。你既不能从我，我也不多费口舌，现在事急，我们再会吧。"他鞠了一躬，就走了。

一阵羞愧直涌玲秋，她不禁喊道："我为何要这般胆怯，倪铭，你等一等，我和你一起去。"

她冲出大门，但已不见倪铭，她和发了狂的一般，一面喊，一面拨开路上嚣嚷的众人，向电报局奔去。

　　她一进门，不见一个人，她便一直冲入发报室，见倪铭满头大汗，一人在忙着收发，见玲秋来了，立刻指挥着叫她收报，自己过去，捷速地将日人罪状宣布全国。

　　发报室外一阵噪杂，便冲进了许多日兵，内中一个状似军长的日人，把手枪对着他俩，玲秋吓呆了，倪铭仍继续发报如无其事，那官长喝了一声，旁边立刻有汉奸译道："把手举起来！"

　　倪铭声色不变继续工作，那走狗连叫了几声，倪铭仍是丝毫不动。枪声一响，正中倪铭右手，他大叫一声，起身正向那走狗扑去，乒乓两声，倪铭倒地血流如注，同时，玲秋也被日兵拿住。

（原载 1934 年《凤藻》有删节）

秋 雨

1937届 高二 张爱玲

　　雨，像银灰色粘湿的蛛丝，织成一片轻柔的网，网住了整个轻柔的世界。天也是暗沉沉的，像古老的住宅里缠满着蛛丝网的屋顶。那堆在天上的灰白色的云片，就像屋顶上剥落的白粉。在这古旧的屋顶的笼罩下一切都是异常的沉闷。园子里绿翳翳的石榴、桑树、葡萄藤，都不过代表着过去盛夏的繁荣，现在已成了古罗马建筑的遗迹一样，在潇潇的雨声中瑟缩不宁，回忆着光荣的过去。草色已经转入忧郁的苍黄，地下找不出一点新鲜的花朵；宿舍墙外一带种的娇嫩的洋水仙，垂了头，含着满眼的泪珠，在那里叹息它们的薄命，才过了两天的晴美的好日子又遇到这样霉气熏蒸的雨天，只有墙角的桂花，枝头已经缀着几个黄金一样宝贵的嫩蕊，小心地隐藏在绿油油椭圆形的叶瓣下，透露出一点新生命萌芽的希望。

　　雨静悄悄地下着，只有一点细细的淅沥沥的声音。橘红色的房顶，像披着鲜艳的袈裟的老僧，垂头合目，受着雨底洗礼。那潮湿的红砖，发出有刺激性的猪血的颜色，和墙下绿油油的桂叶成为强烈的对照。灰色的癞蛤蟆，在湿烂发霉的泥地里跳跃着；在秋雨的沉闷的网底，只有它是唯一的充满愉快的生气的东西。它背上灰黄斑驳的花纹，跟沉闷的天空遥遥相对，造成和谐的色调。它朴秃朴秃地跳着，从草窝里跳到泥里，溅出深绿的水花。

　　雨，像银灰色粘濡的蛛丝，织成一片轻柔的网，网住了整个秋的世界。

（原载1936年《凤藻》）

本校学生生活（二）

1931届 高中三 陈正美

我曾听见多少人说："学校生活，大多是这么平淡无奇，按部就班，死板板一点儿味道都没有的"。我想未见得罢！你瞧，我们的生活是多么的活泼，快乐，兴奋，和充满着生气啊！若把它大概分析一下，我想大约可分下列的两种：

一、上课时期的生活　在冬天，当那残月犹挂在树梢，疏星还留恋在漆黑的天空时，只要那破人好梦的起身铃一响，各房的点灯，好像要与那可怜的残月疏星争光辉似的，不约而同的都先后亮了。沉静的空气顿时一变，像鸦雀打破了蛋似的，吱吱喳喳，噪个不休，这般如小鸟叫的人声，更夹些洗脸声，倒水声，谈笑声，前后左右，楼上楼下，同时合奏起来，煞是好听。我想任是再有天才的音乐家，也编不出这种曲儿。弹不出这般调儿吧！在夏天哩，因夜短日长的缘故，在未撤起身铃之前，已日高三丈了。那些用功的小姐们，已静悄悄像做贼似的，大气儿都不敢出一声，睡眼朦胧，像老僧念早经一般，已在那儿读书了。起身铃一响，各人都像打了一针吗啡针，顿时精神百倍，吵得个不亦乐乎。一会儿，吃早饭的铃打了，起得早些的，已是头光脸光的，一队队的去了，可怜那些方起身的，也不得不一步步的，跟着涌进去，只好自认晦气，眼睁睁望着别人吃了。吃了早饭，只见三三五五，各捧着一堆书，急急忙忙的往课室里去，在上课的时间，全校静悄悄的，见不着人影，听不着人声，就是有声音，也不过是中文先生的朗诵声，与英文先生的讲解声罢了！一天天就是这般过去。可是一到四点钟放学的时候，全校又闹哄哄的，草地上东一堆人跑，西一堆人跳；房间里这一堆人在吃喝，那一堆人在谈笑。呵，这种生活是多么够耐人寻味哟！晚上读了夜书以后，一会儿就是睡觉的时候了，全校又浸在死一般寂静的空气里去了！

二、不上课时期的生活　礼拜六与礼拜日，是我们最快乐和最盼望的时期，虽则这两天的上午都还有课，可是两天的下午是多么惬意啊！家人们是络绎不绝的来，学生们是不断的往前面跑，那会面时快乐的情形，真难以形容。家中来了人的同学们，当然是眉开眼笑：一则喜家人来了，二则喜又有东西吃了。可是那些家中没有来人的同学们，眉儿皱皱的，嘴里咕噜咕噜的说："妈妈自己没功夫来，也得叫佣人来，怎的一个都不来？"是呀，妈妈没空来，应当叫佣人送点东西来迟迟才对啊，怎好叫女儿望穿了秋水呢？哈哈！

上课时的生活是这样的，不上课时又是这样的，你看这种生活是无聊的呢，还是有趣的呢？

本校学生生活拾屑（三）

1932届　高中二　朱梅先

大考　校中同学，皆住读者，灯下窗前，质疑问难，耳鬓厮磨，相聚之机会多。而友谊易于笃厚也，故大考时则各偕其学友，觅僻静之处，孜孜焉攻读。届时全校空气为之一静。平日草地上之游侣，今不之见，笑声不之闻，球也，球拍也，无人问津，而朗朗之读书声，触耳皆是，于戏，也可见读书热之一斑矣。

小说　课余之暇，学生唯一之良伴乃小说。英文方面，本有课外阅读，能多读者为优，然有小说迷者，每日手不释卷，无论中文英文，多多益善，一卷在手，废寝忘食，虽南面王不易其乐，乃有"可废食而不可废小说"之语。闻者不禁灿然。

　　课外歌诵　　每当晓风扑面，残星隐约之时，或明月当头，花影拂地之际，皆喜携其爱好之书，席地而坐，俯仰宇宙之大，极耳目之驰骋，以尽其乐，或高声朗诵，或潜心默读。是时也，心神无羁，若飘飘然羽化而登仙，此身不复知有尘世矣。及夫芳草萋萋，桃英灼灼，烟笼柳梢，风送莺歌之节，或落霞飞舞，丹桂飘香之候，携提琴，握管弦，聚知音三五，纵步所之，放喉而歌，其音也，羞飞鸟，停流云，其乐固未可形诸墨楮也。

　　游戏　　校中同学之游戏，随时随地，无所拘束，特不在上课时间耳，在每日下午四时至四时四十余分，为校中规定之游戏时间，各学生皆须加入。否则入打球课亦可，盖所以防学生之过用脑力，是不特身体得以健康，且精神藉以舒畅也。夫捉迷树后，赛跑庭前，跳高跃远，舞蹈唱歌，看花斗草，谑不伤雅，在在可闻欢乐之笑声。虽心事重重，眉山深锁者处之，恐亦不自禁而笑逐颜开也。

　　打球　　球戏，乃各校学生之良友，学生对之无不欢迎。在本校有网球戏，篮球戏，排球、棒球、司令球、高尔夫球，各择其好而戏之，无勉强者。在全校游戏时间内乃得举行斯类球戏，然大有球热之同学，约其同志，得暇也戏之，其于身心之俾益，良非浅鲜也。

　　理发　　校中课余之另一消遣法乃理发。发易长而易乱，在校中者，每感不能出校理发之困难，遂有彼此互相替换修理之法，于是由练习而得手，艺高强者，虽较之理发技师之手艺，恐亦不过伯仲间耳。同学之中，有擅长此道者，未免传为韵事矣。

　　雪戏　　今春盛雪，柳絮因风欲止不能，霏霏竟日，校园内顿时琼楼玉宇，如一片银世界，不著半点尘埃。观之，不觉心地为之一洗。待雪霁后，虽寒风彻骨，冷气凌人，然群与踏琼瑶，作雪战，蒙其面，套其手。若寒冷之无奈我何者，虽融雪浸足，不之顾也。更有以雪作爱神者，曲发高鼻，凝眸嫣然，屈其臂，纤其腰，亭亭玉立，若彼仙之自天降也，几疑为意大利石刻之神像。亦有作西班牙女神，法兰西女子，中国弥陀佛者，不胜枚举。莫不神情毕肖，观者啧啧惊叹，争为留影。斯也雪中作乐，不能不谢上天之赐也。然而方我等歌乐之际，正不知有几许同胞因大雪饥寒而亡也。呜呼，彼苍天者，何其厚我而薄人也。

（原载1931年建校五十周年纪念册）

宿 舍 写 真

1937届 初二 叶剑萍

当那玫瑰色的彩霞拥护着一抹斜阳慢慢地由树稍头上坠下西天后，眉月一钩带领了数万个闪闪烁烁的明星，在澄碧的银河上互相勾心斗角争放奇光。

在皓月的银辉下，一群群笑容迎人天之骄子的同学们，从膳堂里活活泼泼地跳跃出来。待到她们底芳踵踏入宿舍时，那座黑黝黝冷清清好像死了一般沉寂的宿舍，刹那间充满了玫瑰般馥郁的香色。盏盏明灯不约而同放出辉煌绚烂的光芒，嘻嘻哈哈的欢笑声，啁啁呖呖的莺声鸟语，弥漫宿舍中。啊，这正是一座花香鸟语的乐园！但是东南隅宿舍里的空气更热烈，更紧张，你看，她们正在拉朋友呢！

那苹果般的面庞上永远显现两个惹人爱怜的笑涡的曼和尽量发挥雄壮美魁梧俊伟的苏，本是一对如胶似膝一刻都不能分手的好友。可是友谊过深就不免发生小冲突，今天清晨她俩不知为何细过，忽然发生意见，双方都不理会。这悠忽的一日光阴在她俩的眼光中看起来，大概是她们生命史上最凄苦的一页吧。你只须看她俩那失神无色的双目和忧郁黯然的神态，就可知道她们内心的剧痛了。同学们就乘着饭后的余兴，玩那拉朋友的把戏，顺便做个人情替她俩拉和。

顽皮的琪就拿了苏精美细巧的红茶杯，盛了大半杯香喷喷甜蜜蜜的呵呵牛奶茶送到曼的面前请她喝，曼是个聪明剔透的孩子，早已明了琪的用意，她诚挚的心灵是怎样感谢琪的盛情厚意，但是柔弱的她被羞愧之神所支配着，面颊上泛现两朵晚霞色的红晕，忸怩地装作要逃跑的神情。同学们就拼命拉住她，强逼她把那杯茶喝下去，否则她们就要学恶魔般缠绕着不休。曼没法，只得乖乖地喝下去，谁知茶还没有喝，喧闹之声又在室内活跃鼓舞,琪嬉皮笑脸地鼓掌欢呼道:"哈哈,曼用荪的茶杯喝茶就是表示和荪言归于好了,你俩已和好如初了,不过我们替你俩拉和出了不少力,你俩当报酬我们才是。现在我提出一个请求,就是请你俩当众人面紧紧地挽着手儿亲亲热热地呼声好姊妹。"爱淘气喜热闹的同学们听了琪的话更兴高采烈,那有不同声附和。这一来可把曼和荪窘骇极了,她俩就想运用矫健的身手跳出重围,然而同学们的眼是怎样尖锐,早已看破她俩的奸计,大呼一声当心,就紧紧地把她俩包围着。可怜寡不敌众,她俩就像柔弱无力的绵羊般,被凶猛巨大的狮子所捆搏着动弹不得。正在她们玩兴浓烈时,一阵阵滴零零滴零零的不知趣的上自修铃不停地催迫她们上课,而这一幕戏剧也只好暂时结束。

(原载1933年《凤藻》)

我们的读书室

1936届　陈毓琪

记得我做新学生的时候,因为人地生疏的关系,往往闹出许多许多笑话来。第一天预备去上算术课的时候,却误走入一间布置得井井有条的读书室,末了由旧同学们的指教,才明了这是高三级的读书室,因此 Senior Parlor 这两个字在我的脑膜上有了一个不可磨灭的印象。对于那般在高三读书室里踱出踱进的同学们,我是多么的羡慕着;那时虽没有彻底明了它的长处，但是从那班出入带着笑脸的高三同学面上来看就能明了它的真相了。

　　经过了六年的渴望，我们居然也有了一间大小合适的读书室，经过了相当的点缀以后的它，果然是这样的美丽而洁净，并且在我的目光中，觉得它比往年的加倍的美丽和舒服。

　　因为要尽量的领略着它那里的美景，除了上课、吃饭、游戏、睡觉以外，简直无时无刻不消磨在它那里面。

　　我们的读书室是面北的，说不到冬暖夏凉，但是每当夏日，你能把两面的窗门都开着，享受那流通着的阵阵凉风，未尝不是件舒适的事。在初冬的时候，校中早就把水汀烧起来，这科学的方法也能把室内的冷气转变得这样的温和。每逢春朝秋夜，鸟语花香，夏阴冬窗，凉风雪景，都是我们读书时的良伴。

　　假如你书念得无味时，可以找几本杂志、画报解解闷；疲倦时可以在沙发上休息一下，那边有软而美丽的垫子欢迎着你。

　　每逢会客的时候，假如我们从读书室的窗口直望出去，可以看见我们的父母，亲戚或是朋友们，带着嬉笑的脸，自大门进来，那时我们就会跑跳着下楼去迎接，这也是读书室赐给我们的特有权利。

　　可惜光阴如梭般的，攸已冬去春来，不久我们将和这可爱的读书室告别了，但是叹息有何用呢？我深深地希望分别以后的级友们，可不要负了我们读书室的一片苦心呢！

（原载 1936 年《凤藻》）

我的中学时代

1940届 高三 盛钟源

——我怕！我恨！我希望光阴能倒流——

　　黄金般的中学时代将快过去。一向嫌光阴过得太慢的我到现在，才感到光阴逝去之迅速，六个月后我就将脱离我宝贵的热闹的中学生活，而去开始过那对我生疏的大学生活了。

　　记得我初进校时还衹是一个不懂事的孩子，什么事都不会，甚至连床都要别人代铺，幸喜有姊姊在告诉我许多校中规则，否则一定免不了要受许多做新学生时候的痛苦。许多困难虽然大半都免掉了，然而这枯燥的住读生活对一个从没有离开母亲身边的我是最痛苦不过的。整整有好几个晚上我没有合眼，想到家中和母亲们聚在一块儿的快乐，我的眼泪就掉下来了。

　　初一的一年就这样平平过去。到初二那年生活就大大的改变了。同学们认识了许多，尤其是同班生，都和我很要好。我渐渐感到住宿生活的有兴趣和有意义，而开始爱慕我的母校。这一年我的功课也进步得多，成绩报告单后，博得了父母的称赞。

　　那年下半年又学会了顽皮。专门跟人家吵"朋友"。在吃了午饭或晚饭后，常常可以看见惠娟、恩娟和我在草地上跟人家拖"朋友"，有时拉得满头大汗还是不肯放手，同学们都说我们顽皮，我也不否认。的确我是最喜欢跟人家寻开心的，那时跟人家拉朋友时一种顽皮的举动到现在还清楚的在我的眼前。

　　初三上半年，搬进了第三幢宿舍的大房间内。这是我住读生活中最快乐的一页。那时我们一房间中共有七个人，都是非常熟悉的，所以凡逢几个人碰在一起的时候，房间内的笑声、吵声永不会停止。记得有一次我们一房间内干了一件很顽皮的事，那时校中一个规则，就是学生们不得在卧室中吃东西，假使违背了这一条规则就要给舍监先生严厉的责罚。然而有一次我们居然不管一切的把饼干、糖果、花生米等放在桌上大吃特吃，不但吃，我们还预备了几个有趣的节目，由几位同房间担任，居然像开一个宴会。这时候我们玩得高兴极了，把下面还住了一个严厉的舍监先生的事都忘掉。然而我们的运气真好，等我们的宴会开完后，房间内恰巧收拾好，舍监先生的脚步声在房间口响了，她用了那对尖锐的目光向我们房内一张，只看见我们都静悄悄的坐在凳上谈天。这一来可使她奇怪极了，她忍不住开口问道："你们刚才在楼上干些什么事？闹得来，我在楼下改卷子，给你们一吵，卷子也改不进。以后你们住在楼上的人要轻声些，要知道楼下的人是不适意的……"舍监先生的话未说完，同房间的一位同学忙接下去说："喔，先生真对不起，刚才我们并不是在吵。实在是因为钟源桌上的一瓶油打翻了，弄得满地一塌糊涂，我们正在收拾呢。先生，你床上滴着了油迹吗？假使有那真……""没有，没有。"舍监先生一面说一面转身就向外走，她虽明知这几句话是假的，然而因为没有证据也就不再计较了。我们等她走了后都忍不住的大笑了一顿，同时也称赞那位同学的机智。

到了初三下半年要毕业了，心中忐忑的跳个不停，"没有毕业怎么办？"这一个问题时时刻刻的在我脑中盘旋着。好容易日子一日一日的过去，毕业生的成绩揭晓日到了。那天早晨九时半，我到校中，从同学那里知道毕业不毕业都写在一封信内，而这一封信非亲自去拿不可。这时候我更着急，等拿到信后我的心几乎要跳出来了，用了两只抖索的手把信纸慢慢的抽了出来，只看见白纸上写了一个黑字 Pass，虽然只是一个寻常的英文字，却带给了我无限的快乐。

"八一三"的大炮一响，把我们轰到了嘈杂的大陆商场，从那时起的生活，当然和以前大不相同，本来住读的，现在改为走读了。本来上全日课的现在祇读半天了。从环境方面说是没有从前那样的舒服，然而我们的精神都还是和以前一样的振作。在大陆商场不知不觉的过了两年后，学校当局为种种关系搬家。这次是搬到了圣校的老家——圣约翰大学的新校舍内。当然啦，又换了一个新的环境，然而却亦相当新鲜和有趣。

一个学期又将悄悄的过去。我的宝贵的中学时代将永远离开我。我怕！我恨！我希望光阴能倒流，使我能重新做一个天真烂漫的小孩子。然而事实告诉我，什么希望怨恨都是无济于事，我将永远离开我所爱的中学生活了。　　　　（原载 1940 年《凤藻》）

圣校沧桑

1941 届 夏孟英

我只在白利南路的圣校读了一年——从一九三六年秋到一九三七年夏（八一三前一年）——可是那一年的生活情况却老黏住在我脑子里，犹如昨天一般。

1. 宿舍一瞥

那时的学生要比现在多二分之一，我在的那年有三百零八人。差不多每级都分二组（甚至三组），每组平均二十人左右，高中则分普通科与大学预备科，两科人数差不多，不像现在那样一面倒。那时的三百另八人是有得住宿，而且必得住宿的，一个月回家一次。住的房间由先生派定，在开学第一天到门房间里去问。宿舍分三宅，南宅、小囡楼、北宅。

……

我记得当时有三姊妹，大的到高三还没有被派上楼，二位妹妹竟至和她大闹一场，说定是她人不好，以致先生把那特有权利取消了。

说起来倒是我应该把我的铺位让给那位大阿姊的，因为我既无忝列为任何高中生之妹的鸿福，自己又只在初二，但不知为什么，却新学生一来，便睡在楼上，所以对于楼上的生活极为熟悉，而楼下的阴沟气，虽是大好的题材，却因未曾亲历，不得不割爱不描写了。——于此便可见那"高中住楼上"的结论的不尽确处。但当时住在楼上的十分之七八是高中学生，倒是事实。

……

2. 止水似的生活

这是一个平常日子，星期一到星期四，从早晨到晚上的过程：

早晨六时敲起身铃，但除头两天上学的新学生，和特别用功想开早车的近视眼以外，多半要在床上聊一会儿天，赖上个把钟头被窝，有的甚至要等敲了早餐铃，才一个虎跳由床上窜起来，只来得及漱口，蓬头毛面到饭堂去。

住读时，梳洗远不及现在那样重要，洗面间在两头的扶梯口，每人一只面盆，举凡漱口杯、毛巾、肥皂等都塞在这面盆里。热水龙头，因为怕浪费，装着弹簧，要用力扳住，才能得水，而且这热水是极有限的，迟起来些多半只好用冷水。所以那个早起来的人，讲点交情，就该给同房间都放上一盆热水。我不知有没有一个房间订下规则：五个人轮流早起负责放热水。因为热水确是天天早晨使人发急的问题。

洗完脸，开始整理房间，圣校的宿舍里是不许吃闲食的，所以绝对没有那些讨厌的花生米壳，橘子皮要打扫。所谓整理，不过铺床，堆齐书，掸掸灰尘而已，这些工作最多只要你一刻钟就够了。

七点一刻开始早操，圣校搬了出来，大半的习惯都改变了，只有这早操，还存着些本来面目。那时的早操也由数个体育会职员轮流领导，参加与否，也全由自愿，有兴致做体育会会员的人才早操，但那时不知为什么，差不多大半人都参加的，情愿牺牲鞋子，站在湿漉漉的草地上，让那夜的露水沾满了鞋子才回来。

早操大约十分钟左右，七点半早餐。章德苑老师是每饭必站饭堂门口的，走过的人都向她道"早"。你若刚从床上起来，蓬着头，这时是不免有些狼狈的。吃饭的座位，也由先生排定，两个同班生在一起，坐的椅子是条凳，（现在吃饭生的椅子，当时当作宝货，除了开会做戏，轻易不拿出来。）刚好两位同班生合一个。就食前也唱 Grace，不过那时学生，或玉顾肃立，或低头閤眼，不像现在那样。早饭大约廿分钟至廿五分钟，由自治会会长敲几下那只报告的铃，大家一窝蜂似的涌出去。出来的时候，也只一道门，和现在一样的拥挤。

这时，再回房去，看看课程表，把这天应带的书理好，再去唤那你时常在一处的同伴，一齐上教室去。除非有考试，总是马上放下书和你的同伴到走廊上去"跑路"（散步＋闲话）。 在圣校，同伴制是无形的遵守着的，其遵守的方法，就是跑路（或同行），普通是两个人，不论早晨上课室，下午返房间，或十分钟的散步，或吃晚饭的闲荡，都在一处，甚至吃饭洗浴，都要一同走去。早晨谁先预备好，谁就有义务到另外那个的寝室门口去喊，去等，直到她也弄好了，然后一同开发。

八点半早祷。我不说大话，我们那时的礼拜堂，要比现在的庄严漂亮得多，出进的路，也有三条，用不着像现在那样等得心焦。先进去的人，有给邻人翻好赞美诗之职。那时领早祷的是 Dr. Throop，早祷比现在短，唱一首赞美诗，念一段圣经，祷告一下就完了。

八点三刻上课。普通甲组上午上英文书，下午上中文书，乙组则反之。英文教室多半在楼上，也是时常要调换的。不过自修课和现在完全两样，在两间极大的自修室里，位置又是派定，同班生隔得远远的，每课都有先生监督，可谓尽好秩序之能事。那时的图书馆，只有看参考书的学生，才可以在里面混自修课。普通可在上下课间时候，进去借书。我当时尚无看参考书的资格，曾在里面看过三四次小说，每次都给人警告说要给先生赶出来的。然而我等竟也未被拖出来过。

十点半，有十分钟的休息，大厮杀开场了，三百多人一齐涌向吃食间去。圣校的规则，每人有一只定制的铅皮箱，盖上用黑漆漆上名字，放在指定的格子里。所有家里带来的闲食、点心、都必须装进这箱子，锁在吃食间里。吃食间每天开放三次，这十点半便是第一次，这时大家的肚子，大概都有点饿了，时间又这样短促，所以就抢先进吃食间。试想二间小小的屋子，一时怎容得这许多人，只好胡乱从箱子里抢出些面包饼干之类，环立在走廊里吃。

这后便继续上课，到十二点午餐，午餐后有一小时的休息，大多用在"跑路"与看报上。一点半上课，到四时又开始第二次吃食厮杀。

四时半到五时半是 Play Hour，所有科室与宿舍的门都锁起来，学生都只好在草地上或走廊上。这时，好运动的学生，都早就捧着球去了，剩下来的，也只能谈天，散步，有所谓巡察队者，专门禁止这时的学生看书。若遇到下雨，Play Hour 取消。

六时开始晚餐，夏天天还没有黑。吃的除饭以外，还有泡饭，是把午饭的锅焦，加水一煮，卖相颇难看，黑黑的，黄黄的，味儿倒挺香，每天必"倒担"。

六时半有清新会主持的晚祷。大概分几个团契分头举行，去不去悉听尊便，有时有些特别节目，如 Organ 独奏，歌唱之余，星期日多半到外面去请人来佈道。

七时到八时夜课，和自修课一样，在自修室上。上有先生监督，下面鸦雀无声。那些高中生有资格据图书馆者流，每到这时，便更有一番挣扎，因为图书馆不大，容不下一百多人，大家涌在门口，等候开门，颇像我们现在星期六等公共汽车回家时的模样。

　　夜课完了，便可第三次造访吃食间。这时开放的时间有一小时，有些人不愿吃饱了肚子睡觉，所以吃食间特别空，这才是你慢条斯理削苹果的时候，因为你倘想在十点半或四点钟抓一把洋刀的话，不割掉自己的鼻子才是笑话。

　　九点钟，各宿舍的大门都上锁，学生都应该在自己的寝室里预备就寝了。九点半一律熄灯睡觉。但你倘一时睡不着，不久就可听见舍监先生的脚步声。十时左右，窗外的夜巡捕开始"夜巡"了，他的铁钉鞋敲着空寂的水门汀作响，颇像双城记里 Manette 家街上的古怪 Echoes，总使我联想到小说或诗里飘零孤独的游子，尤其是在下雨的晚上，那足声衬着了雨声，就显得更外的凄凉，很容易使人莫名地伤感起来。……

3. 古井之波

　　① Week end——本来没有一个学生不盼望星期六与星期日的，因为可以放下书本，逍遥一下子了。但在住读的日子，这两天便更多一层意义：家里的人，如探监一般，都在这两天来看望，闲食、点心也在这两天源源不绝的进来，从下午两点到五点，Sun Parlor 挤满着人，吃食间一直开放着，但虽在这时候，也还有许多规则：来看望的人先要在纸上填写他与学生的关系，给办公处通过，送来的东西，必须放在门房里，经过检查方能到学生的手，举凡一切小菜，罐头食品，所谓"违禁品"者，都给淘汰了。

　　②开会——星期六晚间没有夜课，所有开会（除自治会）都在这时间，秩序远比现在要好。会大半很长，常会开到九点半，真不像现在那样急于散会回家吃饭。那时学生都很热心，无论对何事，都要几番讨论，才付表决，会长很难做，站在那四五尺高的台上，成为众目之的，而且意见纷歧，全靠她临场组织的本领。自治会则在星期六上完作文课开，章德苑先生始终是自治会顾问，开起会来，坐在台上，所以秩序，更比别的会高明一层，与现在更不可比了。

　　③演剧——住读时，因为不能时常到外面去看戏，而且戏台、服装、道具都是现成，做戏真是轻而易举的事。一年中有"欢迎会"，English Evening，（每级一出英文戏，用

英文读本的故事作题材。French Evening（法文班的表演。我看的那次是卖票的，一句也不懂，但听她们叽叽咕咕也颇好玩的），Spring Concert 圣诞节节目（请家长参观）。此外国光会有时举办级际演剧比赛，有时一级（如新文学班）特别贡献一些表演，有时教师来一次客串。这些戏，无论演技、道具、佈景、灯光，都要比现在认真讲究好多。

④球赛——体育会年年举办级际篮、排、垒球比赛，和个人的田径赛，网球赛。比的时候，其精神极为兴奋，各级都组了啦啦队，在旁边助威。一年一度教师与学生比赛一次，（哪一种球由教师选择。）那些教师，都化了装，有意做得怪腔怪调的，引大家笑痛肚子才罢。

⑤火操——火操即是避灾练习，这是一件极严肃的事，以预防火灾的万一。火操的信号，是一断一续的铃声，听见这铃声不管在那里——甚至半夜在床上——都得有秩序地到草地上，依着寝室排列起来，由室长，宅长点了名，等知道全数到齐才散。我可以断言有大半人是欢迎着火操的，尤其当教师问你没有预备熟的功课时，最盼望火操的铃声响起来。有时晚上实行火操，各宅的门灯大开，其情形又是别有风味。

⑥大考——大考真是一学期最紧张的季节，自修室终日开放，让人去埋头。星期六、日，Dodson Hall 椅子精光，扶梯上也坐满了人；草地的角落里到处都是用被单铺在地上用功的人。同时在这几天，饭堂间特奉送点心，大多是面、赤豆羹之类。

⑦函件——圣校学生与外面通信，都要经过检查，从外面来的信，由先生放在特制的格子里，（共三格，每宅一格），在吃完午饭的时候，由宅长分到每人寝室里去。Warning，那大家所怕的黄信封，也是用这方法分发的，不过宅长应该把它放在被单下，或塞在书堆里，这原因我想大家都猜得透。

⑧高三的威风——在住读的时代，高三宛如天之骄子，无论什么活动，都由她们领导。她们又享着好些特有的权利：两星期就可回家一次，有一间专利品的 Parlor，用级色的窗幔，椅套及其他想入非非的的东西点缀着，旁人是无权进去的。她们上自修课，既不必上自修室，又无庸抢图书馆，可以在那间 Parlor 里，完全摆脱教师的监视。所以全校学生（尤其是初中及预科的）都另眼对待着她们。

⑨毕业前的客套——高三与初三的大考，比别一级要早一日结束。她们等一考完，马上就要收拾东西回家，第二天再差人或打电话到学校来问有没有得毕业。假使都及格，

再兴冲冲捧了大包小包的礼物回校来。（倘使没得毕业，当然用不到再来了。）这习惯素来认为一种谦虚的征象，你不如注炮制，人家定当你骄傲，自以为总有得毕业的神气。

4. 结语

总而言之，圣校的住读生活，有着她许多特有的色彩，她是严紧的，规则之多，与被遵守的程度之高，为他校所未有。但是切不要以为我们的生活是机械的或死板的，一点也不这样。圣校，藉着天然环境的帮助，又是绝对诗意的。在那许多规则中，我们过着清雅幽静的生活，那后草场的花山，那秋日临风的白杨，那黄昏后挂在礼拜堂钟塔旁的月儿，那半夜的足声，在在都使我们浮起一层超尘世的感觉，我曾在一本杂志上看见："圣玛利亚，这笼罩在神权下的学校……"这句话并不大谬，一则我们整个校舍，是照着中古时代的寺院（Monastery）的式样造的。再则那些富有诗意的处所，颇带着些神秘的意味，更加上那日日的宗教仪式，宗教训练，与 Convent 相差并不远了。

我总觉得住读时的学生，要比现在淳朴天真，同学间的友谊，也远比现在真挚。在那时候外面的世界，几全与我们隔绝，我们为小小的事快乐，也为小小的事伤感，流泪，生活是如此的平静，又是如此的复杂，我们便在这谜样的葫芦中，无知地，幸福地过着。

（原载 1941 年《凤藻》，有删节）

预科二年生活杂记

1943 届 范娟华

每天四时放学后和星期六、日下午，总是在草场上散步，或是在后草场翘翘板，荡秋千，打木球，因为这些东西都是大同学们所不要玩的。那时候高班的同学是颇有威风的，然而我们这些小鬼头亦不示弱，时常成群结队东走西跑捉迷藏，兜圈儿颇能自得其乐。

礼拜堂的钟楼上是我们足迹常到的地方，高登在危然矗立的古式钟楼上眺望野外，不觉心旷神怡，临风飘拂，更有飘飘欲仙之感。初来圣校，患着"怀乡病"的同学们每日总是要来此一眺的，那可爱的田野壮健的农夫，矗立着的树木，蠕动着的火车，的确是慰人心灵的。

那时的图书馆是我们没有资格进去自修的，上自修课是在思孙堂楼上东西两间偌大的自修室里，有先生坐着监视着，下面鸦雀无声，尤其是晚上上夜课，只听见沙沙翻书之声和远处的狗吠声，静肃得却不敢使人打瞌睡，我们那时功课不多，要这么静静的正襟危坐一个钟头，实在是有些难的，我们预科又是坐在最前面，一抬头，外国先生便要向你行注目礼，那可真是吃不消的事。望望那边图书馆里的学生，倒是怪自由的，拿着书走来走去，像是很忙的样子，可是每晚进去必有场大厮杀，想必里面定有宝货，非得进去观光观光不可了。否则枉为此校学生。于是在一个晚上，冒着险和桂生、承珠、杏卿、馥卿等费了九牛二虎之力挤了进去，好容易占着了坐位，还有许多高班的同学却站立着，心中确是有些过意不去，但是想到自己进来得不容易，只好委屈些她们了。好在她们是每天可来的。未几桂生、承珠又找着了她们心目中的小说看，我和杏卿、允臧等找着了一本摺东西的样本，于是大摺起猴子、狗儿、轮船、风琴来了。图书馆里的座位和现在一样，大家围坐着一个长桌，二人若要研究或相商书本的话，比较容易，不必像自修教室里用纸团传递那样麻烦，这时允臧正在喊我看她在教猴子弹琴，我刚要破口笑出声的时候，图书馆先生 Miss 顾跑来了，她在看有没有空座位，却见我们在折东西玩，看小说，不由怒从中来，"那狄排小囡一点勿守规矩，下次若是再来，我一定勿拨那面子，当场拉出去"。说时，许多大同学们都朝向我们看，我们又羞又窘，头也抬不起来，那里还有心相欣赏她的一口纯粹的浦东话，在大众面前出丑，恨不得有个地洞钻，可是以后没有几次我们还是去的，不过学看了"门槛"，就是当顾先生来时，我们装着看英文课外读本，问起来说是先生指定要看的。

……

我住的小囡楼前有两棵梅树，每当梅熟的时候，上毕夜课后，我们这群闯祸鬼便要去偷采了，当时采得顶多的要算承珠、钟明、允臧等。每次满囊而归，于是到草地一同分赃，不过采的时候是非极小心不可的，临窗的房间是先生住的，还有，若被大同学们碰见，她们必会去搬嘴无疑的。有一次钟明正爬在树上采，楼上先生的房间里探了一个头出来，但贼总是心虚的，那几位望风的同学这一惊非同小可，连忙叫钟明下树，大约下得太急，一不小心，衣服撕破了一大块，皮鞋落了一只，脚上还擦去了一些皮，真所谓"偷鸡不着反而蚀把米"。在黑暗中大家帮着摸索一只丢了的鞋，好容易找着，回到房里，随即补衣服，嘴里哼着缝衣曲，因那时恰巧教着这课书，可惜现在背不出了，可是我们是雅赋，很有诗意哩。

从前淘气的事犹历历在目，若要全写下来，真是一言难尽，记得我们班首先养蚕，后来差不多全校都养起来了，校里的两棵桑树被大加摧残，那时校长先生傅德女士见她心爱的树木遭此打击，大发雷霆，索性命校工全棵连根砍下，这对于我们的蚕宝宝真是致命伤，过了几天饿得一条条硬僵僵直挺挺，不忍目睹其死，终于叫妈妈设法送给外人去养，可是也有几位同学，私自养着直到结茧的。

……

从前在老圣校时，每学期有 English evening，就是把读过的英文读本表演出来。那时我们曾表演一只 Cinderella 演剧能手，素绚当时即担任 Cinderella 此角色，杨佩贞和张馥卿饰二个姊姊（现她俩皆已离圣校），葛璿（现刘夫）饰仙女，一时物色不着王子，结果 Miss Brady 选中了黄桂生小姐，桂生再三推辞，但她坚持着要桂生饰，演此角色非她无第二人了，后来在第二幕跳舞会中，桂生和素绚率领着其他的一对一对大跳着舞，极称一时之威。

在老圣校时也和现在一样，每天早晨早祷，不过从前星期日要做大礼拜，先到自修室点名，若无故缺席三次，便要取消大考资格，那时我们一级坐在楼上，圣诞节做 Pageant 时看下去真是一目了然，清清楚楚，那时的学生要比现在多一倍，下面坐得满满的，望下去全是一个个黑黑的头，礼拜时那雄壮的钟声，庄严的仪式，静肃的空气，清幽的歌声，确是圣校的特色。

星期日做毕礼拜还要上一课圣书，预科二郑慧君先生教的时候，要我们把当天牧师所讲的道记下来，后来因为我们坐在后面楼上听不见，这才免了。

圣校那时盛行"拖朋友"的风气，我们一级更是起劲，每天吃好晚饭后便到草场上去拉，不管大同学们肯跑不肯跑，拉了她们来再说。有时还去拉先生来跑，这时草场上真是一幅好景象，追的追，拖的拖，跑的跑，叫的叫，活像"捉猪猡"。

那时我们一级差不多每一个人有个朋友，吃好晚饭便一对对跑，当时朋友顶多的要推梁定华、宋文娇、顾淑恩等了，多在一打之上，真是应付不及。她们三人是当时表演戏剧时的主要帝星。

周坚初来时脾气有些古怪，不大说话，老是看小说，甚至上课时亦偷偷看，但考试的成绩决不让人，李太太曾称赞她聪明，但若和她拖朋友，她必定要嘟起嘴骂人的。

承珠却是我们一级中最爱美的一个，因她第一个烫头发。可惜的是她和我一样，还有周坚，没有在圣校度过我们最后的一年。我们三人都是 1935 年秋进圣校的，而都于最后一年离开圣校，真是约好也没有这样巧。

潘美德写的字方得很。

允臧进校时已有现在那样了。

寿安进校时和宝华、文娇等一样是个十足的小孩。

还有敏贞完全是小孩子脾气。

预科二时来了两位地道的北京孩子是钟英和钟明姐妹俩。

现在我们那位音乐人家刘邦瑞女士的姊姊邦英，预科时曾和我们同级，她和她妹妹有着同样的好学不倦的精神。

　　素绚当时和邢凤宝寸步不离，为人和蔼可亲。她的演技一鸣惊人，演来逼真动人。男先生们都为之唏嘘不止，当时轰动了全校，大同学们从此也不敢小觑我们了。

　　光阴荏苒，转瞬便是毕业的关头，预科时的同学因经几度沧桑，现在仍在校的祇剩桂生、美德、素琴、敏贞、寿安、宝华、素绚、允臧、钟芸、钟明十位了。

（原载1943年《凤藻》，有删节）

二年寄宿生活

1943届 黄桂生

时光的巨轮不断地推进着，一闪眼我已是高三的学生，八年前我初入圣校时的光景犹在目前。

记得我第一日进校是在九月初，天气还很闷热，我随了母亲走到我的宿舍，看看房里已有四位同学在谈笑，床铺都安置好，只有靠门的一架铁床是空的。我想，这大概是我的了，便把我的被褥在那空床上铺好。接着母亲又在房内找到一口空橱，于是帮我把衣服整理好，六时敲了铃，家人都得离校，母亲也跟着人们离去，我虽然没有哭，可是心里痛如刀割。

我送走了母亲，回到房里，同学们都嘻嘻哈哈地在谈笑，她们都是老同学，所以很熟悉，只有我一个是新的，孤零零地觉得寂寞极了，坐在椅子上出神。还好，过一会，我们房间隔壁的那位章先生出来了，看见我是新学生，颇怜惜似的安慰了我一番，并且把我介绍给同房间的几位同学，请她们指导我。因我还是第一次住读，什么也不懂的，不久，我与同房间的同学们打得火热，成为知己了。

这样我便开始了我住读的生活。

起先我老是想着家，每个夜深人静的时候便暗自计算月假回家的日子，后来渐渐地惯了，月假也看得不甚重要了。学校规定家人每星期六与星期日下午能来探望学生，起先我总要我的家人每次来，在他们走的时候总是很难过，后来就不如此了。记得有一次正逢大考，我表姊带了二位同学来看我，我与她们谈不到五分钟便叫她们走哩！时光的确是会改变人的性情的。

那时我们因为是全校最低的一级，所以学生最少，也最小，大家都是新的，所以很合得来，第一天便认得了每个人的名字。那时教我们英文的是贝莱台女士，她常常在上课时带我们去大草地上玩，记得她领过我们到她家游玩过二次哩！她的书房中陈设着许许多多的象的摆设，大的小的，红的绿的，至少有五十余只，我们都欣赏得够，记得还有一次她带我们上兆丰公园吃冰淇淋，我们因为难得出来，于是抓住机会大吃一顿，回校后我肚子泻了一天，还有同学发了寒热，睡了二天病房。

　　说起病房，我能夸口一声，我住宿了二年，只进去过半天。以前我身体很不好，时常发热。可是事也很巧，时常在星期六发热，所以待下午家人来时我便跟了家人回家去了，只有一次是星期五，所以睡了半天病房，那时我们都不喜入病房，生病也是咬着牙儿忍住，因为那位看护小姐的铁面实在受不了。

　　那时学校订了二份英文报，报上电影广告登得相当的大，明星照也相当清晰美观，时常二大张完全是明星照的并不算稀奇，不像现在的报纸，电影广告总是豆腐干的一块，小得可怜。我们都争着要那些明星相片，有时竟为了一张照片争骂起，于是大家说好，谁先拿到报纸，便在照片旁边写好"某某定"的字样，等到晚上茶房要来收报纸时便可撕去那"定"的照片。那时我们级上要照片的可谓不少，我就是最热心的一个，那时每日早饭后茶房便开阅报室的门，我们总是等在阅报室的门口，门一开便大家去抢报纸，报一到手便写"某某定"，"定"好了的人当然笑口大开，迟来的人只得望洋兴叹，拖了那支无用的铅笔回去。记得那时羡緻是坐在靠门口的那桌吃饭的，所以一吃完早饭，她总是第一个跑入阅览室的，我因为在靠窗的一点，离门较远，所以时常白跑，没有"定"着。我同房间的钧陶倒很义气，有一次替我跑去，把所有的报纸"定"完，总算替我出了一口气。那时我们撕了许多照片，觉得应该想个方法保存起来，于是便把它们贴成一本书，羡緻贴了六本，送了一本给杏卿，也送了一本给我。我自己也贴了一本，至今羡緻送我的那本与我自己贴的那本仍放在我的书架上，每当我翻书时，偶然地看到它们，我总要想到从前争"定"照片的情形。

　　以往两年的住读生活是愉快的，我一回忆昔日的情形，总为之神往。我好像看见那碧绿的草地上有着成群的同学在徘徊谈笑，我好像听见琴间里传出叮叮咚咚的抑扬的音乐，我好像嗅到我们卧室隔壁章先生房里涌出的鸡汤的香味……

　　我希望我仍能回复我住校的生活，我希望时光能倒流。

（原载1943年《凤藻》）

1933～1943年级史摘录

一九三三级级史（摘录）（郁仁芳 王兰麟）

一九二五年秋，吾等二十三人于无意中相值于圣玛利亚女校。一九三零年春于"英文夜会"（English Evening）之时，吾级表演一短剧，名曰"神秘之镜"。剧中对白均由各同学自作，此乃吾级第一次之表演也。

依学校旧俗，吾等当于是年选择级色，级歌，级花等，遂定银及灰为级色，百合花为级花，级歌亦在制作中，于是日趋高中形式矣。本年夏由教职员邀请得与同门会及高三宴，此乃初三时代引为最荣幸之事。毕业礼日，同级生梁遂英女士得初中之最优品行奖，名曰"海巴奖"，初中生活遂告结束。

高中首年（一九三〇至一九三一）乃一实验时期，较之初中自觉地位不同，而必力求名符其实，故于课程体育两方均有努力。第一次加入篮球比赛，一战而胜高三，再战而胜初三，惟以经验浅薄，练习缺少，终负于高二，至于课程方面有"善进英语团"之组织，规定同级生每晨相见必以英语会话，英文教授郭小姐以"勿作泡影"勉励我等，后此语即取为吾级之箴言。是夏同级生王蘭麟女士，得全校中文最优奖，于此欢呼声中高一生活遂告结束。

一九三一年秋季，我等升入高二，课程愈觉忙碌，终日盘旋于思孙堂中，但见两手重重叠叠尽是中英书籍。方学期终了之前，我级即忙于选举各会会长，职员，及凤藻部职员等事。级内又有下届级长、书记，会计等选举，后更推定孔小姐为下学期本级顾问。于是我辈栗然觉有重责在者。

我校向例高三级于毕业时必授高二级一盾。受盾之日，我辈骤觉重责压身，乃以"非以役人乃役于人"之语相勉。我等因惜别之情，赠一九三二级同学一匾，文曰"敬业乐群"。又作一歌赠之。是年同级生龚维航女士与一九三三级同学汤烈娣女士，同得全校网球锦标。

毕业礼日，同级生朱梅先女士又得全校中文最优奖。我辈正当高二结束之时，得此荣誉为精神革命时期之尾声，更觉喜形于色。

一九三二年九月十二日我等开始做头班生矣。方我等布置本级休息室时，我级合作之精神大著。装饰工竣，乃邀请教职员团茶叙，举行落成典礼，藉以欢送级友武毓英女士。武女士以体弱辍读归养，因为之饯行。际之最后之"英文夜会"，乃表演一剧名"梦"，校长先生之亲作也。其目的在增进诸同学之英文文法知识。圣诞节午刻承教职员团之邀请，得与诸师长及同门会聚宴。是夜则自备茶点游艺等，作为该年最后之欢叙。

大考期间本校举行篮球比赛，我级与一九三四级同得篮球锦标。

寒假开始，我等又为顾环琳小姐（Miss Cooper）所邀，茶叙于圣约翰大学住所。是日传闻我级级长刘曾艇女士下学期将不克来校，莫不戚然惊感。本学期开学之第一日遂选举沈郁华女士为级长。我辈深望以后一切级务得以女士之力而进行更行顺利，若晨曦之初升焉。

一九三四级级史（摘录）（李廉敏）

我级的产生，是在一九二六年的秋，一九二八年的初中最优品行奖（海巴特奖）为我级静宜所得，真"侥幸"！

初中毕业的那年，我们选了幽谷之百合（LIly-of-valley）为级花，因为它的特征是幽闲而高尚，给我们修养人格的一个目标，定绿与白为级色，级歌是以名歌"Stein Song"为谱，音调庄严而动听，承郭小姐（Miss Lucy Graves）的盛意，为我们制曲，级箴是谦让（Climb to Humility）。我们勉励着以此为我们待人的一种工具，这年的海巴特奖，为我级烈娣所得，真真"侥幸"！

才升到高中一的那年，在大家都高兴做了高中学生的时候，赵君锦如忽然得病物化了！锦如是我级最沈静好学的朋友，自她去后，我们无时不追悼她！

民廿一年的冬，沪案发生，学校因此停办，同学音信全无的隔绝了！等到春天重聚时，级友又走了不少。劫后重逢，大家的感情，当然格外的浓厚！互助的精神，也因此更加的强了！那年有网球比赛，烈娣和一九三三年毕业生龚君维航得锦标。

升到高二，正想大家携手努力的用心干一下，却不料欧君超国因体弱休学。她是我校的音乐家，曾任本年高级琴会会长，无论何种名谱，拿到手她便能很熟练的弹，无怪先生同学都赞羡她。不幸她竟半途离我们去了！这年的高中，最优学业奖章为瑞芝所得，真算"侥幸"！

这年我们冒险的加入了篮球比赛，却未料初出茅庐的我们，竟夺得了锦标。同学们笑我们"一鸣惊人"！我们何敢承认这话？但也算是"侥幸"！本年烈娣得体育会的奖章！

最后，希望我们都能应适新的环境；各自向大道前进。记着，别忘了"谦让"，"互助"，"永远团结"。

一九三五级级史（节录）（孔宝定 陈善明）

本级运动，初无籍名，自初一被选为大将球员，吾级不以班低年弱而气馁，毅然入场与高中组博战，厥后几经磨练，翌年即获全校大将球之冠军，继而网球优胜又获田径锦标，皆张君美丽陈君金燕等之功也。惟初三时篮球竞赛，往往功败垂成，至今惜之，高一以还，益自奋发，勤加训练，磨励以须，是年篮球锦标，果为所夺，扬眉吐气，壮志竟酬，积年宿耻，获雪于一旦，亦足快矣。不谓寒假期中，沪战顿发，因之级友星散者甚多，未几二组遂复合而为一，以至于今，然吾诸级友之精神，亦未尝以之而稍减，故能数年以来，乒乓冠军，银盾金牌均开吾校新纪录，今载排球、篮球优胜，他级莫敢撄戎锋，凡此种种亦足窥见本班奋勉之一斑矣。

非谓此也，吾级学友之课外活动，于音乐有谭、阮、葛诸君，奏弹之精，誉满全校，于表演有王、卢、郭、沈诸君，擅长演技，艺术惊人，于演说有罗君秀贞，最近获本校第一次国语演讲竞赛会，高中组锦标，更足钦仰。而沈、甘、刘、陈、张等诸君亦皆本级导袖之才也。

若夫课内成绩，亦颇斐然，如王君月琴得一九三四全校高中学业优越奖状，及高几何程度，破校中历来之纪录，皆明证也。

吾级众级友共定级训"端洁"，级色为"蔚然"，级花为"白玫瑰"，取义于端正高洁，如蔚蓝之天，清白之玫瑰也。

一九三六级级史（节录）（黄淑兰、丁元哲、陈毓琪）

我级的产生是在一九二八年秋季。在一九三〇年的秋季，我们已由 P-niors 而一跃成为中学生了。那时我们仍是藉藉无名，在神气十足的高中同学眼中，我们只觉得自己是这样的渺小。所幸在初二那年，级友陈美朴女士竟获得初中 Scholarship，同时王月琴、卢景兰两位女士也因学业成绩超等而越级至初三，她们也就是去年毕业生中的优秀分子。于是敝级的品学优良，一时闻名全校。次年陈美朴女士；连得初中 Scholarship，那时敝级更为师长们所重视。

普通人们对于功课方面一专心，往往会把体育一事疏忽，但是敝级同学并没有这种坏习惯，我们也常常参加校内各种运动比赛，虽然不能获得奖品，但是从不因此而减少我们的热烈的体育的精神。

对于学业的竞争，稍露锋芒即不落人后，仍能保持品学兼优的记录。办事中以级友丁元哲、戴闰雄女士为能手。级友陈素珍、陈毓琪、王芸兰、姚安娟女士素以善演剧闻名全校。陈素珍女士又善口才，时常登台演讲或辩论，旁若无人。长篇短论皆有精彩独到之妙。关于音乐方面，级友欧家国、周秀娟、王芸兰女士，皆为歌韵团台柱，都是歌声醉人，雅调一曲后，其余声有三日绕梁的风味。周秀娟、黄淑兰、任敏贞、姚安娟四位女士夙以擅精钢琴誉满全校。

一九三四年褒奖的那天，戴闰雄女士获得高三中文最优学业奖章。一九三五年陈美朴女士复得高二最优学业奖章。陈女士以连得三次荣誉奖章，实在令人佩服，真是敝级史最荣誉的一页。最近一九三五年冬季，高中国语辩论会，敝级友数人代表高三中文数人出席，一辩而胜特级，获得锦标。

级友，盼望我们各人都永远记着我们的级训"Dare To Be True"和级色"Lavender and White"将来的言语行为能使它的色彩更发扬光辉。同时不要忘了母校的校训"人为服务而生，非为享受而生。"它的使命更大哪！

一九三七级级史（节录）（叶莲珍）

吾级自一九二九年起，便以率直、淳朴为生活之绳准。

在悄悄的八年过程中，我们没有什么惊人的成功可以自傲，在功课方面我们不能说

259

是出人头地，单页决不敢落人之后。记得在一九三三年，级友张毓贞也曾得过一次奖牌。讲到运动方面，本级曾屡尝败北风味，可是并不因此灰心，懊伤，级友们深知运动的真义不在胜负，而在精神。终于去年连得垒球及篮球锦标，这也是级友们有努力精神的一些小小表示。

本级在攻读课本之外，又常关心国事。去年绥事危急之秋，级友们首先发起亲制丝绵背心，以慰劳杀敌将士。我们的读书室（Senior Parlour），顿时一变而为"临时成衣铺"。一个黄昏，竟翻成了三四十件背心之多。当时的一腔爱国热情，是难以笔述的。及至圣诞节边，级友们更节衣缩食，停止送礼俗习，尽着各人的力量，去援助为我们流血的军士。这一页级史，是我们将来愿意带着微笑去重翻一下的。

但是我们也有一页伤心史在前面哩！那就是三年前（一九三四年）智元的死。这是全校师生所共同痛心的。智元和本级相处五年，没有一位师长不叹她是天生的奇才。她的聪明活泼，祇有目睹她的人才能想象得出。每在鹅黄色的（级色）的幔子前，或在玉色的蔷薇（级花）中，我们常默祝她在天的安乐！

一九三八级级史（节录）（胡金仙）

我级的产生是在一九三二年秋季。到了初中二，我们已是老学生了。同学们间的感情也增进了，大家在一个"利用我们的闲暇在充实我们的学识"的共同目标下，组织了一九三八级读书会，买了许多新书，很有系统的加以讨论和研究，那年初中的学业最优奖章，很侥幸的为我级同学叶文英君所得。

当我们初中毕业的那年，校中举行了两个盛大的比赛。一个是国语演讲比赛，一个是垒球比赛。真侥幸，我级在这两次比赛中都得有相当的成绩，我级代表得了国语演讲第一届初中组锦标外，并得了全校垒球第一，打败了自称"常胜军"的一九三五级代表团，可惜那时体育会还没有锦标制度的设立！

我们的热烈的服务精神，并不因学业和体育的竞争而减色。在圣诞节时，同学们都很热心地用各种方式去赚钱，拿我们赚来的钱作为救济我们穷苦同胞之用。我们所用的方式有出租小说，做戏，抄写，擦皮鞋和出卖Sandwich等。成绩倒也很可观。

一九三五年秋至一九三六年夏，是我们升到高中的第一年。这年我级少了很多同学，但我级在学业和体育等方面竞争上，并不曾因人少退步。反而再接再厉的连得了高中国语辩论锦标，篮球锦标，和排球锦标。很侥幸的，那年的高中中文最优奖章也为我级同学凌励立君所得。

一九三六年的秋季，我们已是高中二的学生了，那年校方编制突改，我级首当其冲，本来常聚一堂嬉笑的同学们，被分得三五成群，有的读家政学，有的选商科打字，有的预备进大学，有的专心于音乐。但我们团结的精神不但没松弛，反而更形坚固，课余之暇，常能见我级同学一长条地连臂着在草场上散步。春暇的时候，我级在高一时组织的杭州春游团人数大增，作了一次很有兴味的南京之游。这年高中学业最优金质奖章又为同学凌励立君所得。

"八一三"烽火爆发时，正是我们放暑假的时候，我级友很多同学，就很勇敢地加入了后方的救护工作，她们服务的热忱是院方所称许的。

我们那以往的毕业生从未享受过的半天走读生活曾告诉我们应该怎样利用少的时间读最多的书。我级服务的精神和求知识的热忱并不因环境的变迁而停止和退步。在目前敝级尚有几位同学很热心地在做救济难民的工作，很多的同学加入了上海学联的研究团契，从事学识的研究。

愿大家别忘了我们的级训 More Beyond，我们的级色 Silver and Green，我们的级花 Easterlily，和这圣神的民族抗战中的最末一年的中学生活。

一九三九级级史（摘录）（张倚云 李珠英）

一九三九年级在一九三一年的初秋诞生了。我们被分为 A、B、C 三组，我们在课余之后，时常聚在一起，练习网球、篮球、排球等。在星期六星期日的早晨或下午，当和暖的阳光照耀在我们那美丽的校园中时，常可以看到我们连成很长的一排在草地上带说，带笑，带唱的散步着。

初三，我级的几位健将，为我们获得了篮球锦标。毕业的那天，我们初中毕业的人数，打破了以前所有的纪录。有两件事是可以引以为荣的，在初二的时候李梅卿君获得英文奖章；初三时那一年一度的英文奖章复被我级同学严文汉所得。

高一至高三，我们只分两组——甲组是大学预备科，乙组是普通科，然而我们团结的精神则是始终如一的。高一时,因我们还在练习期中,做过副会长的衹有傅寿芝君一人。虽然我们缺少经验,凭着努力与勤奋,因此有韦多嘉君的中文奖章,盛钟庆君的国语演讲第一,再有垒球的锦标也为我们所得。

　　到了高二,战钟敲碎了我们的甜梦,使我们体验了另一种生活。在香港的有郭助时君,在苏门答腊的有叶莲玉君。那时的环境是恶劣极了,不过我们并没有忘怀自己是一群年轻的斗士,所以我们比以前更努力更刻苦。对于新生活,走读的尝试,更感觉到兴趣。这年得奖的是钟其瑛君,中西两奖章都是她一人包办,为我级增光不少。

　　高三,我们已是一群意志坚强,经验丰富的青年了。于是像大姊姊似的领导着小妹妹们努力于校内的自治和救济难民工作,我们并不觉得自负,因为认清这都是我们年青者的责任呵!我们要永远记着我们的级训"和谐"Harmony,级色银与蓝 Silver & Blue,级花毋忘我 Forget-not,向着人生的大道迈进。

一九四〇级级史(摘录)(高三蔡小谢、王墨兰)

　　一九三二年的夏天,我们这一群踏进了这庄严、古老的学府。当时不过二十多人,被分为二组。本级以前的同学,程度都参差不齐,所以中英文的班次高低不同,但从本级起,就没有这种事情发生,在功课方面的发展十分平均,尤其值得大书特书的就是当我们在初中三时竟能全体毕业,造成了"前无古人"的空前纪录。

　　本级中爱好体育的很多,像程慕兰、郑玉璇、沈郁灵等都是本级篮球代表队的中坚分子。在白利南路所过的五年生活中,曾连得二次垒球锦标,一次篮球锦标。

　　除了几位运动健将外,周惠娟、盛钟源、吴卿云和虞丽芳都是钢琴圣手,尤其是惠娟和钟源在初三那年已在音乐会中大显身手了。

　　沪战爆发后,校舍沦为战区。于是,在喧闹的大陆商场开始了我们的高中生活。那时因环境的驱使,所以只好走读,又衹限于下午上课,同学们见面的机会因此较少。失却了幽静的读书胜地后,同学们的功课也多少受了影响,不过,大家仍保持着以前的友谊,并且还增加了对外的接触。

　　二年多的走读生活使本校同学改变了以前"闭关自守"的态度(清心会加入上海联就是一个明证),同时还替本级造就了几位办事人才,如谢恩娟、郑玉璇和沈爱珠等。

一九三八年夏天，本校在梵皇渡圣约翰大学内建立了新的校舍，使本级成为在那里毕业的前导者。我们的级训"靠着信仰前进"将时时鼓励我们，而那纯白的玫瑰花（级花），和那表示谦虚的紫色（级色），当我们在苦痛的时候，也将带给我们无限的安慰。

一九四一级级史（摘录）（1941届 邢凤宝）

一九四一级成立于一九三三年之秋。在初一那年，曾得初中部的排球锦标，在初二的下学期又得垒球锦标。

始自初一时，本级即以团结力坚固驰名全校，我们在 play hour 时总是全级在一起玩球，如得到和别级赛球的消息后，便拼命努力练球，往往玩到天黑才止。我们同时还开始组织一个国语会话组，每个本级同学都能讲国语，如偶有一句方言漏出，则罚洋一分，归入级中公费。这条级规成立于初一那年，迨这年学期将终时，终于每人都能讲流利国语了。除了运动以外，我们对于书本亦很用功，天资好的人颇称不少。在初二时，本级沈郁灵同学（后跳入上级）获初中部英文最优奖，下一年又赢得奖，然因不能连得二次奖的惯例而让于他人，这是我们班深以为荣的。

一九三七年八一三战事爆发，圣校迁址南京路慈淑大楼四楼上课，校中一切课外活动几于都停顿下来，其时我们这届初三毕业之期，甚以毕业礼不能于老圣校的大礼堂中举行为憾。记得那年行毕业礼的地点为贝当路美童公学的礼拜堂，是日佳宾纷来，颇得一时之盛。

高一一年仍于大陆商场上课，大家除了循规蹈矩安心读书外，并无任何作为。下一年，圣约翰大学的新校舍落成，圣校迁回新校舍上课。因地点和时间的较前宽裕，渐渐恢复在老圣校的一切活动，本级同学乃秉以往毅力，重复活跃起来，在高二上学期开学未久，我们即开始筹备几个节目，拟于耶诞附近，作一次慈善表演，实行的困难极多，如无数位热心师长的鼎助，以及全级同学的同心协力，不为艰苦所阻，这计划是很容易成为泡影的，然而这到底是成功的。我们的未经名人导演的戏剧毕竟在十二月十七日午后，于新校舍膳厅中大胆演出，虽然大家都没有经验，物质条件既缺乏，兼备时间又匆促，一切因陋就简，不能与人家的堂皇演出作比，可是同学们都是不苛求，认为所出的几角代价尚值得这么一小时半的消遣，何况又帮助贫困需要帮助的人们，不少同学又大赞几位同学演技的神化，剧情的紧凑，以及布景的逼真。这次慈善表演的结果，票价为四十余元，悉数托朱友渔博士携往西南，聊助那边的教学工作。

是年学期终时，本级陈淑芬君获高中部英文冠军奖，中文奖则为凤宝所得。同学又有国光会主办的初高中的国语演讲比赛，邵惠珍君代表本级出席演讲，得到高中第一的锦标。凡此皆为本级史上光荣之一页，故特郑重记下。

一九四一年乃圣校成立迄今第六十周年，我们适逢毕业之期，当为她六十岁上的产儿。

一九四三级级史（摘录）（1943届 梁宝华）

我们在圣校求学，仔细算起来，已经有八年了，从我们在预科一年级到现在，就整整地换了四个校长，我们也无形之中做了四期的"忠臣"，就是傅校长、金校长、顾校长和现任的陆校长。

（甲）在白利南路圣校旧址的时候：这时期中我们整天忙的，并不是读书，而是找课堂，因圣校旧址相当广大，课室分散在几幢房子里，如科学馆、音乐馆、体育馆等。那时上课，每钟点都要更换教室，比现在要忙上万倍，忙于学习高级同学们用的名辞，如 Warning, Sun Parlar, Play how, Night Studies 还弄不清楚，当时我们还忙着"被拉朋友"，大概那时我们都"玲珑可爱""天真活泼"所以是宾客满堂，应接不暇，常在一下课后"被拉"而搀着"朋友们"在草地上踱方步，其乐也，无涯。

在这时期中，我们最以为荣华的，就是在预二国语戏剧比赛时，我们出演的"人之道"，当时观众"泪流万行"，而我们的陆级长素绚亦从此以演悲剧之技巧而出了名，当然不用说，头一名是我们得到。

（乙）在南京路大陆商场的时期：我们已做了两年最低级生，在预二时，预一没有开班，到八一三事变爆发时，学校搬到大陆商场去，竟连预二都取消，结果我们出头日子又延迟一年。这时期内，我们一级没有甚么成就，除了陆素绚同学替我级在初二时争到了全初中国语比赛第一名之光荣外。这两年中所受印象最深的是我们从前安静，有纪律的生活一变而为纷乱无章，嚣杂不堪的环境。

（丙）在圣约翰大学内新校舍时期：初三毕业那年，周乾坚同学得到了全初中中文

第一名的奖章，戈敏贞同学得到全初中国语比赛第二名，到了高一那一年，可算是我们级史中"全盛时代"，因为非但沈郁明同学夺得全高中英文第一名，周坚同学争得全高中中文比赛第一名外，我级的篮球队也用血汗去争得全级中学篮球级赛第一名，想起那年在行毕业典礼那天，我级同学在台上行动自如，满脸春风的情形真有点手舞足蹈，得意忘形呢！在高二是我们声誉的尾音，虽然因汤佩恩同学的努力，获得全高中英文第一名的奖章，可是我们的"活力"也进入老年时代，我们毫无声色，筋疲力尽地爬上了高中三。我们相处了多年的外国先生们都——为时势所迫，离开我们，而新来的先生们虽然尽力帮助我们，可是在静下来时，又怎能轻易忘旧呢？我们全级总算破天荒第一次实行了级训"一心一意"！

（一九四二年《凤藻》未发现）

校友来信

刘席珍给母校的信
诸位同学：

　　去年因政局的关系，母校不能开学，在北平的我们是如何的焦急啊！前几星期接校刊来信说："母校已经开学，并且已着手编纂校刊。"我们听见后得了无限的快乐同希望。这都是学校当局同诸位本着爱护母校的精神奋斗出来的。

　　旅平母校同学很多，不过在燕大的只有八人，本校教育学系教授傅葆琛之夫人即章金珍，现在本校住；宋望春同张惠文皆是教育速成科学生；张德馨入幼稚科，龚棣珍预备明年转入协和护士科；吴新珉同郑珣因初到燕京，主科一时不能定，闻对于生物学及家政学特别有趣；吴榆珍的主科是社会学，我的是理化学；榆珍同我皆是四年级生，所以我们为毕业论文，作戏等忙得不亦乐乎。

　　本校位于北平之西郊，离城约三十里，我们进城去，就说到北平去，如同你们到先施公司去，说到上海去一样，但是进城去也很便利的，因为长途汽车可以一直送到北平，若是一年半载不进城，亦不足忧，因为在本校什么吃、用、看、玩的地方都有。譬如：电影、冰场、饭馆、书店、皮鞋店、裁缝店、校园、达园、朗润园等，皆足供我们的要求。环境是这样的美，这样的便利，功课方面也是很严的，所以每晚大图书馆里都是充满了人。

　　自母校出来后，我愈觉中文要紧，在各大学里，一切公函、记录、广告，皆用中文，要知我们若想在中国作事，非把中文造得顶好不行，但是读中文的时期，最好在中学，因为到大学就专门了，再没有功夫去研究中西文。母校中西文并重，诸位在母校读书，能细心研究中西文，将来毕业，定能在本国社会里，占优胜的势力。

以后再谈罢，敬祝学业进步！

同学　刘席珍（1925届）

1929年1月14日

（原载1929年《凤藻》）

1932届龚普生1933年给母校的信

亲爱的同学们：

　　我现在虽算是同门会会员了，可是所谓同门会会员所应享的权利，因远处北平却不能享受。在中学时代唯一祈望的甚么"自由无禁的从Pott Hall走到Twin Hall楼上"，"圣诞节毕业校友宴"，竟不能走也不能尝。为了这，我一点也不觉我曾在圣校毕业过，至觉得我曾在圣校肄业而已。直至上星期我接着梅生信，叫我在校友栏写些东西，我才知我真的是同门会会员。你们可以幻想到我接着这信的时候，是何等高兴！恨不得立刻便写些东西，但不久榆关事变发生，因忙于担任各项工作，致把最高兴的事也忘了。现在燕大三周工作已结束，新的计划还未实行，我呢也趁着这机会写这封信，我本不敢这么献丑的。只是想到我们的一切也是您们平日所熟识，无论如何"不通"，我却信您们能原谅我。

　　时候过得太快了，只有半年间我已离了圣校而在数千里外的燕京，圣校的一切像什么"吃大菜呀"，"早操呀"，"沐冷水浴"等，都很清爽的在我脑子里呈现着和昨天一般，然而这种生活只能在回味中，却永远不能再实现了。据说新的同学已来了不少，所以明年暑假来圣校时也许有不少人不认识，也许要觉得圣校不是以前的圣校了。

　　有不少人总是说我，"怎呢，这么自由的大学生活不要过，却念念不忘这牢狱式的圣校！"不错，大学的生活，只单就燕京而言，真不知较圣校自由得多少。在宿舍一方面"查房间"是永不会有的事，十天不叠床也不会有人管你，晚间只要你有精神，说话说到天亮也没有关系。跑房间跑楼，当然是无问题，更无所谓自修室及一切的规则。我们在初来时呢，以为此处也是和圣校一般满地都是纪律，所以总在房间躲着不出，后来知道原来是这么自由的，反有些不惯。我在圣校已不算是最遵守一切规律的，犹觉太自由，可想一般了。也许你们要说这么自由还不快活?可是当你要预备书的时候而他人却笑语嘻嘻,你一定希望有一个如圣校般的自修室,有时你觉得无心读书时,你也一定会要有圣校这般严厉的教师!

圣校毕业生在燕大有十余人之多,在教职员方面,龚兰贞博士授家政学,吴新珉任音乐教授,张继英任新闻学名誉教授,在学生方面,李素英主修国文——她得今年欧美同学会奖金,张豫孙——教育,孙琦琰——心理,沈晶、沈垚、戴克范三人修英文,容慕韫——音乐。罗明慧——生物,我是主修政治外交,我们和圣约翰的同学联合起来有三十余人,组织了一个梵皇渡同学会,每月聚会一次。

在校的同学们!你们也许要羡慕我们一切行动上的自由,但你们要晓得,我们最羡慕的却是你们呢。希望你们不要错过你们黄金围墙里面的宝贵生活,这生活不可多得的呀!

再会!

一九三二年级 龚普生
廿二年二月八日 北平燕京大学
(原载1933年《凤藻》)

1932届龚普生1935年给母校的信

母校的朋友们!

说起来其实我们现在所过的生活也和你们差不多,我们一星期也仍要换两次操衣上健身房去,我们也常常急明天的书来不及预备,闲着时呢,我们也和你们一样吃吃东西,谈天。说起来我们现在虽能选择比较近我们兴趣的学科去研究,可是老实说,我们有不少人还未找到我们真的兴趣。当然我们是否应不顾一切而专择个人嗜好去专修,又是一个问题。总之,假若说我们现在算已达到目的,那真太远了。有时我反觉得入了燕大对于前途更觉渺茫,至少对于中学时代所抱的那种黄金幻梦是已不存在了!

虽然燕京和圣玛利亚是有不少同点,可是也有不同点,说些出来,也是预备将来进燕京和关心我们的朋友所愿听。

当无论什么人踏进燕京，就要觉得燕京正像一小小的城市，在物质方面吧，校园内什么理发所、邮局、大汽车、小汽车、洋车、自行车，真是应有尽有。在国籍方面，教职员们不算，单就同学方面，除了国内同学外，还有不少异国的同学。在信仰方面吧，一方面有不少热心的基督徒，但同时也有不少反对基督教的分子。所以在这样复杂的环境下过日子，差不多天天，不，无时无刻都有新东西学得和发现。

在燕大真可说再没有再可以自由了，在这里虽有自治会可是它的工作和母校不同，而结果一切的秩序也不见得乱，谁也知道怎样去很适宜地去应付一切。记得以前在母校时也许因我是特别不守规则的学生，总喜欢在课堂背着教员说话，可是来了燕大，先生从不说过不许我们说话，可是我就始终连说话的念头也未转过。这时甚么缘故呢？不见得在高三至大一数月间便把我们弄得那么庄严。

燕大在一般人眼光中，总以为是比较奢华，其实只不过极小数的份子，在燕大尤其是冬季，上至大教授（外国教授亦有）下至齐夫，哪个不是蓝布袍一件！在燕大有不少全仗半工读的学生，他或她们利用他们空闲的时间去替学校或私人服务，以供给学费和其他费用，在学校享受方面是和其他同学绝对平等。

我在中学时总常有一种说不出自卑的心理，总觉得我们中国有些不如洋人，以为什么科学或社会科学凡是在欧美发达的，中国人总不如洋人，可是到燕大来，却使我发觉到在智力体力上我们大中华民国国民，虽不敢说超过欧美人士，但最少我们是不落人后，我们有不少欧美也震名的学者。

原来以下的话是不该说了，谁不知道中国人应注重中文，本国文字呢？在燕大更使我觉得假使中文不流利，不通顺真有说不出的不便。燕大在一般人以为"洋化"的尚且如此，在社会上对中文重视更可见一般。听说母校对中文有很好革新和整顿的计划这未尝不可贺的，本来在中学中文若无相当基础而要靠大学，那是极不可能。

你们现在每人都天天看报么？我真希望无论大小同学，都能天天抽十分钟来看一看报，虽然你们也许有不预备来考大学，对于常识一项可忽略些，可是假若我们要做中华民国的国民，我们总得要对他有认识啊！初看报时也许有些渺茫，有些枯燥，可是假若能接着不间断的去看，一定会发生兴趣的。在燕京同学有不少自动的对于国家问题，时事研究组织讨论会，系东北蒙古问题研究会，及时事座谈等参加的同学很踊跃，有时我们也请校外的人士或校内的教授参加，我希望有一天圣校同学也能有这么一个会自动组织起来。

不觉中竟连草稿也不打，一口气写了这一大堆，文字上当然有不少欠修饰处，说话也许有过火而开罪你们的地方，那只能在这里请你们原谅，希望你们记着我是永远爱护母校。我对每一个母校同学都抱有很大的希望，我们虽远处北平，总常惦念着圣校所有的师友！

普生

十二月八日燕大

（原载 1935 年《凤藻》）

1933届龚维航1935年给母校的信

宝定同学：

遂接到你们两位的来信，十分想为《凤藻》写些关于圣校同学在燕京大学的生活，可是不知怎的就写不出来，现在你们征稿时期将过，惭愧得很，我还是一字写不出，文章写不成，我还是作一简单的表，报告你们我们在燕大的人数，名，和各人主修的科目吧！也许这是喜欢知道的：

1. 李素英　国文学系研究生
2. 张翔生　教育学系研究生
3. 沈　垚　英文学系四年级
4. 沈　晶　社会学系四年级
5. 孙琦英　心理学系四年级
6. 龚普生　经济学系三年级
7. 罗明慧　家政学系三年级
8. 戴克范　家政学系三年级
9. 容慕韫　音乐学系三年级
10. 刘梅生　音乐学系二年级

11. 龚维航　历史学系二年级
12. 王毓芳　音乐学系

燕大母校的同学们叫我代她们向你们，我们无时无刻不想念母校老同学致意。末了祝一九三五《凤藻》成功！

维航

廿三年十二月十日晚北平燕京大学

1935届罗秀贞1936年给母校的信（北平）

给母校的朋友们：

在目前的紧张情绪下，我似乎写不出什么别的东西来，我想也许在上海的朋友们愿意听一点这次学生运动的内容吧，于是我便无疑的说一点个人的意见。

冀察政委会未成立的前几天，空气是特别的紧张着，终于在不能再忍受的景况下，平市的学生，为了纯洁的爱国热情所驱使着，把被压迫的热诚一齐爆发出来，而不能，也无从，阻止了。于是有一二·九那次的大请愿。城门虽然关闭了，拒绝了城外学生们，可是谁也阻止不了那时的热血沸腾。失望的回了校，次日便罢课；讲到罢课，我希望外界人士及学生本身对它都能有一层深刻的认识，罢课决不是舒服的苟且偷安的事，更不能算是学潮，或是学生运动。谁不愿过着安适的生活？谁不愿上课？然而在不可能的情形下，我们拿罢课当一种工具，来对当局表示不满。在这种工具失掉了它的效力时，我们自然应当另去应用其他的器具。那时在不上课的期限中，权内组织了各种活动的团体，这些可以分两方面来讲，一方面可以说是对于知识和时事上的检讨，一方面是对外界及大众的宣传。

过几天，人们都谈论着冀察政委会要在十六日正式成立，那一天便又有十二、十六的大示威，虽然不少同学受了伤，也有不少的军警受了伤，但至少我们有一点影响，就是唤起各地学生的注目及行动。然而运动的意义及目标决不在示威和情愿里。

此后复有深入民间扩大宣传的实行，虽然被赶回来，但队员对于日以及大众都增加了一层的认识，现在复课了，然救亡的工作仍是要继续进行的。

　　一二·九运动的意义，不在罢课或宣传，我们要以这次的救亡决心给全世界的帝国主义者一个惊心的警告，我们要以这次的行动，给全世界的弱小民族一种同情的援助及联络。一二·九运动的目标，不在请愿示威，我们要以最大的努力来推动一个全民族的解放运动。我们要在这种被压迫的生活下，找一条生存的出路！

　　一二·九是个运动的起始，它要唤起全国的响应！

　　朋友们，在帝国主义的摧残下，我们是时刻有灭亡的危险，所以我们需要赶忙的预备自己，我们需要热情及青年们应有的奋勇，同时我们也要极理智的冷静的头脑来看清应走的路途。最后，我们要急切的在各方面充实自己，尤其是思想的健全让我们站住了脚，看清了正当的道路，再勇敢的向前行！

　　再谈，此祝

　　努力！

罗秀贞鞠躬

廿五, 二, 十五。

（原载1936年《凤藻》）

圣玛利亚女校毕业生肄业生名单

1900届 朱静贞
1901届 陆宝林、陆彩林、曾桂珍、曾全贞、邹宜珍
1903届 张凤清、周绿云、何彼雪、何宝玉
1904届 桂月华
1906届 周龚定英、顾珩贞
1908届 黄福娟、金丽英、倪凤美、戴娴恩、戴品恩、张翠贞、朱琦贞、吴丽霞、陈丽贞
1908届 琴科毕业生 顾珩贞
1909届 韩美英、石赛荷、石赛桂、徐娟妹、孙月娥、邹佩云、黄福贞
1910届 俞秀金、薛淑明、李翰娟、倪凤生、顾佩贞、林芝、倪惠玉、潘倩娟、施漪兰、周春芳、袁葆群、龚采萱
1910师范毕业生 陈丽贞、倪凤美、黄福娟、石赛荷

1911届 张清芬、桂质玉、潘兰仙、沈明珍、孙秀明、（朱芳贞）
1911师范毕业生 倪凤生、韩美英、施漪兰
1912届 朱琴宝、祝华封、陶瑞宝、陈锦新、冯传英、葛吟秋、顾巧贞、顾月贞、宋韫玲、宋韫芳、朱荷贞、黄文凤
1912师范毕业生 潘倩娟、袁葆群、徐娟妹
1913届 杨美宝、李凤麟、朱雪英、凌筱嫦、凌细娇、刘媛贞、周宝生、朱芳贞、袁荷珠、凌慈云、黄淑贞
1913师范毕业生 沈明珠
1914届 顾秀贞、杨蓓芳、石赛瑜、沈静芳、施定珍、周玉莲、汪如英、杨华芳、谢冬云
1914师范毕业生 顾巧贞、顾月贞、朱琴宝、朱荷贞

1915 届 孙恂方、孙怡方、朱丽娣、周宝祯、黄瑨姞、陈兆元、刘华采、周爱连、郑绣菱、陈懿昭、Tsur Bae-san、龚仲兰、黄莲宝
1915 师范毕业生 刘华采、朱雪英
1916 届 桂德华、陈懿祝、林淑云、高君珊、林淑琼、龚佩珍、蔡菊龄、周菊英、张慧淑、谢育琼、程玉珍、戴凤娇
1916 师范毕业生 顾秀珍、桂德华、丁蕴信
1917 届（4 人）沈明珠、朱兰贞、杨华芳、刁殷彩鸾
1917 届肄业：陈锦瑞、郭丽韻、韩明夷、刘佩箴、孙信贤、王振华、杨思裕、查晓园、刘培贞、徐兰贞、徐珍、袁翠芳、谈坤范
1918 届（5 人）
唐恩美、刘增祥、刘德征、黄孟姒、汪筱谢
1918 届肄业：
包绣琴、陈凤嫦、丁翠玉、蓝继美、李昭质、梁丽贞、梁玉珍、林介英、卢金玉、吕静宜、邵静贞、沈美琴、盛建藻、邰静贞、谈宇范、唐赛芳、韦琼珊、韦球珊、韦瑜珊、尉宜萱、魏孝贞、徐淑英、叶银中、张玉宝、汪凤韶、徐秀玉、Waung Nyung-di

1919 届（8 人）
陈瑶仙、倪征琮、叶吉谋、俞庆棠、刘瑞征、章金宝、张昭冠、王绯霞
1919 届琴科毕业生：Tsu Woo-Sung（朱荷生）
1919 届肄业：
唐赛云（唐云）、黄碧君、经如莲、林梅卿、荣惠英、芮月明、田承祺、袁秀英、郑碧美、周爱龄、周美霞、丁圯、杨恩玉、蔡绣月、单楚筠、单楚珍、顾桂娥、桂昭华、林凤珠、凌筱瑛、沈巧美、孙凤林、谢标霞、周怜菊、邹佩瑛、杨志桂

1920 届（年刊上有 14 人）
戴凤翘、杨灿珍、陈静莲、陈锦端、欧阳雪、桂质良、金鸣歧、李佩丽、潘真娟、张继英（许骧夫人）、张雪芬、王桂阳、黄慧鹃、胡永馥
1920 届琴科毕业生：胡永馥
1920 届肄业：
陈凤卿、龚元馨、乐玉龄、宋淑馨、段致瑛、高君箴、蒋祖德、林敏焘、罗京慧、毛雪琴、缪安心、倪蓉裳、庞恕英、杨培静、张丽贞、胡惇五、陆素琳、钮济群、杨翠珍

1921 届（年刊上有 15 人）
霍桂芳、舒崇桢、郭梨云、吴淑娟、王文秀、高君韦、杨调芳、张娴如、程荣贞、吕廉宜、朱其廉、龚宝珍、吴月娟、刘华锦、黎文娥
1921 届肄业：

蔡玉龄、梁淑贤、孙淑贤、徐梅影、张芳萌、
周朴、朱文美、陈惠祥、陈瑞宽、陈瑶卿、
雷玉兰、雷玉容、李佩莲、梁就光、毛汉英、
潘惠荣、邱松琴、盛爱坪、孙淑箴、唐珍、
陶菊如、王桂英、吴似兰、杨灿贞、伊彩琼、
张乃端、朱秀銮、陈慕贞、高君平、汪凤韶、
吴庆云、许纬江、应令言、方月梅（Hauh Dung-faung、郝 芳（Lee Hwa-tsae）

1922届（年刊上有10人）
冯芳雅、王毓秀、张芝瑛、陈瑶珍、王毓芳、
吴蕙青、章金箴、宋競英、蒋祖容、
唐金愈
1922届琴科毕业生：朱其廉
1922届肄业：
李昭实、范金宝、倪驶新、韩闺纯、潘文娴、
唐瑛、汪翠林、徐丽容、蔡倚存、黄昭竝、
殷绥贞、章生江、高藻、杨恩裕

1923届（年刊上有8人）
陈蓓如、江梅娟、龚兰贞、潘瑞蓉、汤润德、
张纯玉、王兴华、杨瑞卿
1923届琴科：王毓芳
1923届肄业：
陈凤宝、徐英、包秀珍、过庭英、郑雪楣、
蔡秀龄、邓纯一、顾慧珍、华璞贞、黄承昭、
黄贞宝、江月美、梅淑德、缪懿信、聂其璧、

沈福贞、沈慧申、沈韻申、王仪贞、杨丽娟、
杨锡藻、张競华、周丽华、颜淑卿、蒯淑平、
秦振坤、叶寿原

1924届（年刊上有13人）
罗迟慧、杨月卿、程婉贞、孙熙治、林敏筹、
毛云琴、窦棣华、章德馨、蔡慧英、周美宝、
曾宪文、吴榆珍、张雅宜
1924年琴科毕业生：(有年刊)：潘瑞蓉、
戴清秀
1924届肄业：
陈明娟、胡宝莲、汪月美、蔡桂林、李景钿、
陆金棣、邱文珠、唐德贤、唐德珍、王光华、
沈兰芳、梁秀云、梁其华、李志实、林飞卿、
杨增锡、章先红、章先江、罗思云、魏美琼、
张福珍、钮霁群

1925届（年刊上有14人）
杨蔼芳、俞大缜、胡敦五、顾端珍、朱珍美、
李素英、刘席珍、严懿贞、宋望春、宋競华、
章景璆、吴湘珍、姚福妹、姚慈蔼
1925届琴科毕业生（有年刊）：杨调芳、
江章德馨
1925届肄业：
徐琼英、陈慧贞、蒋月娥、劳锡芬、廉筱云、
廉砚华、吕亚宜、唐锡、王安息、王月娥、
袁绍兰、张素玉、周爱德、宗维英、李壮涛、

程雪兰、何惠如、胡育秀、江黛月、蒋祺、
李蕙英、杨蕴芳、俞景文、戴丽乔、胡醒南、
胡俟、彭文亮、邱雪琴、孙香九、王维昭、
翁之敏、吴丽雯、夏循英、许纬虹、杨一清、
殷绥贞、周运亨、陶菊如

1926届（年刊上有12人）
但家璠、陈慕德、许玲钦、郭铭荼、陆景缇、
倪征玙、薛秉秀、薛正、张汉伦、章定勋、
俞大纲、曹秀贞

1926届中文毕业生（21人有年刊）
谭祥、薛祺、罗德灵、蒋成志、蔡慎、高荣、
许玲钦、陈慕德、章定勋、黄澹哉、
陆佩瑜、殷绥淑、孙鑑文、唐淑之、俞大纲、
李彩霞、唐颖芝、汪璞金、吴新珉、朱芸香、
忻爱华

1926届琴科毕业生（有年刊）：吴新珉、
1926届肄业：
柳无非、顾文珍、倪淑贞、钮先淑、潘味兰、
邱蕴英、张乃庄、邹佩涓、冯万喜、季素英、
孙熙仁、黎佩瑶、林惠英、胡育英、梁玉书、
唐蓉棠、王桂英、张汉英、章贵静、蒋志成、
黄真如、惠玉玲、桂振华、曹忠贞、陈璧玺、
高惠芳、陆锦琋、吕雅宜、钮先声、潘文娴、
王月娥、徐丽容、许珀文、杨粹、杨雪藻、
姚佩贞、袁绍兰、张彩敏、钟品莲、朱梅芳、
朱颐芬、沈福贞、

1927届（有名单15人）
谭祥、顾式训、李惠兰、刘华屏、林平卿、
陆佩瑜、倪天真、张祥生、蒋祖仙、朱紫贵、
朱蕊连、吴新珉、俞锦文、殷绥淑、陈璧仙

1927届中文毕业生、肄业生
凌肇堂、庞景曜、黄连琴、黄信复、黄佑琳、
江筱孟、刘合民、潘秀珍、孙德秀、吴方锦、
杨培贞、俞大綵、孙鉴文、薛琪、朱芸香、
邹佩涓、陈璧瑗、陈崇朴、陈慕元、陈佩丽、
陈佩贞、陈瑞芳、方龙琴、高椿、高秋芜、
胡寿萱、黄慕兰、黄少琼、蓝乾蔚、刘明珠、
刘韵芳、陆桂芳、陆宗英、毛思存、闵懿群、
潘淑芳、吴新琚、吴新瑜、徐秀琪、张宝安、
张恒如、张乃庄、张素玉、张云岫、周怡云、
朱丽卿

1928届（有名单13人）
谭瑞、郑珣、忻爱华、高荣、龚棣珍、李彩霞、
聂先恩、孙敏捷、周国屏、胡永馨、
俞秀文、许淑钦、

1928届中文毕业生：
曹定和、郭蕙先、侯祥熙、李容清、李素君、
吕珏筠、聂光坤、邱嘉珍、沈瑞华、沈韫玮、
施惜允、唐桂英、王德贞、王仲厚、魏非比、
温元艾、吴元淑、夏蕙芬、夏瑶贞、谢复、

张静娥、张秀娥、张秀仪、赵驷、郑秀莹、周守钰、朱宝纯、朱人骥、

1928届肄业生：
丁国豪、丁怀骥、顾绍芬、胡育德、雷荣芳、黎佩瑶、陆佩宜、盛希音、孙德靓、王芳蘅、吴爱娟、徐翠芸、杨锡芷、郁采珍、袁修勤、章贵静、朱文化、诸蓉仙、梁玉书、汪筱孟、周淑华、

陆凤宝、周惠玉、汪翠林、秦燕娥、陶娟如、曾志国、陈景湘、冯蕙喜、葛洪荣、古萃精、何纯慧、侯祥熙、华淑贞、黄俭良、蒋宝芝、蒋祖衡、劳锡芬、黎述文、罗思爱、潘文诠、庞景昭、阙季英、沈瑞华、施惜允、石美音、宋秀莪、唐淑端、王仁贞、王素秋、吴霭青、夏岱寿、向婉青、朱大荃、朱凌君、萧兰谷、徐嘉芷、许珑文、严妙贞、杨淑芳、杨锡藻、余庆寿、虞连贞、张惠文、张镜莹、张乃怡、张哲巽、章詠霓、周美玉、周美贞、

1929届（年刊上有5人）
谭端、沈乃正、张彩新、朱耀贞、朱耀懿、

1929年琴科毕业生：何义法、沈秀芳

1929届中文毕业生、肄业生：
朱倚笛、鲍蕙娟、蔡蔼存、陈璧君、陈公莅、陈自观、葛磐同、侯国光、胡文珍、黄瑶珠、李俊英、李秋英、刘淑慧、钱素英、盛佩玉、孙渊如、孙蕴涵、唐美云、汪丽华、吴君直、熊志蕙、熊志兰、杨冠英、余贵芝、张莲芬、张绮梅、张秀华、张挹芬、朱宝粹、朱伟君、祝兰芳、邹光、张燕文、汪铭俊、陈梯云、蒋成志、林志磐、陈玲凤、洪寿荣、陈斐仙、陈细仙、李淑仪、陆佩琴、吕竹筠、潘幼兰、潘振坤、钱素英、任路爱诗、邵爱南、沈素善、盛佩玉、沈宝贞、沈景豪、萧庆华、徐惠芳、张行健、张近澄、张亮秋、赵崇俊、祝华寿、李家蕙

1930届（年刊上有5人）
施惜爱、夏蟠寿、黄丽娟、黄信德、徐月娥

1930年特级中文毕业生：华庆莲

1930届中文毕业生、肄业生：
汪璞金、鲍丽雅、陈公蕙、陈淑英、陈秀凤、陈肇彤、陈祝遐、丁星珠、郭秀琴、华芙玉、华巧珍、黄补中、江桢、李德芬、容筱韫、沈安云、沈秀芳、沈月英、石安息、谭素云、唐锦苹、唐锦芸、唐淑昭、唐颖琳、陶芳、王建瑞、王素珍、王重麟、韦杏笑、奚在庚、奚在铨、徐文波、徐韵梅、严妙霞、杨听松、余娉扬、余娴扬、赵从昭、郑素贞、周映霞、左犹麟、蔡宜璧、曹淑贞、陈美丽、董丽娟、蒋祖息、林敏雪、刘念华、浦崇美、唐锦华、许模农、杨蕊仙、顾美娟、胡宝芬、黄慧娟、李恩英、李秋英、李艳文、龙同王、潘淑芬、

容筱韫、沈慧文、谭玉清、唐安珍、唐锦苹、吴锡恩、邢文书、许模农、宣淑明、杨茂芳、杨锡縈、余秀年、余贞善、章永清

1931届（年刊上有19人）
谭韵、陈国瑜、陈渝生、欧威国、裘安华、李桂仙、潘玉珍、孙琦瑛、沈郁英、沈晶、沈垚、丁宝理、汤娟丽、邹月梧、韦杏琦、华庆莲、华芬、吴惠珍、夏云寿

1931届中文毕业生（年刊上有10人）
张秀春、姚秀娟、沈珏、吴琛、裘安华、华芬、沈郁英、沈晶、沈垚、韦杏琦、

1931届肄业生：程锡俊、黄根宝、刘世英、卢慕蓉、沈瑶珊、孙琳瑛、孙蕴涵、王亚珠、杨同昭、袁岫、张秀春、周瑞娟、朱令仪、朱世瑞、薛箓、陈慕修、顾丽娟、桂醒华、华巧珍、黄素娟、陆宗连、沈安云、沈秀芳、沈德娉、孙杏云、萧玉英、严妙露、杨锡苹、袁凤、袁秀华、张葭贞、章德卫、周小凤、庄敏、顾玉娥、贝增麟

1932届（年刊上有30人）
陈善祥、郑慧君、欧阳爱容、江华、葛佩英、龚普生、黎雪梅、李凤仙、李月娜、罗明慧、孙元珍、沈珏、戴克范、蔡文玉、朱颖美、王敏如、华芳、胡席珍、胡宏静、吴琛、胡月仙、吴璿、胡儒珍、姚秀娟、叶灵眷、容慕韫、盛建颐、徐郁青、徐素雯、葛学球

1932届琴科毕业生（有年刊）：容慕韫、盛建颐

1932届肄业：李琼、陈渝生、陈淑明、程鹏搏、邓丽琼、周世慧、陈秀英、陈益善、陈丹秀、陈正美、董馥贞、窦光奎、方丽英、陆钟慈、秦仁仪、沈月英、沈稚耘、唐庆瑜、萧雅仙、杨淑秀、游桂花、张素琼

1933届（年刊上有15人）
陶芯、高季容、龚维航（龚澎）、刘梅生、陆时勤、钮文珠、沈郁华、丁婉贞、蒋宝珍、朱梅先、王兰麟、华慧清、颜湘清、郁仁芳、李杏芳

1933届肄业：姚昆珠、陈金燕、郭珞珊、蒋祖息、俞庆云、傅寿芝、戴闰澄、周良箴、苏群英、马湘雯、汪淡君、季容识、汤娟丽、梁遂莺、刘曾艇

1934届（年刊上有11人）
郑慧容、方媞东、李廉敏、李静宜、刘素珍、汤烈娣、胡瑞芝、吴维俊、周少焕、锺慧娟、徐晋芹

1934届肄业：陆庄、欧超国、刘爱贞、赵锦如、陈时彝、陈治己、朱时筹、黄宏德、

李杏芳、刘爱贞、陆菊芳、岑立诚、汪启璋、
李家荣、章　琦、赵锦如

1935届（年刊上有21人）
谭蕙君、陈善明、陈善珊、甘贤贞、孔宝定、
葛秦生、郭秀梅、刘世英、卢景兰、罗秀贞、
马淑贞、阮郁珍、沈丽五、张　萍、张美丽、
张淑贞、钟慧莳、王月琴、黄承懿、吴慧舒、
姚惠恩
1935年琴科毕业生：葛秦生、阮郁珍、
谭蕙君
1935届肄业：武月英、任家维（任慎贞）、
张振吾、沈瑶珊、章　歧、侯祥薇

1936届（年刊上有19人）
陈素珍、陈听彝、陈毓琪、欧家国、金赉予、
任敏贞、孙玮瑛、戴闱雄、丁元哲、张蕙芬、
周梅华、周秀娟、王芸兰、黄淑兰、胡云仙、
姚安娟、任慎贞、沈郁琴、徐素霁、陈　遂
1936届肄业：章　琪、蒋景欧、秦华莲、
周和珺、沈冰如、杨　鸾、杨鉴清

1937届（年刊上有36人）
顾淑琪、蔡芙苓、谢　振、蒋梅灵、鲍元申、
杨佩芳、杨蘅芳、张毓贞、张爱玲、张如瑾、
张佩珠、叶莲芬、叶剑萍、华苑贞、叶莲珍、
黄德仪、黄凤美、袁紫禾、陈美朴、章湘凤、
梁郁玉、梁慧怡、韦澄芬、翁美丽、周和珍、
席曼英、林舜华、马月苞、李振瑛、沈爱丽、
王美英、李宝芸、王汝敏、王明珍、袁葆禾
1937届肄业：戴克珍、李振英、朱炳慧、
张智元、

1938届（年刊上有27人）
鲍慧珍、陶志慧、陈维熊、陈善琳、梁静怡、
凌励立、卢鑑芳、金凤美、宋云汀、施兰荪、
董梅真、张宜可、张玉珊、张秀爱、张祥保、
邹颐年、朱炳慧、朱耀明、朱传馨、黄凤珠、
费寅初、冯琇莹、胡金仙、吴隆新、杨剑云、
徐爱莲、谢恩美
1938年琴科毕业生：谢恩美
1938届肄业：李铭恩、邹锦年、李其慧、
程慕娴、叶文英

1939届（年刊上有39人）
秦佩芳、陈培宏、陈宝丽、郑彩悌、程芍华、
方兆敏、金　湘、郭惠麟、李梅卿、李美波、
李秀珍、李珠英、刘　荃、陆安文、卢淑芳、
严文汉、虞丽莲、张倚云、张骊珠、张月娥、
周良篴、周舜华、周惠珠、蒋景贤、钟琪瑛、
王丽君、王玉宝、黄苏梅、韦多嘉、吴励箴、
吴华英、叶景秀、叶莲华、荣志英、荣凤琴、
俞毓灵、盛钟庆、徐月婉、徐云娥
1939年琴科毕业生：郭惠麟

1939 届肄业：
张梅莲、邢润玉、陈简青、洪莲君、陆巧玲、莫秀华、许慈芬、陶锦芸、傅在绍、郭助时、荣凤琴、马秀莲

1940 届（年刊上有 30 人）
邱功蓁、陶乃细、郑王璇、李士玮、任家纶、刘慕真、郭惠芳、潘慧筠、沈天真、虞丽芳、沈郁灵、沈爱珠、张文卿、蔡小谢、戴闰首、吴卿云、王墨兰、黄曼仙、盛钟源、俞毓华、谢恩新、程慕兰、周惠娟、陈玛利、谢恩娟、袁鑫森、董丽珠、马凤贞、阮郁瑶、卢锦芳、
1940 届肄业：张乃同、黄馥贞、吉琦仙、乐连琴、李　莲、俞如莲、虞锦秀、郑慧勤、朱逸敏、

1941 届（年刊上有 24 人）
徐元密、邢凤宝（邢　泽）、俞明德、杨寿宁、夏孟英、吴季云、汪　毂、王静芝、范娟英、董梅仙、邹娱年、沈志孝、孙瑷璐、水丽珠、沈淑琴、邬振芬、凌励兰、刘　钰、李　梅、郭慧珍、葛成筠、高云程、陈淑娴、陈淑馨
1941 年琴科毕业生：李　梅
1941 届肄业：
朱馥宝、徐　仁、汪　攽、唐蓉千、刘葛璿、孙安珍、孙月华、吴惠玉、胡其瑗、魏惟仪、

郑彦英、张芷芬、胡其瑛、张耐冬、林雄娥、张德怜、黄泳莿、邓皓明、郭惠娴、郭嘉媛、李士琛、凌国芬、刘锦学、裴慕兰、沈淑维、项美芳、项美芬、薛坤荣、徐莲敏

1942 届（按毕业照名单）
马明锦、曹霖霖、徐庆祥、李慕贞、曹明家、吴励芳、吴娴娟、郑洁书、李瑞玉、吴丽芳、凌国芳、李士璨、张克企、吴静娟、丁斐米、姚庭薇、高自珍、张洁贞、邓琪瑶、李琦瑄、王汝静、汪　槃、韦德廉、朱爱莲、
1942 届肄业：
戴闰智、林秀英、张劼贞、毛敏诸、徐学良、陶正芳、李淑珍、

1943 届（14 人有学籍卡、年刊上有 22 人）
汤佩恩、杨彩华、韩慕德、刘邦瑞、杨寿安、赵竹侣、黄桂生、陈素琴、徐秀贞、徐丽贞、陆素绚、潘美德、沈郁明、陶锦玲、郑自英、陈丽芬、顾钟明、庄逸敏、金允臧、顾钟英、梁宝华、范娟华、戈敏贞
1943 年琴科毕业生：刘邦瑞
1943 届肄业：
涂莲英、赵洵美、魏秀英、李婉珍、周良咸、李　蘋、俞毓爱、周　坚、徐学鸿、张福卿、王君道、陆倚红、沈安贞、朱哲明、奚　梅、吴丽利

1944 届（有学籍卡片）
董爱琳、马巧贞、陆兆芳、郭志婉、郭志娴、
钟雅丽、钟其明、朱道萼、祝秀清、
程锦倩
1944 届肄业
张乘珠、陈洁芳、胡惟瑛、马任骊、顾淑恩、
周寿宜、奚倚英

1945 届（毕业照名单 13 人）
李丽君、张国懿、张佩瑛、包启亚、应曼蓉、
刘锦銮、李家乔、刘天眷、严辛苏、杨其珠、
吴秀文、苏瑞雯、邵曼琳
1945 琴科毕业生：高求爱
1945 届肄业
芮瑞娟、张霞琴、黄以群（黄贞诰）、刘焻、
缪雅珍、张仁蓉、邢佩侠、叶灵惠、毕庆汾、
容婉华、严映薇、

1946 届（毕业照名单 22 人）
朱雅芬、赵庆闰、陈美廉、童碧云、李苏仪、
朱集美、欧惠群、张淑姿、黄宗英、杨之会、
李华贞、冯之茂、郭志媛、顾美媛、刘存瑛、
杨之蟾、朱德华、沈郁兰、吴雅文、王美嫣、
冯淑珍、杨纫芸、凌宣
1946 年琴科毕业生：赵庆闰、杨之会
1946 届肄业：
周宏俊、龚菊珍、胡锦华、李竹君、方业安、

陶 芬、梁雪姿、杨维谦、叶肖梅、邢仪英、
王柏英、吕庆平、

1947 届（24 人有成绩档案）
唐毓珍、傅美利、戈以棕、李 安、李成仪、
林宽如、凌畹君、潘宝琼、张明辉、朱道敏、
朱英南、朱德敏、冯华珍、王本慎、吴其慧、
吴民鼎、杨明华、杨昭华、杨德华、奚蓓蕾、
奚韻籁、石美莲、赵竹仙、谢雪贞
1947 年琴科毕业生：王本慎、
1947 届肄业：
姜蕴华、严撷芸、韦羡韫、李颖秋、严文勤、
钱 荷、黄敏爵、朱慧敏、王传珏、赵汉贤、
庄元庸、唐欢千、刘晨光、余 晔、刘庆荷、
毛丽琳、盛佳英、张秀君、宋珊卿、蔡志洪

1948 届（29 人有成绩档案）
唐少梅、程锦申、应曼华、江天筠、顾美诚、
郭志娟、姜丽仙、李英年、李 德、刘华芬、
乐 天（乐享明）、卢洁冰、韩罗以、沈郁望、孙树莹、董蔚君、蔡志伟、蒋郁芳、
蒋珠珠、冯淑娴、魏美瑾、吴汉莲、姚惠娟、
赵凤凤、徐 智
1948 届肄业：
谢家骏、黄民权、吴其敏、王亭纳、盛瑞英、
李说君

1949届（26人有成绩档案）
陈培德、陈国丽、陈元珍、郑毓芳、许梅骊、黎冠廉、李师敏、李宗英、李纯馨、刘世蓁、林绮兰、聂崇瑛、周蕴华（毕志荃）、朱素兰、闻玉平、王健梅、王民娥、胡莲芳、胡梅芳、何明玑、杨维和、杨月华、赵国聪、汝洁、严隽菊

1949届肄业：
郑惠华、郑惠和、毛丽珠、蔡俪曾、奚蓓蕚、郝美宝、金静涵、李珠、施文英、章淑休、朱雅美、曾莲菁、江玉英、吴美文、杨斐、曾庆蘅、赵充、袁晚禾

1950届（31人有成绩档案）
邓修梅、郑方黎、郑克玲、陈慧、方仇、高滋、李嘉瑜、李婉娴、梁郁德、林木兰、马肇华、潘月、苏尚烨、沈桓、孙有晃、张小若、邹蕴兰、朱亚新、范娟蒨、王明仁、吴民爵、姚显恩、奚家骅、熊群、俞鸣瑶、邵莉楣、邵莲清、赵彬彬、赵竹佩、邵儒珍、徐信

1950届肄业：
童彩丽、程锦圆、陈联珠、沈冰于、王佩瑜、周明华、华令智、夏瑞琼、李瑞、黄世珍、吴云凤、莫慰芳、周明珍、潘瑛、赵玲、孙小真、诸庆琳、杨蒙、蔡玉华、王裕敏、徐景淑、邵彬彬、沈继汤、唐玲玲、翟美梅、萧碧丽、屈文淑、郭久亦、郑侣曹、唐小脾、

1951届（19人有成绩档案）
陈韵昭、瞿元霞、郭琳、郭志嫦、宁纯葆、潘丽德、沈景莫、汤铀射、董悦、张国昭、范崇敏、冯珪珍、闻玉梅、王爱霞、杨之岭、叶美娜、赵启雄、赵琳琳、徐荣芹

1951届肄业：
邓修竹、蔡清秀、张竞芳、桑莲宜、戴访美、戴可凤、戴可景、王筱娴、王雅嫣、华蕾、邵瑶玲、徐星珠、杨其美、张端馨、毛宗瑜、朱雅兰、邵绡红、王德娟、杨增铨、陈鲢、郑绪文、蒋旭珠、蒋昶珠、陈宝懿、黄小玲、潘宝蕙、潘静宜、沈靓华、沈郁爱、万云英、姚淑祎、应丽云、应美云、喻璠琹、张秋君

1952届（44人有成绩档案）
陶佩珞、陈莺、陈祺先、顾竹君、郭志娥、郭静之、李福佩、李葵、李玫、李惠宝、林秀兰、凌漱君、刁美华、倪惠民、沈漪芬、沈慧俐、刁蓓华、董碧虹、董蔚玲、蒋理、朱文佼、王丽天、王仁緅、吴景瑜、余秋痕、李世济、陈佩美、梁惠基、张瑞云、姚庭熙、谢爱明、沈锦惠、何慧文、杨伟凤、赵漱芳、盛智英、龚华芬、汤琪芬、张斯湜

1952届肄业：
印吟梅、郑克珑、李道屋、邢季琼、汝谅、

朱家璧、陈宝佳、林其瑗、陈元祺、宋惠龄、
邹蕴秋、尤婉华、陈美玉、江浦珠、孙菊惠、
朱兆安、魏美珍、黄甫琼、林楚锦、潘宝珍、
邵濯清、史桂玉、苏瑞庄、孙有本、王素梅、
王　茵、杨佩芳、杨伟斌、姚谷兰、朱蕴琼、
邹蔓莉

1952年高二年级（有成绩档案）
高二甲：
陶佩瑜、杜伊力、郑珏珏、陈文娟、郑於钦、
陈淑恩、傅佩佩、许静蕙、金维菁、娄丽娜
（警予）、李容娟、李　薇、刘素玲、陆静好、
罗　晞、卢　明、梅焕馨、潘　馥、伍重英、
孙以彬、沈济华、沈若荃、范娟薰、王平贤、
王明礼、王雪芬、陈琪儿、吴凤藻、凌若融、
萧洁汶、范维音、王汝彤、严而慈、徐荣瑜、
孙福妹、朱韻佳

高二乙：
王寒正、王仁心、过怀慈、李纯真、孙宜宜、
沈玉芝、汤佩芸、张如兰、张薇萍、张存默、
蔡德民、诸庆麟、朱瑞兰、朱文倩、朱亚秋、
王　秋、王德贞、黄恩英、汪娟文、何　钿、
何祚佑、吴麟凤、何育华、奚蓓芳、尹惠华、
时淑芬、柴珠珠、盛若瑜、徐玲玲、徐本宽、
董纪敏、郭懋珊、毛宗瑜、毛佩珣、孙福珠、
罗慧娟、戴可霁、叶友芝

1952年高二 1952年前离校
舒琳琳、虞　明、张志冰、马慧彰、朱亚爱、
柴惠娟、邱惠德、刘晶辉、凌若雄、李瑢瑄、
郎一声、朱婉年、何肇琛、陈嘉祺、郑惠明、
刘念和、刘申南、林　瑛、苏世华、朱葭丽、
程淑娜、程孝慈、邓尔楣、傅佩贤、龚丽文、
李问梅、李杏屏、李正德、梁蔚君、林楚倩、
林莺琪、林云玮、刘明宝、楼莉莉、马爱华、
彭国云、荣智凤、荣智圆、施庆珠、宋光荣、
汤佩蓉、汪仁娟、王锡礼、韦尚群、薛美华、
杨传济、姚　敏、张蓓丽、张洁贞、周容敏、
朱虹霖、朱瑞兰、朱蘐瑜、董碧云、鲍绿漪

1952年高一年级（成绩有档案）
高一甲：
何晓琥、吴佩玉、林其珊、林楚娟、高振华、
陈守一、郭健哉、杨钰华、荣　敏、赵漱明、
钱蔷娇、宋光珊、林露露、郭诗玫、郭懋娴、
许以丽、沈若芸、郑美玉、王汝珊、夏玉英、
范露佩、郭志恩、陈双玲、康玛德、马时琳、
刘筱霞、傅美夏、罗　旭、叶霭美、黄慧娟、
谢轶群

高一乙：
伍美月、许璧华、赵蕊初、谢国芬、施秀珍、
蒋善钧、陈孝刚、周毓娴、周达礼、黄世君、

邵翠英、李莎莉、顾培德、饶洁华、许成珠、
李梅鸿、徐为正、殷惠芳、李洁雪、彭玉雯、
陆孝苓、吴民和、袁毓麟、罗淑文、王文英、
王元明、宋光珮、沈咪咪、吴美莉、何慧灵、
郭慧琛、陆慎仪、孙琇民、范苹、朱惠娟、
方沙敏、刘用佩

1952年高一1952年前离校：
余月华、林佩瑛、朱惠萍、李道佳、何梅琳、
姜亚平、龚伊佩、梁玛芷、潘萝兰、潘萝萝、
冯之钧、吴瑞琼、王文心、方芝龄、韩茂利、
顾淑鸣、沈梅珍、陈学兰、陈雅年、陈聿瑛、
邓昭常、冯宝月、顾絜、黄永炜、蒋肖吟、
李德宝、凌育蕙、刘婉馨、卢怡民、罗淑芳、
瞿元霓、荣文心、邵慧中、苏瑞屏、杨帼娟、
袁洁如、赵韻云、郑小芸、周宗瑛、朱素薇

1952年初三年级（有成绩档案）
初三甲：
王希瑾、黄洁、黄纯颖、汪其华、吴佩瑜、
夏甘霖、杨薐、杨玮云、袁琼瑛、袁琼华、
容舜华、余佩华、余英华、俞端仪、邢宜德、
石瑛、曹志鹏、徐丽莲、徐曼、徐乃玎、
朱培纳、黄锦霞、余美莲、伍美福、薛纪越、
沈国荃、邹灵、王裕静、常美妮、邵绡珠、
徐薇玲、孙云婵、朱杏屏、朱淑蓉、王丕基、
印惟礼、刘骅、蔡丽琳

初三乙：
张钰、唐在煐、邓修芳、陈培华、陈競清、
程锦美、瞿元震、金维芳、刘天祈、林素兰、
鲁佑君（莎菲）、罗惠萍、罗如芳、严志
苏、伍江华、施秀珠、舒明璐、张丽生、
张韦茵、章沄、朱家祯、黄霏霏、洪若豪、
陈真壁、钱仪贞、陈飑绵、陈德方、项美珍、
郦曼茵、陆伊君、侯美贤、金言、陈莉、
郑天真、潘家兰、伍重珍、陈瑞瑜、汤君壁

1952年初三1952年前离校：
张碧瑜、陈令书、章瑜、徐祥、邓稚娥、
葛成惠、杨铭珍、魏美郡、郑还珠、印珊珊、
孙国瑜、曾舒、王亚平、胡清芬、吴安仪、
邵玮玲、陈学昭、戴幼幼、顾缜、黄雪梅、
黎曼怡、李丽、陆慧珠、梅颖华、倪惠云、
邵佩玲、沈家骊、苏瑞娆、孙安琪、王娴歌、
王雪梅、翁嘉贻、谢宁秀、杨传鸿、杨维成、
周容庄、周懿玲、朱素荷、鲍亮哉

1952年初二年级（有成绩档案）
初二甲：
曹采君、邱道芳、龚伊倩、陈美玲、诸庆璋、
杨智华、韦秀龄、邱其美、邱惠智、钱英若、
陈丽丽、龚一凤、刘莺、鲁亚飞、马时瑾、
沈和、蔡冠华、张馥苹、张秀卿、曾点、
王希群、胡清苓、杨大同、杨小昇、徐景音、

谷慕亚、盛慧中、许伯嘉、王慧天、徐蔼琴、
丁如芳、徐永玲、陈传芳、姜梅华、舒明玲、
诸梅芳、舒明蓓、吴丽如、赵承梅、秦露一、
顾諟嬿、庄国英、毛智永

初二乙：
李兰英、钱瑞娟、郑庆琳、郑俭持、项丽珍、
顾振亚、金凤琦、李琍琍、李月英、刘连琐、
刘西琏、林颖敏、林贤珍、陆素定、卢德行、
侯稚青、潘一芝、蔡美蓉、朱娟娟、朱　烨、
刘西瑾、王　瑛、黄国珍、黄思慧、王全珍、
华　蒂、胡新丰、胡永宁、杨蔚理、赵允宣、
陈菊芬、荣美倩、汪剑萍、傅美春、姜瑞芳、
黄文伟、卢莉明、伍仪玲、戴克珍

初二丙：
潘家绮、谈桂琴（丽芳）、陈季华、陈丽英、
殷丽君、孔安美、葛效群、梁　苹、梁正娜、
陆丽娟、施承蕾、苏光眉、苏惠芳、宋秉玉、
孙浩平、张　庆、章美君、庄慧娟、黄洁荃、
王惠英、吴庆英、胡景华、吴慧文、杨秀卿、
曹才芝、曹素德、邵静安、赵承萍、袁锦丽、
朱荣德、鲍明哉、刘良纯、戴畹华、王泽敏、
周淑韵、严淑贤、庄锡瑾、曹得智、谢　琳、
黄月娣、程家祯、丁裕新、杨　絜、

1952年初二 1952年前离校：

蔡美莲、周明华、陈师玉、张小云、郑国琇、
陈秀秀、李乃灿、陆大藻、曾　岚、高永淳、
郭婉儿、胡美全、黄艳萍、黄月英、贾　伟、
姜　萍、刘洁美、陆慧英、陆美玲、毛乔英、
时淑英、吴景华、徐培培、徐仲英、杨　洁、
叶德珠、郁梅娟、喻　峥、张杏英、郑国香、
周容敬、周远楣、朱秉玉

1952年初一年级（有成绩档案）
初一甲：
毛惠英、黄世英、潘乃华、闻润华、孙云娟、
谢慧敏、姜道莉、葛莹琦、姚曼华、戴克樱、
林贤昭、张翠福（张逸）、严　珠、黄云霞、
金小华、陈爱伦、赵承筠、周细柳、张裕琪、
许　琳、钱行佩、钱宝英、金明霞、胡敏华、
王志慧、施承蓓、胡亚琴、杨希圣、徐爱莉、
曾莉芬、朱慧萍、沈慧英、李清贞、陆旭华、
张　娴、余含贞、陶月琪、时道南、沈若苓、
冯慧娟、梁正妮、岳　同、万根英、陈师兰、
郑厚容、陈文君、胡宏荣

初一乙：
王佩珠、柯芸娟、唐曙光、何谈如、邝令洁、
王裕弘、黎民贞、赵家美、陈美芳、吴启芳、
严而循、许建华、魏罗以、张昌勤、阮寿华、
钱薇娇、徐乃珩、陈　英、凌碧芹、郑连娣、
费菊龄、陈玲儿、邢宜福、邝令仪、杨　縈、

郑美娟、孙琴芳、郭志珍、郭志娜、谢雪芬、伍江蓉、袁倩英、张先南、郑怀仁、周丽贞、陶稚筠、邓修华、陶佩珩、李荣家、贺佩珠、龚友凤、程韫珍、刘鲁文

1952年初一1952年前离校：
倪惠英、徐瑞英、王莎莉、

本名单根据多方面资料综合，尽可能收录有资料留存的学生名单。

从1900年至1952年共有留有姓名的毕业生776人，肄业生903人，师范毕业生20人，琴科毕业生48人。

1952年有初一至高二在校学生432人，1952年前离校170人。

名单来源：
① 1947年之后的名单是根据上海市三女中档案室保存的学生成绩单；
② 1920年至1943年凡在《凤藻》上登录有毕业照、毕业名单的均以此为准；
③ 1942年、1944年至1946年没有发现《凤藻》，名单根据学生学籍卡片和校友提供的毕业照、合影照，并由校友对照照片逐一写出；
④ 1927、1928两年学校因时局不稳而暂时停课，在此期间的学生名单根据这两届的中英文班级成绩单及《凤藻》上的信息；
⑤ 1917至1919年的学生名单根据学校保存的学生成绩单；
⑥ 1900~1916年的早期学生名单根据《凤藻》上的校友信息及上海档案馆的资料，并参考同济大学建筑系舒晟岚硕士论文后的附录名单。这份名单除了毕业生外还有肄业生，肄业生名单除了历年学生成绩单上没有毕业的，还有20世纪20年代的学生入学登记名单和《凤藻》上的作者名单，凡不在毕业生中的均列入肄业名单。

圣玛利亚女校中国教职工名单

姓名	职务	任职时间	基本情况
黄素娥 1858~1918	校长	1881~1890	
黄阿美 1862~1900	地理	1881~1900？	黄素娥的妹妹，中国结构工程专家杨宽麟的母亲
颜师母	中文	1881~？	颜永京的妻子
黄福娟 1888~1923	圣经、算术 总务	1910~1923	1910届圣玛利亚书院师范毕业
杨美宝 1893~	英文	1914~1917	圣玛利亚书院1913届毕业
李翰娟 1888~1991？	文书	1914~1922	1910年毕业于圣玛利亚，1924~1952中西文书，1952后市三，1958年退休
石赛瑜 1894~	总务	1915	1914年圣玛利亚书院毕业
朱绥我 1919~	国文 历史	1917~1919	1918年学生成绩单签名，1919年因肺结核病去世
徐景韩	经学	1917~1920	1918
徐计六	诗词	1917~1920	1918
王仲儒	国语	1917~1923	1918
陈筑声	历史国文	1917~1923	1918
朱晋恒	经学	1917~1918	1918
魏孝贞	国文	1917~1918	1918
孙信贤	国文、作文	1918~1920	
闵鸿雪	国文	1918	1918
龚	修身	1918	
陈绍元	琴学	1918	
黄福梅	国文	1918	
顾秀贞	国文	1918	

余女士	护士	1919	新闻广仁医院毕业
朱女士	琴学	1919	音乐专业毕业
朴女士	琴学	1919	
鲍女士	文学	1919	
童慈恩	国文	1919	
赵伯文	习字	1920~1921	
张颂平	历史、国文习字、品行	1920~1921	
章德苑 1897~？	中文教员兼宿舍管理	1920~1952	1920年江苏省立第一女师范毕业，1952后市三，19？退休
袁保群 1893~	训育主任 总务主任	1920~1952	圣玛利亚1910年毕业，江阴辅实中学英文教师，1952市三总务主任，1952年退职
王绯霞 1899~1982	国文、作文习字、修身、品行	1920~1921	圣玛利亚1919年毕业，1921年后任职图书馆
徐棫人	历史	1920	
李聿勤	国文、作文历史、品行	1920~1927	杭州师范学校
吴淑娟 1900~？	英文、算学	1921~1927 1928~1952	1921年毕业于圣玛利亚，圣约翰大学肄业1952后市三，19 退休
郭朱其廉 1904~1998	钢琴，梅锡祜后的琴科主任	1921~1922 1931~1951	圣玛利亚琴科毕业，美国纽约朱丽亚音乐学院（Julliard）毕业中西女中任教一年
曹其林 1900~？	厨工	1921~1927	1927后中西厨工，1952后市三
蒋楫	国文	1921	
陈鸿祥	国文、作文中文教务主任	1921~1933	国立南京高等师范学校文史地部本科毕业
沈哲英	修身、习字	1921~1922	
俞忆慈	家政	1922	

姓名	科目	年份	备注
高君韦 1900~1929	初级中英文	1922~1923	1921 圣玛利亚女校毕业，1923 沪江大学肄业，1924~1926 年美国留学，1926 燕京大学任教，边读硕士课程，1929 年 1 月因病去世
胡永馥	琴学	1922	
沈张润芝	家政	1922	
蒋笈		1923	
蒋巨川	作诗、国文作文、习字、	1922	
王文华	历史	1923	
蔡幼民	国文、作文作诗、品行	1923	
熊道存	国文、经学历史、作诗	1923~1933	
蒋大川	国文、作诗作文、品行	1923	
赵崇俊	习字	1923	
陆朱兰贞 1897~1949	科学、生物、家政、代理教务长、校长	1923~1926 1942~1949	圣玛利亚 1917 届毕业生，美国密西根大学、哥伦比亚大学文学硕士 1927~1941 中西女中教师
程婉贞 1903~？	英文、音乐图书馆	1924~1925 1946~1952	1924 年圣玛利亚毕业，1952 年后市三，1966 年 3 月退休
汤柞孝	国文、子书历史、作文	1924~1933	前清优附生
冷德龙	历史	1924	
龚兰珍	图书管理员	1924	
陈凤宝	琴科	1924	
邬元功	国文、习字作文、品行	1924	
柯廷桢	国文、历史子书、作文	1924	

邬振球	国文、作文习字、品行	1924~1933	两江优级师范生
窦棣华~1925		1924~1925	1924年圣玛利亚女校毕业，1925年11月12日病故
黄石	国文、历史作文、品行	1925~1926	
江梅鹃1900~1983	图书馆、地理英文	1925~1932	1923年圣玛利亚毕业 1948年8月至1950年1月在美国Pebody(披罢台)大学进修图书馆学 1933~1952年中西图书馆主任，1952~1962市三英语、图书馆主任
李王豫孙1890~1983	中文、历史教员兼膳堂管理	1925~1952	江苏省立第一女师毕业，又称李太太，1952~1953市三
薛无竞(薛竞)1892~？	国文、历史作文、品行	1925~1927 1938~1952	1920年南京高等师范文史科毕业，1952后市三，1958退休
杨调芳1900~1987	音乐	1926~1948	1926年圣玛利亚琴科毕业
但家璠1901~1995	数学	1926~1927	1926年毕业于圣玛利亚，1938年毕业于圣约翰大学经济系，1943~1952中西女中，1952市三，1962退休
龚宝珍	注册	1926~	1921年圣玛利亚毕业
何义法1906~1966	音乐钢琴	1929~1952	1929年圣玛利亚琴科毕业，1946.12~1947.1美国音乐学院进修 1952年后市三，1966年6月文革中受迫害自尽
廖丈锦	国文	1929年年刊	
翁建西	国文	1929年年刊	
胡周淑安	唱歌教员	1931年年刊	美国Radcliffe学院文学士，美国新英格兰音乐院专修钢琴及声音运用法，康奈尔大学音乐师范学校专修合唱及指挥教授法
邵家珏	中文教员	1931年年刊	国立北京大学法学士
许寿华	中文教员	1931年年刊~	国立中央大学文学士
张碧钦	英文科学教员	1931年年刊	美国南加省大学学士

王毓芳	音乐教员	1931年年刊	圣玛利亚1923年琴科毕业
韦郑香君	音乐教员	1931年年刊	圣玛利亚琴科毕业
金文娟	实习小学级任	1931年年刊	苏州英华女校毕业
沈敏珠		1926~	圣玛利亚1917年毕业
吴月娟		1926~	圣玛利亚1921年毕业
龚兰珍	图书馆管理员	1926~	圣玛利亚1923年毕业
夏女士		1926~	中西女中毕业
唐夫人		三十年代年刊	圣玛利亚毕业
阮郇珍	钢琴	1938	圣玛利亚1935届琴科毕业
王兰麟		三十年代年刊	圣玛利亚1933年毕业
马爱丽		三十年代年刊	
施以恩		三十年代年刊	
卢育宝	钢琴	1936~1938	
李仲乾		1938	
姜适君	国文	1938	
胡鸠苍	钢琴		
朱珍美 1905~1991	算学、英文、数学、舍监	1930~1935 1938~1952	1925圣玛利亚毕业，圣约翰教育系三年，又称Mrs蒋 1952~1968市三女中英文教师，1968年退休
郑慧君 1907~1998	教务 英文 算术	1932~1952	1932圣玛利亚毕业，1947.10~1948.8学校保送美国斯坦福大学及塞城女子大学进修 1952~1965市三女中英语教师
顾月娥	宗教	1936	
汪宏声 1909~	国文 中文教务主任	1936~1946	大学中文系本科毕业

伍焕贞	国文	1936	
胡惜苍	钢琴	1936	
闵绍樾(闵樾)1910~	国文、外国地理、公民、教务主任	1936~1952	1935年东吴大学文学院教育系毕业 1952年后市三后调唐山中学
龚维航(龚澎)1913~1970	历史、社团辅导	1937~1938	1932年圣玛利亚毕业，1937年燕京大学历史系毕业 1938年春赴延安
华芳		1941.9~1942.8	有聘书
邱文蔼	英文	1941.9~1942.8	1941年毕业于圣约翰大学英文系
王美英	数学英文	1941.9~1946	1941年毕业于圣约翰大学教育系
赵惠英	英文、自然	1941~1943	1941年毕业于圣约翰大学教育系
桂质良1900~1956	英文、生物	1943~1946	1920年毕业于圣玛利亚女校，1925年毕业于美国威斯里安女子学院，1929年毕业于美国Johns Hopkins大学，获医学博士学位 1941年任沪江大学校医、伯特利医院(现市九医院)儿童心理医师，上海东南医学院教授，1953年后第二军医大学教授
冯锡良1920~2006	英文、世界史	1943~1944	1943年毕业于圣约翰大学新闻系 1946年赴美国密苏里大学新闻系学习，获硕士学位 1948哥伦比亚大学新闻系进修 1950年回国，到国际新闻局工作，1953年后担任《人民中国》杂志英文版主编、《北京周报》副总编、《中国日报》总编 1998年6月退休
Niss 胡	英文	1943	
潘纫秋	英文	1941~1948	
黄友黴1900~？	国文	1943~1944	金陵女子大学文科毕业，1945~1952中西女中，1952后市三 1962年退休
林步基	英文、宗教	1944~1948	
陈德贞1904~	数学	1944~1951	南京金陵女子文理学院文学士(主修数理)，杭州弘道女中数理教员，金陵女子理学院助教、中西女中、工部局女中、上海市立第一女中数理教员

杨希宁 1921~	初中动植物、自然	1944	福建泉州县立中学文史教员、福建私立华南女子文理学院训导员
汤山涛	化学	1945~1946	
汤佩恩	数学	1945~1948	
章德馨 1905~1977	校医 卫生教员	1946~1952	1925年圣玛利亚女校毕业,圣约翰大学医学院毕业,上海宏仁医院住院部医生上海第二医科大学病理室主任
罗迟慧 1901~2000	生物	1946~1952	1924年圣玛利亚毕业,1929年东吴大学毕业,又称Mrs郭,1952~1959市三
朱传慧 1921~	国文、地理、公民	1946~1948	沪江大学教育系文学士,市立第一女中国文教员一年、私立崇德中学国文教员半年
高静华 1920~	体育	1946~	国立中央大学教育学士,国立女子师范学院助教,中央干部学院讲师
张浣玉 1922~	国文、地理历史	1946~1949	国立女子师范学校毕业,国立女子师范学校附属小学级任教员
周秀娟 1918~	钢琴	1946~	圣玛利亚女校毕业
王墨兰 1922~	英文	1946~	圣约翰大学英文系,坤范女中、桃坞中学英文教员
汪庆保 1919~	校医 生理卫生	1947~1952	主修公共卫生,1941~1946广东高级护产及高级公共卫生学校教师,1952~1953市三,1954~1969上海第二人民医院保健科
陈泽敏 1924~	数学	1947~	1945年圣约翰大学化学系毕业,澄衷中学教员
葛学球 1907~	教务	1947~1952	1932年圣玛利亚毕业,1935年上海沪江大学商学院毕业,觉民学校书记教员11年,1952年后市三1966年退休
邱真蔼 1903	钢琴唱歌	1947	极司登音乐院,哥伦比亚大学中西女中、圣约翰大学任教17年
余志望 1920~	钢琴唱歌	1947	清心女中毕业,国立音乐专科学校毕业曾任教南洋模范中学、南屏女子中学、清心女子中学
周美丽 1921~	钢琴	1947	国立乐专高中师范、师范专科、本科毕业中西二小、上海市音乐中心站、觉民小学钢琴教员

姓名	科目	任教年份	备注
刘悦意 1915~	钢琴	1947	上海国立音专钢琴组毕业西贡华华学校、中华学校、上海郇光学校教员
伍馥容 1917~	钢琴	1947	上海国立音专钢琴组毕业香港岭英中学、广东协和女中、上海市立女子师范音乐教员
刘葆宏 1925~	数学、化学	1948~1952	1948年金陵大学毕业，1952~1954市三化学教师，1954~1963市东中学，1963年后上海外国语学校校长
姚肇均 1900？~	文史地	1948~1952	法政大学政治经济系毕业，1952后市三
张心言 1896？~	公民、历史、国文	1948~1952	南京中央大学教育系毕业，1952市三1958年退休
朱根宝 1926~	公务员	1948~1952	1948年毕业于圣约翰中学，1952后到市三
石兰生 1906~1984	工友	1948~1952	1952年后在上海纺织专科学校工作
陈宗群 1918~	唱歌	1948~1952	1944年重庆国立音院毕业，1949~1952圣玛利亚教音乐，1956起中央音乐学院教授
许维良	物理	1948	
薛求理	国文	1948	
乐莲琴	体育	1948	
郭玉清	三角	1948	
陆瑜珍	国文、作文历史	1948	
胡学恒	地理、公民	1948	
陈福美	物理	1948	
陈月影	国文、作文	1948	
杨嘉仁 1912~1966	音乐	1948	后任上海音乐学院指挥系主任，"文革"中受迫害自杀
洪德应 1899~1987	校长 英文	1949~1952	美国宾州大学硕士1952浦东陆行中学，1956上海外国语大学
丁宝理 1913~1991	英文	1949~1952	1931年圣玛利亚毕业，又称Mrs夏 1952~1967任市三英语教研组长1968年退休

姓名	科目	时间	备注
范敬敏 1927~	数学	1949~1952	1949年圣约翰大学化学系毕业 1952~1982 市三数学教研组长
俞慧耕 1925~	政治、历史 副教导主任	1949~1952	1948年圣约翰大学教育系毕业，1952~1953 市三，1954~1957 培进中学副校长，1958~1988 中央音乐学院附中校长
张玉芬 1924~	文史、语文	1949~1952	金陵女大社会系肄业，1952 市三
刘令经	国文、作文、家政	1949	
孙家馨	唱歌	1950~1951	
陈詠声	体育	1950	
张宝元	历史	1950	
蒋素卿		1950	
钟国端 1926~	物理 高三班主任	1950.9~1951.2	1952.2 圣约翰中学教导主任，1952.7 后五四中学、北郊中学教导主任，1954 年天山中学校长、1960 年后长宁区教育局党委副书记，天山中学名誉校长
李家松 1921~	美术	1950~1952	1942 上海美术专科学校毕业，1952~1980 市三美术教师，图书馆
陆羽 1912~	体育	1950~1952	1932 年毕业于东南体专，1952~1955 市三女中体育教师 1955~1972 上海师范大学体育系
徐祖颐 1928~	钢琴、音乐	1950. 3 1951.8~1952.7	1950 年圣约翰大学教育系毕业，1950.4~1951 锡珍女子中学音乐教员，1952.7 后市三女中后调上海音乐学院附中
刘昌玉 1925~	政治、国文	1950~1952	复旦大学新闻系毕业，1952 市三 19？退休
汝乃华 1927~2008	物理	1951~1952	1950 年毕业于之江大学土木工程系，1952~1954 市三物理教师 1954 水利电力部上海勘察设计院
刘天佑 1927~2003	英文	1951~1952	1951 圣约翰大学英国文学系四年级肄业，1952~1966 市三英语教研组长、副校长 1966 上海师范大学英语系副主任
葛天民 1919~	体育	1951~1952.7	1938 年毕业于东南体专，1952 市三 19？退休
黄云卿 1902~	英文	1951~1952	

徐荣荣 1912~1972.3	会计	1951.8~1952	圣约翰大学附中毕业,1952市三 1972年3月自杀身亡
郭秀梅 1916~1995	校长、英文	1952	1942圣约翰大学教育系毕业,1952年7月市二中学校长,1954至1995南京大学英语系教授
杨琇瑛	音乐	1951.8~1952.7	未进市三有聘书
王颖		1952.2~1952.7	未进市三有聘书
姚剑初	数学	1951.8~1952.7	未进市三有聘书
戴肇庆	数学	1951~1952.7	未进市三有聘书
戴明	唱歌	1951~1952	未进市三
徐德杰	算术	1951~1952	未进市三
周云卿	代数	1951~1952	未进市三

共收集到170位中国教师名单

中国教师名单来源:
① 上海市三女中档案室保存的1952年两校合并接管时的教师登记表;
② 1931年圣玛利亚女校建校五十周年纪念册上的在职教师名单;
③ 《凤藻》记事栏里的教师来去信息及从《凤藻》上得到的教师信息。
③ 校友回忆提供的教师信息及其他书籍和资料上获得的教师名单。

圣玛利亚女校外籍教职员名单

姓名	国籍	职务/任教学科	任职时间	基本情况
文海莉 Ms. Henrietta Farris	美国	总监督	1881	小文会廉主教第二任妻子
劳莎拉 Ms.Sarah Esther Lawson	美国	英文	1882	
施安娜 Ms.Anna Stevens	美国	英文	1883	
孙罗以 S.L.Dodson	美国	英文 校长	1888~1889 1890~1920	
郭斐蔚 F.R.Graves	美国	主教	1896~1916	神学博士
墨吉褚 Gertrude B. Mosher	美国	英文 宗教	1897	圣公会纽约女会吏学校
梅锡祜 M.S. Mitchell	美国	音乐主任	1903~1937	佛兰斯莲大学文学士并授音乐科毕业证书,波士顿音乐专科大学肄业并留学法京巴黎德京柏林专修音乐学院
康女士 Miss Crummer	美国	英文部主任	1906	
郭璐珊 Lucy.Josephine.Graves	美国	英文主任 世界史	1908 前~1939 后	加里福尼亚大学文学士
傅德 C.A.Fullerton	美国	校长	1911 来华 1920~1937 校长	米尼苏达大学法学士
顾环琳 Gwendolyn.L.Cooper 1896~1982	英国	法文、体育、科学物理、地理、英文、唱歌	1915~1920, 1921~1925, 1928~1942 1941 校长一年 1948 回英国	伦敦大学勃特女子学院留学,瑞士,芝加哥大学理学士 1937~1938 圣约翰大学讲师
爱拉 Miss S. Oehler	美国	体育	1916~	
林女士	瑞士	文学	1919	

姓名	国籍	学科	年份	备注
裴美齐 Margaret C.Blain	美国	护士、卫生学	1919	美国威尔斯里学院 Wellesley College B.A.
高女士	美国		1920	
M.H.Portereiele	美国	英文	1920	1920年《凤藻》英文指导
Margaret Hart Bailey	美国	英文、图书馆	1921	
白女士 A.White	美国	英文	1921	
那敦 M.S.Norton	美国	英文、理化	1920.9	
卜女士 O.H.Pott	美国	英文	1921	
华敦 Hougton	美国	文学	1922	
郝金生 Hutchison	美国	文学、体操	1922	
督屏夫人 Mrs.Chapman	美国	琴学	1922	
李女士	美国	英文	1923	
华克 Recheal.W.Walker 1890~	美国	会计庶务 数学	1923~1951	美国宾州夸克学校毕业，哥伦比亚大学教育系理学士、美国宾州神学院研究生美国费州奇拉蒂大学一年，格·乔奇亚州拉兰大学一年，加拿大罗宾山学校高中四年，斯蒂文斯工艺学院机械工程师
孔女士 J.C. Cook	美国	英文	1924~1931 后	法姆维立州立学院
梅女士	美国	英文	1924~1931 后	威尔斯利
戴女士 Mary Deis	美国	英文	1924~	
邱夫人 O. C. Chisholm	美国	英文	1924~	
罗贝 Robfrts	美国	英文	1924~	
麦女士 C.Merrell	美国	英文	1924~	
晓特夫人 Mrs. R. C.Short	美国	英文	1924~	

姓名	国籍	任教科目	在校时间	学历
彭仙仙 C.C. Barnaby 1901~	美国	科学、英文、化学、体育	1925~1951	哥伦比亚大学师范学院理学士、硕士美国宾州妇女医科学院教员、武昌圣希尔达女校教员、乌厄剌圣司梯芬中华女校教员
邱士墨 O.C.Chisholm	美国	看护	1926前~1931后	玛丁斯堡城医院毕业
金希妙 F.D.Mackinnon 1937~1941校长	美国	英文、算学、西洋史	1930年来校	佛来斯莲大学文学士，勃朗大学文学硕士
郭佩珊 Elizabeth.Woodward.Graves	美国	英文	1902~1931后	凯姆泼学院加利福尼亚大学
华夫人 M.P.Walker	美国	音乐	1926前~1931后	德国德累斯顿音乐学院
惠而盛 H.B.Wilson	美国	音乐	1926前~1931后	哥伦比亚学院和声和作曲
罗懿碧 Elizabeth.Romerts	美国		1926前~1931后	哈佛大学Radcliffe学院B.A.
萧夫人 R.C.Short	美国		1926前~1931后	北卡罗那女子学院
华兰佳 R.W.Walker	美国	实习小学指导员、算学、教育学	1924前~1938后	宾夕法尼亚州师范专科大学，哥伦比亚大学，师范学院哈佛大学
伊理 J.A.Ely	美国	艺术 1936《凤藻》艺术顾问	1924前~1936后	纽约实用艺术学校
许惠心 Deaconess E.M. Ashcroft 1905~1997	美国	英文学、作文、世界史、经济学、手工 教会执事	1930~1951	美国加州朴模娜大学文学士（1927）加利福尼亚大学文学硕士（1928）1927~1929加州圣甲辛多中学教员，1930~1947服务于中国教会
聂高莱 Bishop Nichols	美国	牧师	1931前~1935后	肯奈铁克省三一大学神学博士
傅爱伦	美国	校医	1931年在校	米尼苏达大学文学士，医学博士
贝恩德	美国	英文	1931年前来校，1939年清心会顾问	三的哥州师范大学加利福尼亚大学文学专修
郝女士	美国	英文	1931年在校	加州澳克莱市密尔斯大学文学士

祁女士	美国	英文	1931年在校	密歇根大学文学士，珂录罗途大学研究生
荣惠丽	美国	音乐	1931年在校	温慈洛泼大学音乐学士
孔凯利 Carey Coles 1909~1989	美国	英文	1932~1937	Fort Hays (Kansas) State College
施女士 E.C.Slusser	美国	体育，1939年体育会顾问	1938前~1939后	
贝莱台 Grace W. Brady	美国	英文 音乐	1938~ 1938前~1949左右	
Dorothy Jinks Gilson (Mrs.Churles P) 1899~	美国	基督定罪论、圣保罗传及其行程、各时代教会宗教比较论	1946~	司密斯大学文学士、哥伦比亚大学研究英文及心理学教会妇女工作二十三年，教会学校教授宗教
Elizabeth Margaret Eddy 1923~	美国	英文	1946~1948 离校去昆明执教	勃兰茂大学文学士(1942)，1943~1944汉德森中央学校教员，1944~1946美国圣玛利亚学校教员
Miss Olive	美国	音乐	1946~1951	
Mrs.Gilson	美国		教1948届	
Miss peacock	美国		1946~1951	
E.A.Houdghton	美国		《凤藻》登	

总共收集到59位外籍教职员名单

外籍教师名单来源：
①《凤藻》上的信息；
②校友回忆提供的信息。

由于年代久远，信息有限，特别是中外教师名单和肄业生名单，遗漏和错误处敬请读者谅解和更正。

跋

最近一年，从本书两位主编，上海市第三女中徐永初校长和陈瑾瑜老师处陆续寄来有关《追忆圣玛利亚女校》的初稿，我反复阅读，心中"激起千层浪"，她是一本中国近代女子中学的发展史，是一本光彩夺目的美丽的教育诗篇，是中等教育的范本。

从1851年圣玛利亚女校的前身文纪女校的成立，到1952年全国院系调整过程中正式被取消，并与中西女中合并成立上海市第三女子中学，圣玛利亚女中整整经历了一个世纪，跨越近代几次大的战争：1914年的第一次世界大战；1927年1月7日起的北伐战争；1937年"八一三"淞沪抗战，学校搬进搬出，到1946年才回到原址。她就是这样在艰苦磨难的岁月中走过来，又向新世纪奔去。圣玛利亚女校的学生们就是这样一批批在风雨中成长起来，成为具有坚定信念的一代人、两代人、三代人、四代人、五代人……至今最年长的校友已经100岁，当年初一的校友也已经70多岁了，但她们谈起母校个个都神气十足。虽然大家在毕业离校后最终走向四面八方，可能联系不多，但当成年后或成名成家后，大家记忆中永远不会忘记母校，因为梦的起点在这里。这就是这本校史价值之所在。

当前21世纪，改革开放来势迅猛，视野和思维空间在迅速扩大，从封闭走向开放，从崇拜知识，唯有读书高的观念到追求文凭，到今天一切向钱看的社会观念不断冲击着人们，而社会的哲学思考尚在不断争论，人们将如何适应？如何对待？请看，我们圣玛利亚女中的孩子们是如何对待的。她们，秉承校训"公诚勤敏"——公德、诚实、勤勉、敏捷，在风浪中不断前进。她们不是凭空呐喊，而是切切实实地在教学过程中，处处体现着校训精神，这使我们明白为什么说"比天大的是人的心灵"。她们幼小的心灵在实地教育、教学中逐渐形成。圣玛利亚女中有严密的教学组织，优秀的教师队伍，优良的教育传统，是近百年来逐渐形成具有圣玛利亚女中自身特殊个性的校风，她培育了一代代优秀的圣玛利亚人。

当我们一章章读完这本美丽似诗篇的"校史"时，就会看到或听到孩子们在"学生会"、"国光会"、"清心会""体育会""音乐会""姐妹班"和《凤藻》校刊社等各种机构中大声议事，积极组织，检查事情的落实，忙忙碌碌。这是多么美丽的景象，她们是坚强、自信、容忍、干练的一代，是祖国的精英。这与当前应试教育的对比差距是如何的大呀？这就是中等教育的范本。在《追忆圣玛利亚女校》中，几十位校友打开了记忆闸门，回忆六十多年前生动活泼的圣玛利亚生活，表达出对母校的眷恋、对老师的感恩。这是圣玛利亚光辉历史的缩影。

上海市三女中继承了中西和圣玛利亚两校的优良传统。领导们有先见，在编写这本校史过程中，组织高一、高二同学进行专访，这是智慧之举，我在这里深深感谢上海市三女中领导们费精力和时间使这本校史能问世，使封存半个多世纪的档案铁箱能打开，使世人见到她的真面目。这不仅对我们圣玛利亚人是一份大礼，实际上也是对整个中等教育事业献上的特大的贡献和厚礼。

俞慧耕[1]

---

[1] 1925年生，1948年毕业于上海圣约翰大学教育系。1949~1952年任圣玛利亚女中副教导主任，1952年后任市三女中副教导主任。1954年任培进中学副校长，1958年至1988年任中央音乐学院附中校长。

以下图书已经出版,敬请关注

一本跨学科、跨地域的史料抢救丛刊,每辑256页,以第一手的历史影像为线索,来呈现一个个历史片段,强调细节、强调过程,关注日常生活。既有大历史的瞬间,又有普通人的日常生活。建筑、人物、事件、工作、学习、生活、家庭、师友,点点滴滴,呈现鲜活的民间生活场景,这些记忆既是个人和家族的,也是民族和国家的。

院系调整专题《1952,离别的季节!》和《寻找1860年代的中国》、《向沙飞致敬!》、《再见,我的卢湾时光!》、《德、奥教师眼里的"一·二八"事变》《徐家汇教堂蒙难记》、《1963,南京路拆除有轨电车》等专题,以及《八一三弃家记》、《延安文艺座谈会亲历记》、《1959年的新农村建设》、《顾准在1957》、《1976京津唐地震考古记》、《鲁迅生前最后留影与沙飞的诞生》、《一个慈善家的追悼会》、《1964年黄新波的山西之行》、《四十年前的两次移民》、《毛主席纪念堂雕塑创作亲历记》、《虞洽卿路命名典礼》、《风雨黄洋界》、《一个浙中古镇的"大跃进"》、《一个小孩的下放经历》、《圣玛利亚女校》、《1933宰牲场》、《清溪村纪事》、《东北大学奠基仪式》、《川军旧部的一次西湖之行》、《清华水利系往事》等文章,提供了了解历史的微观切片。